俄 罗 斯 法 律 译 丛

俄罗斯联邦刑事诉讼法典

УГОЛОВНО-ПРОЦЕССУАЛЬНЫЙ КОДЕКС
РОССИЙСКОЙ ФЕДЕРАЦИИ

黄道秀 ◉译

中国出版集团 | 全国百佳图书
中国民主法制出版社 | 出版单位

图书在版编目(CIP)数据

俄罗斯联邦刑事诉讼法典/黄道秀译.—北京:
中国民主法制出版社,2020.7
(俄罗斯法律译丛)
ISBN 978 - 7 - 5162 - 2188 - 4

Ⅰ.①俄…　Ⅱ.①黄…　Ⅲ.①刑事诉讼法—法典—俄
罗斯　Ⅳ.①D951.252

中国版本图书馆 CIP 数据核字(2020)第 069824 号

图书出品人:刘海涛
出 版 统 筹:乔先彪
责 任 编 辑:陈　曦　许泽荣

书名/**俄罗斯联邦刑事诉讼法典**
作者/黄道秀　译

出版·发行/中国民主法制出版社
地址/北京市丰台区右安门外玉林里 7 号(100069)
电话/(010)63055259(总编室)　63058068　63057714(营销中心)
传真/(010)63055259
http:// www.npcpub.com
E-mail:mzfz@ npcpub.com
经销/新华书店
开本/16 开　710 毫米×1000 毫米
印张/21.25　字数/338 千字
版本/2021 年 1 月第 1 版　2021 年 1 月第 1 次印刷
印刷/北京中兴印刷有限公司

书号/ISBN 978 - 7 - 5162 - 2188 - 4
定价/78.00 元
出版声明/版权所有,侵权必究。

(如有缺页或倒装,本社负责退换)

俄罗斯联邦刑事诉讼法典

国家杜马 2001 年 11 月 22 日通过

联邦委员会 2001 年 12 月 5 日批准

目录

第三部分　法院诉讼程序

第六部分 电子文件和诉讼文书表格

第一部分 通则·第一编 基本规定

第一章 刑事诉讼立法

第 1 条 规定刑事诉讼程序的法律

1. 俄罗斯联邦境内的刑事诉讼程序由本法典基于《俄罗斯联邦宪法》规定。

2. 本法典规定的刑事诉讼程序,对于法院、检察机关、侦查机关和调查机关以及刑事诉讼的其他参加人均具有强制力。

3. 公认的国际法原则和准则及俄罗斯联邦签署的国际条约是俄罗斯联邦调整刑事诉讼立法的组成部分。如果俄罗斯联邦签署的国际条约规定了与本法典不同的规则,则适用国际条约的规则。

第 2 条 刑事诉讼法律的空间效力

1. 俄罗斯联邦境内刑事案件的诉讼,不论实施犯罪的地点,均依本法典进行,但俄罗斯联邦签署的国际条约有不同规定的除外。

2. 本法典的规范也适用于在俄罗斯联邦境外、悬挂俄罗斯联邦国旗的航空器、海洋船舶和内河船舶上实施的犯罪案件,只要该航空器和船舶系注册于俄罗斯联邦的港口。

3. 在《俄罗斯联邦刑法典》第 12 条规定的情况下,可以依照本法典的要求在俄罗斯联邦境外实施某些诉讼行为。

第 3 条 刑事诉讼法律对外国公民和无国籍人的效力

1. 外国公民或无国籍人在俄罗斯联邦境内实施犯罪的刑事案件,均依照本法典的规则进行诉讼。

1-1. 在《俄罗斯联邦刑法典》第 12 条第 3 款规定的情况下,对外国公民和无国籍人可以依照本法典的要求实施某些诉讼行为。

2. 对于依照公认的国际法原则和准则以及俄罗斯联邦签署的国际条约

而享有不受本法典规定的诉讼行为的豁免权的人员,须经享有豁免权人员所服务或曾经服务的国家的同意,或经该人曾经或现在所在国际组织的同意,方得进行本法典规定的诉讼行为。

第 4 条　刑事诉讼法律的时间效力

在进行刑事案件诉讼时,适用有关诉讼行为进行时或有关诉讼决定作出时有效的刑事诉讼法律,但本法典有不同规定的除外。

第 5 条　本法典所使用的基本概念

如果没有特别的说明,本法典所使用的基本概念具有如下意义:

(1)不在现场——犯罪实施时犯罪嫌疑人或刑事被告人处于其他场所;

(2)上诉审级——根据对尚未产生法律效力的法院刑事判决、裁定或裁决提出的上诉或抗诉而通过上诉程序审理刑事案件的法院;

(3)亲近的人——近亲属和亲属以外的其他与被害人、证人有姻亲关系的人员,以及由于已有的个人关系而被害人、证人珍视其生命、健康和利益的人员;

(4)近亲属——配偶、父母、子女、收养人、被收养人、亲兄弟姐妹、祖(外祖)父母、孙(外孙)子女;

(5)陪审员的判决——陪审团作出的关于受审人有罪或无罪的判决;

(6)国家公诉人——刑事案件中以国家的名义在法庭支持指控的检察机关公职人员;

(7)调查人员——有权或经调查机关首长授权以调查的形式进行审前调查以及享有本法典规定的其他权限的调查机关公职人员;

(8)调查——在不必进行侦查的刑事案件中由调查人员(侦查员)进行的一种审前调查形式;

(9)审前程序——自收到关于犯罪的举报之时直至检察长将刑事案件移送法院进行实质审理前所进行的刑事诉讼活动;

(10)住所——包括居住房舍和非居住房舍的个人住房;任何所有权形式的属于住房并供个人永久或临时居住的房舍,以及不属于住房但用于临时居住的其他房舍或建筑物;

(11)拘捕犯罪嫌疑人——调查机关、调查人员、侦查员因某人有犯罪嫌疑而适用的诉讼强制措施,期限为自犯罪嫌疑人实际拘留之时起的 48 小时以内;

(11-1)法院结论——关于被适用刑事案件诉讼特别程序的人的行为中

存在还是不存在犯罪要件的结论;

（12）法定代理人——未成年犯罪嫌疑人、刑事被告人或被害人的父母、收养人、监护人或保护人,未成年犯罪嫌疑人、刑事被告人或被害人受其保护的机构或组织的代表,监护和保护机关;

（13）强制处分的选择——调查人员、侦查员以及法院作出关于对犯罪嫌疑人、刑事被告人适用强制处分的决定;

（13-1）财产——任何的物,包括现金和有纸有价证券;银行和其他信贷组织账户上和存款中的非现金;在无纸有价证券持有人登记簿或提存账户上的无纸有价证券;财产权,包括请求权和专属权;

（14）申诉审级——根据对已经产生法律效力的第一审法院及上诉审法院的刑事判决、裁定或裁决提出的上诉或抗诉而通过申诉程序审理刑事案件的法院;

（14-1）监听电话和其他谈话——使用任何通信手段听取和记录电话和其他谈话,勘验和听取录音;

（15）实际拘留之时——依照本法典规定的程序所进行的实际剥夺犯罪嫌疑人行动自由的时间;

（16）监督审级——根据对已经产生法律效力的法院刑事判决、裁定或裁决提出的申诉或抗诉而通过监督程序审理刑事案件的俄罗斯最高法院主席团;

（17）调查机关的首长——领导相应调查机关的公职人员及其副手;

（17-1）调查部门首长——调查机关中领导以调查形式进行审前调查的相应专门部门的公职人员以及他们的副手;

（18）（失效）

（本项由2007年6月6日第90号联邦法律删除）

（19）紧急侦查行为——在必须进行侦查的刑事案件提起之后,为了发现和确定犯罪痕迹以及需要立即确认、提取和调查的证据而由调查机关实施的行为;

（20）无牵连——一个人未确定与实施犯罪有牵连或已经确定与实施犯罪没有牵连;

（21）夜间——当地时间22点至6点之间的时段;

（22）指控——依照本法典规定的程序提出的关于一个人实施了刑事法律所禁止行为的结论;

（23）裁定——第一审法院、上诉审法院和第二审法院合议庭在刑事案件诉讼中作出的除刑事判决和申诉审裁定以外的任何裁判；

（24）调查机关——依照本法典有权进行调查和享有其他诉讼权限的国家机关和公职人员；

（24-1）取得关于用户和（或）用户装置之间联系的信息——取得关于用户和（或）用户装置（使用者的设备）之间进行联系的日期、时间、长度的信息，关于用户号码的信息和其他能够认定用户同一性的信息，以及取得关于接收传输基站号码和位置的信息材料；

（25）裁决——法官独任作出的除刑事判决外的任何决定；法院主席团在再审已经产生法律效力的有关法院裁判时作出的决定；检察长、侦查机关领导人、侦查员、调查机关、调查机关首长、调查部门首长、调查人员在进行审前调查过程中所作出的除起诉书以外的决定；

（26）审判长——在合议庭审判刑事案件时领导审判庭的法官，以及独任审理刑事案件的法官；

（27）抗诉书——检察长依照本法典规定的程序对法院裁判作出的表示异议的文书；

（28）刑事判决——第一审法院或上诉审法院作出的关于受审人无罪或有罪及对他判处刑罚或免除刑罚的裁判；

（29）适用强制处分——自作出选择强制处分的决定之时起直至撤销或变更强制处分止所进行的诉讼行为；

（30）陪审员——依照本法典规定的程序被吸收参加法庭审理并作出陪审团判决的人员；

（31）检察长——俄罗斯联邦总检察长和副总检察长、他的下属检察长和副检察长，以及其他参加刑事诉讼并享有联邦检察院赋予的相应权限的检察机关公职人员；

（32）诉讼行为——侦查行为、审判行为或本法典规定的其他行为；

（33）诉讼决定——法院、检察长、侦查员、调查人员、调查机关首长、调查部门首长依照本法典规定的程序作出的决定；

（34）平反——对非法地或没有根据地受到刑事追究的人恢复其权利和自由并向他赔偿所造成损害的程序；

（35）被平反人——因非法地或没有根据地受到刑事追究而依照本法典有权要求赔偿所受到损害的人员；

（36）答辩——双方辩论的参加人对另一方参加人所述内容的意见；

（36-1）侦缉活动的结果——依照联邦侦缉活动法所搜集到的关于正在

预备、正在实施或已经实施的犯罪的要件的信息材料,关于正在预备、正在实施或已经实施犯罪的人以及躲避调查机关、逃避侦查或审判的人的信息材料;

(37)亲属——除近亲属外有血亲关系的所有人员;

(38)侦缉措施——调查人员、侦查员以及调查机关根据调查人员、侦查员的委托为查明犯罪嫌疑人犯罪事实而采取的措施;

(38-1)侦查机关领导人——领导相应侦查部门的公职人员及其副手;

(39)(失效)

(本项由 2007 年 6 月 5 日第 87 号联邦法律删除)

(40)作证豁免权——不作对自己和近亲属不利的陈述的权利,以及在本法典规定的其他情况下不作证的权利;

(41)侦查员——被授权进行刑事案件审前侦查和享有本法典规定的其他权限的公职人员;

(41-1)同意——侦查机关领导人对侦查员以及检察长、调查机关首长对调查人员实施相应侦查行为和其他诉讼行为以及作出诉讼决定的许可;

(42)羁押——因犯罪嫌疑而被拘捕的人或对之适用羁押作为强制处分的刑事被告人被关押在侦查隔离所或联邦法律规定的其他场所;

(43)犯罪举报——关于犯罪的检举、自首和发现犯罪的报告;

(44)未成年人专门机关——依照联邦法律建立的保障未成年人矫正的专门国家机关;

(45)控辩双方——根据辩论制原则而履行指控(刑事追究)职能和辩护职能的刑事诉讼参加人;

(46)辩护方——刑事被告人以及其法定代理人、辩护人,附带民事诉讼被告人以及其法定代理人和代理人;

(47)指控方——检察长以及侦查员、侦查机关领导人、调查人员、调查部门首长、调查机关首长、调查机关、自诉人、被害人、被害人的法定代理人和代理人、附带民事诉讼原告人及其代理人;

(48)法院——对刑事案件进行实质审理并作出本法典规定的裁判的任何普通法院;

(49)司法鉴定——依照本法典规定的程序进行的鉴定;

(50)审判庭——在刑事案件的审前程序和法庭审理过程中实现审判的一种诉讼形式;

(51)法庭审理——第一审法院、申诉审法院和监督审法院开庭审判;

（52）第一审法院——对刑事案件进行实质审理并有权作出刑事判决以及有权在刑事案件审前程序过程中作出决定的法院；

（53）第二审法院——上诉审法院；

（53-1）法院裁判——在刑事案件诉讼中第一审法院和第二审法院作出的刑事判决、裁定和裁决；申诉审法院对刑事案件作出的裁定和裁决；监督审法院对刑事案件作出的裁决；

（53-2）法院的最终裁判——法院在开庭对刑事案件进行实质审理时所作出的刑事判决和其他裁决；

（53-3）法院的中间裁决——除最终裁判以外的法院所有裁定和裁决；

（54）法官——行使审判权的公职人员；

（55）刑事追究——指控方为了查清犯罪嫌疑人、刑事被告人犯罪事实而进行的诉讼活动；

（56）刑事诉讼程序——刑事案件的审前程序和审判程序；

（57）刑事法律——《俄罗斯联邦刑法典》；

（58）刑事诉讼参加人——参加刑事诉讼的人员；

（59）自诉人——刑事自诉案件的被害人或他的法定代理人和代理人；

（60）鉴定机构——国家司法鉴定机构或其他依照本法典规定的程序接受委托进行司法鉴定的机构；

（61）审前合作协议——控辩双方之间关于犯罪嫌疑人或刑事被告人在对他提起刑事案件或起诉之后根据其行为应承担责任的条件所达成的协议；

（62）教师——在教育机构或在从事教学的单位负责对学生进行学业和品德教育的人员。

第二章 刑事诉讼的原则

第 6 条 刑事诉讼的目的

1. 刑事诉讼具有以下目的：

（1）维护受到犯罪侵害的人和组织的权利及合法利益；

（2）保护个人免受非法的和没有根据的指控、判刑、权利和自由受到限制。

2. 对犯罪人进行刑事追究和判处公正的刑罚与不对无辜的人进行刑事追究、免除其刑罚、对每个没有根据地受到刑事追究的人进行平反，同样符合刑事诉讼的目的。

第 6-1 条 刑事诉讼的合理期限

1. 刑事诉讼在合理的期限内进行。

2. 刑事诉讼在本法典规定的期限内进行。在本法典规定的情况下，这些期限依照本法典规定的程序延长，但刑事追究、处刑和终止刑事追究均应在合理期限内进行。

3. 合理期限包括自刑事追究开始至刑事追究终止或作出有罪判决之时止的期限，在确定合理期限时应考虑刑事案件的法律与事实复杂性、刑事诉讼参加人的行为以及法院、检察长、侦查机关领导人、侦查员、调查部门首长、调查机关、调查机关首长、调查人员为了进行刑事追究或审理刑事案件而实施的行为的充分与有效性以及刑事诉讼的总时间。

3-1. 在确定包括提出申请、举报犯罪之日起直至依照本法典第 208 条第 1 款对刑事案件作出中止审前调查决定的时间在内的审前调查的合理期限时，应该考虑的情况包括：刑事案件的法律复杂性和事实复杂性，被害人和刑事案件审前调查其他参加人的行为，检察长、侦查机关领导人、侦查员、调查机关、调查机关首长、调查部门首长、调查人员为了及时提起刑事案件、确定应该作为犯罪嫌疑人、刑事被告人受到刑事追究而实施的行为是否充分和有效,以及刑事案件审前程序的整个时间长短。

3-2. 在刑事诉讼过程中,在确定对不是犯罪嫌疑人、刑事被告人或依法对上述人的行为承担物质责任的人的财产适用扣押这种诉讼强制措施的合理期限时,既要考虑本条第 3 款所规定的情况,还要考虑刑事诉讼过程中适用财产这一诉讼强制措施的总时间长短。

3-3. 在确定包括从提出申请、举报犯罪之日起直至依照本法典第 24 条第 1 款第(3)项规定的根据作出不提起刑事案件或终止刑事案件的决定之日止这一期间的审前程序合理期限时,还应该考虑以下情况:刑事法律所禁止行为的被害人的举报是否及时,审查犯罪举报材料或刑事案件材料的法律复杂性和事实复杂性,刑事法律所禁止行为的被害人、刑事案件审前程序其他参加人的行为,检察长、侦查机关领导人、侦查员、调查机关、调查机关首长、调查部门首长、调查人员为及时提起刑事案件、确定应该作为犯罪嫌疑人或刑事被告人受到追究的人的行为是否充分和有效,以及刑事案件审前调查的总时间长短。

4. 与组织调查机关、侦查机关、检察院和法院工作有关的情况,以及各个审级法院审理刑事案件,不得作为提高办理刑事案件合理期限的根据。

5. 如果刑事案件进入法院后案件长时间没有审理,而诉讼时间拖延,利害关系人有权向法院院长申请加快刑事案件的审理。

6. 关于加快刑事案件审理的申请,法院院长应在法院收到申请之日起的 5 日内进行审理。法院院长根据申请的审理结果作出说明理由的裁决,裁决可以规定进行案件法庭审理的期限和(或)采取加快案件审理的其他诉讼措施。

第 7 条   刑事案件诉讼中的法制

1. 法院、检察长、侦查员、调查机关、调查机关首长、调查部门首长和调查人员无权适用与本法典相抵触的联邦法律。

2. 法院如在刑事案件诉讼过程中确认联邦法律或其他规范性文件不符合本法典,应根据本法典作出决定。

3. 法院、检察长、侦查员、调查机关、调查机关首长、调查部门首长、调查人员在刑事诉讼过程中违反本法典的规范所取得的证据不允许采信。

4. 法院的裁定,法官、检察长、侦查员、调查机关首长、调查部门首长、调查人员的决定应该是合法的、有根据的并应说明理由。

第 8 条   只有法院才能进行审判

1. 在俄罗斯联邦,刑事案件的审判只能由法院进行。

2. 除非根据法院的刑事判决并依照本法典规定的程序,任何人不得被认为有罪和被判处刑罚。

3. 受审人不得被剥夺要求本法典规定享有审判管辖权的法院和法官审理其刑事案件的权利。

第8-1条 法官独立

1. 在进行刑事案件的审判时法官独立,仅服从《俄罗斯联邦宪法》和联邦法律。

2. 法官在排除外来影响的条件下审理和解决刑事案件。禁止国家机关、地方自治机关以及其他机关、组织、公职人员和公民干涉法官的审判活动,违者应承担法律规定的责任。

3. 关于国家机关、地方自治机关以及其他机关、组织、公职人员或公民就诉讼中的刑事案件向法官、法院院长、副院长、审判委员会主席、刑事案件审判庭庭长提出非诉讼申请的信息,应该予以公开并在法院的官方网站上公布以便让法庭审理参加人了解。这些信息不是在刑事案件中进行诉讼行为或就刑事案件作出诉讼裁判的根据。

第9条 尊重个人的名誉和人格

1. 在刑事诉讼过程中禁止实行侮辱刑事诉讼参加人名誉的行为和作出这种决定,禁止以侮辱诉讼参加人人格的态度或造成其生命或健康威胁的方式对待诉讼参加人。

2. 刑事诉讼的任何参加人不得受到暴力、拷打,其他残酷的或侮辱人格的待遇。

第10条 人身不受侵犯

1. 没有本法典规定的合法根据,任何人不得因犯罪嫌疑受到拘捕或羁押。法院作出裁判前的关押时间不得超过48小时。

2. 法院、检察长、侦查员、调查机关和调查人员必须立即释放任何被非法拘捕、非法剥夺自由以及被非法关进提供医疗帮助的医疗住院机构或者提供精神病学帮助的医疗住院机构的人以及羁押期超过本法典规定的人。

3. 被选择羁押作为强制处分的人,以及因犯罪嫌疑而被拘捕的人,应该关押在对其生命和健康没有威胁的条件下。

第11条 在刑事诉讼中维护人和公民的权利与自由

1. 法院、检察长、侦查员和调查人员必须向犯罪嫌疑人、刑事被告人、被害人、附带民事诉讼原告人、附带民事诉讼被告人以及刑事诉讼的其他参加人说明他们的权利、义务和责任,并保障他们有可能行使这些权利。

2. 如果享有作证豁免权的人同意作陈述,调查人员、侦查员、检察长和法院必须事先向上述人说明他们的陈述可能在刑事案件以后的审理过程中被用作证据。

3. 如果有足够的材料说明被害人、证人或刑事诉讼的其他参加人以及他们的近亲属、亲属或亲近的人有被杀害、被使用暴力、财产遭受毁灭或损坏的威胁或者有受到其他危险的非法行为的威胁,法院、检察长、侦查机关领导人、调查机关、调查机关首长、调查部门首长和调查人员应在其权限范围内对上述人员采取本法典第 166 条第 9 款、第 186 条第 2 款、第 193 条第 8 款、第 241 条第 2 款第(4)项和第 278 条第 5 款规定的安全措施,以及俄罗斯联邦立法规定的其他安全措施。

4. 法院因侵犯人的权利和自由而对人造成的损害,以及进行刑事追究的公职人员对人造成的损害,均应依照本法典规定的根据和程序进行赔偿。

第 12 条　住宅不受侵犯

1. 只有经过住户的同意或根据法院裁判才能对住宅进行勘验,但本法典第 165 条第 5 款规定的情形除外。

2. 只有根据法院的裁判才能对住宅进行搜查和提取物品,但本法典第 165 条第 5 款规定的情形除外。

第 13 条　通信、电话和其他谈话、邮件、电报和其他通信秘密

1. 只有根据法院裁判,才允许限制公民的通信、电话和其他谈话、邮件、电报和其他通信秘密权。

2. 扣押邮件和电报以及在邮电机构提取邮件和电报、对电话和其他谈话进行监听和录音、获得关于用户和(或)用户装置之间联系的信息,只能根据法院裁判才能进行。

第 14 条　无罪推定

1. 刑事被告人在未依照本法典规定的程序被证明有罪并由已经发生法律效力的刑事判决确定其有罪以前被认为无罪。

2. 犯罪嫌疑人或刑事被告人没有义务证明自己无罪。证明对被告的指控和推翻为犯罪嫌疑人或刑事被告人辩护理由的责任由控诉方承担。

3. 依照本法典规定的程序不能排除的对被告人有罪的所有怀疑,均应作对被告人有利的解释。

4. 有罪判决不得根据推测作出。

第 15 条 控辩双方辩论制

1. 刑事诉讼实行控辩双方辩论制。

2. 指控、辩护和刑事案件判决等职能相互分开,不得由同一机关或同一公职人员行使。

3. 法院不是刑事追究机关,不得参加指控方或辩护方。法院为控、辩双方履行其诉讼义务和行使其权利创造必要条件。

4. 指控方和辩护方在法院面前一律平等。

第 16 条 保障犯罪嫌疑人和刑事被告人的辩护权

1. 犯罪嫌疑人和刑事被告人被保障享有辩护权,他们可以自己行使辩护权,或者通过辩护人和(或)法定代理人行使辩护权。

2. 法院、检察长、侦查员和调查人员应向犯罪嫌疑人和刑事被告人说明其权利并保障他们有可能得到本法典不予禁止的一切方式和手段的辩护。

3. 在本法典规定的情况下,办理刑事案件的公职人员应保障犯罪嫌疑人和刑事被告人的辩护人和(或)法定代理人必须参加刑事诉讼。

4. 在本法典和其他联邦法律规定的情况下,犯罪嫌疑人和刑事被告人可以无偿得到辩护人的帮助。

第 17 条 证据评价自由

1. 法官、陪审员以及检察长、侦查员、调查人员根据自己基于刑事案件中已有全部证据的总和而形成的内心确信,同时遵循法律和良知对证据进行评价。

2. 任何证据均不具有事先确定的效力。

第 18 条 刑事诉讼的语言

1. 刑事诉讼用俄语以及俄罗斯联邦成员共和国的国家语言进行。俄罗斯联邦最高法院、普通申诉法院和普通上诉法院、各军事法院办理刑事案件一律使用俄语进行。

2. 如诉讼参加人不通晓或不足够通晓刑事案件所使用语言,应对他们说明并保障他们使用母语或其他所通晓的语言提出申请、进行解释和作陈述、提出请求、进行上诉和申诉、了解刑事案件材料、出庭的权利,以及享有依照本法典规定的程序无偿得到翻译帮助的权利。

3. 依照本法典的规定,如果侦查文书和审判文书必须交付犯罪嫌疑人、刑事被告人以及刑事诉讼的其他参加人,则上述文书应该翻译成刑事诉讼有关参加人的母语或者他所通晓的语言。

第 19 条 对诉讼行为和决定提出申诉的权利

1. 对法院、检察长、侦查机关领导人、侦查员、调查机关、调查机关首长、调查部门首长和调查人员的行为（不作为）可以依照本法典规定的程序提出申诉。

2. 每个被判刑人有权依照本法典第四十三·一章、第四十七·一章、第四十八·一章和第四十九章规定的程序要求上级法院再审对他的刑事判决。

第三章　刑事追究

第 20 条　刑事追究的种类

1. 刑事追究,包括向法院起诉,根据犯罪的性质和严重程度,通过公诉程序、自诉——公诉程序和自诉程序进行。

2.《俄罗斯联邦刑法典》第 115 条第 1 款、第 116-1 条、第 128-1 条第 1 款规定的刑事犯罪案件,被认为是自诉案件,除本条第 4 款规定的情形外,只能根据被害人、其法定代理人的告诉提起,并因被害人与刑事被告人的和解而终止。在法庭退入评议室作出刑事判决之前允许进行和解,而在上诉审,则允许在法庭退入评议室对案件作出裁定以前进行和解。

3. 自诉——公诉案件只能根据被害人或其法定代理人的告诉提起,但除本法典第 25 条规定的情形外,不得因被害人与刑事被告人的和解而终止。自诉——公诉案件包括《俄罗斯联邦刑法典》第 116 条、第 131 条第 1 款、第 132 条第 1 款、第 137 条第 1 款、第 138 条第 1 款、第 139 条第 1 款、第 144-1 条、第 145 条、第 146 条第 1 款和第 147 条第 1 款、第 159 条第 5 款至第 7 款所规定的刑事犯罪案件,以及《俄罗斯联邦刑法典》第 159 条第 1 款至第 4 款、第 159-1 条至第 159-3 条、第 159-5 条、第 159-6 条、第 160 条、第 165 条、第 176 条第 1 款、第 177 条、第 180 条、第 185-1 条、第 201 条第 1 款所规定的刑事犯罪案件,如果犯罪由个体经营者因从事经营活动和(或)管理属于他们用于经营活动的财产而实施,或者这些犯罪是由商业组织管理机关成员因行使组织管理职权或因商业组织从事经营活动或其他经济活动而实施。《俄罗斯联邦刑法典》第 159 条至第 159-3 条、第 159-5 条、第 159-6 条、第 160 条、第 165 条、第 176 条第 1 款、第 177 条、第 180 条、第 185-1 条、第 201 条第 1 款所规定的犯罪,如果犯罪给国家企业或自治地方单一制企业、国家公司、国营公司、有国家和自治地方参股的商业组织的利益造成损害的,以及犯罪的对象是国家财产和自治地方财产的,不得列为自诉——公诉案件。

4. 在被害人或其法定代理人不告诉的情况下,而犯罪行为是对处于依赖从属地位或由于其他原因不能自主行使其权利的人实施的,则侦查机关领导人、侦查员以及调查人员经检察长同意可以提起本条第 2 款和第 3 款所列所有犯罪案件。

5. 本条第 2 款和第 3 款规定以外的刑事案件被认为是公诉案件。

第 21 条　进行刑事追究的职责

1. 在公诉刑事案件和自诉——公诉刑事案件中,检察长、侦查员和调查人员以国家的名义进行刑事追究。

2. 在每一个发现犯罪要件的场合,检察长、侦查员、调查机关和调查人员均应采取本法典规定的措施确定犯罪事件、揭露犯罪人。

3. 在本法典第 20 条第 4 款规定的情况下,侦查机关领导人、侦查员以及调查人员经检察长同意,有权进行刑事追究,而不论被害人作何意思表示。

4. 对于侦查机关领导人、侦查员、调查机关和调查人员在本法典规定的权限范围内提出的要求、委托和询问,所有机构、企业、组织、公职人员和公民均必须予以执行。

5. 检察长有权在刑事案件提起之后与犯罪嫌疑人或刑事被告人签订审前合作协议。

第 22 条　被害人参与刑事追究的权利

被害人、他的法定代理人和(或)代理人有权参与对刑事被告人的刑事追究,而在自诉案件中,被害人有权依照本法典规定的程序提出指控和支持指控。

第 23 条　根据商业组织或其他组织的申请进行刑事追究

如果《俄罗斯联邦刑法典》第二十三章规定的行为仅对不属于国有企业和自治地方企业的商业组织或不属于国家或自治地方参股(注册资本、股份基金)的其他组织的利益造成损害,而未对其他组织的利益及公民、社会和国家的利益造成损害,则刑事案件根据该组织领导人的申请或经他的同意提起。对有国家或自治地方参股(注册资本、股份基金)的组织的利益造成损害,同时也就是对国家利益或自治地方利益造成损害。

第四章 不得提起刑事案件、终止刑事案件和刑事追究的根据

第24条 不得提起刑事案件和终止刑事案件的根据

1. 有下列情形之一的,不得提起刑事案件,已经提起刑事案件的应予以终止:

（1）不存在犯罪事件;

（2）行为中不存在犯罪构成;

（3）刑事追究的时效期届满;

（4）犯罪嫌疑人或刑事被告人死亡,但是为了恢复死者名誉而必须进行刑事诉讼的情形除外;

（5）刑事案件只能根据被害人的告诉提起而对被害人又不进行告诉,但是本法典第20条第4款规定的情形除外;

（6）法院没有得出关于本法典第448条第1款第（2）项和第（2-2）项所列人员之一的行为存在犯罪构成的结论,或者联邦委员会、国家杜马、俄罗斯联邦宪法法院、法官资格评审委员会不同意对本法典第448条第1款第（1）项和第（3）项至第（5）项所列人员提起刑事案件或作为刑事被告人进行追究。

2. 如果在刑事判决发生法律效力之前行为的有罪性质和应受刑罚的性质被新的刑事法律所排除,则刑事案件应按照本条第1款第（2）项规定的根据予以终止。

3. 终止刑事案件的同时也终止刑事追究。

4. 在对所有犯罪嫌疑人或刑事被告人终止刑事追究的情况下,刑事案件应予以终止,但本法典第27条第1款第（1）项规定的情形除外。

第25条 因双方和解而终止刑事案件

对涉嫌实施或被指控实施轻罪或中等严重犯罪的人,在《俄罗斯联邦刑

法典》第76条规定的情况下,如果该人与被害人和解并弥补对被害人造成的损害,法院以及侦查员经侦查机关领导人同意和调查人员经检察长同意,有权根据被害人或其法定代理人的申请终止对之提起的刑事案件。

第25-1条　由于科处诉讼罚金这一刑法性质的措施而终止刑事案件或刑事追究

1. 在《俄罗斯联邦刑法典》第76-2条规定的情况下,如果轻罪或中等严重犯罪的嫌疑人或刑事被告人赔偿了损失或以其他方式弥补了犯罪所造成的损害,则法院有权主动或根据对侦查员经侦查机关领导人同意或调查人员经检察长同意,依照本法典规定的程序提出的申请进行审议的结果终止刑事案件或刑事追究,而对该人处以诉讼罚金这一形式的刑法性质的措施。

2. 在刑事案件诉讼的任何时间,只要在法庭退入评议室作出刑事判决之前,而在上诉审,只要在退入评议室对案件作出裁定之前,都允许科处诉讼罚金形式的刑法性质措施而终止刑事追究或终止刑事案件。

第26条　因形势改变而终止刑事案件(失效)

(本条由2003年12月8日第161号联邦法律删除)

第27条　终止刑事追究的根据

1. 有下列情形之一的,应终止对犯罪嫌疑人或刑事被告人的刑事追究:

(1)嫌疑人或刑事被告人与实施犯罪没有牵连;

(2)刑事案件依照本法典第24条第1款第(1)项至第(6)项而终止;

(3)因颁布大赦令;

(4)对犯罪嫌疑人或刑事被告人已经存在发生法律效力的关于该项指控的刑事判决,或者有法院或法官关于终止该项指控刑事案件的裁定或裁决;

(5)对犯罪嫌疑人或刑事被告人已经存在调查机关、侦查员或检察长关于终止该项指控的刑事案件或不提起刑事案件的决定,而该决定并未被撤销;

(6)俄罗斯联邦会议、国家杜马拒绝同意对俄罗斯联邦卸任总统剥夺人身不受侵犯权和(或)联邦委员会不同意剥夺该人的人身不受侵犯权。

2. 如果犯罪嫌疑人或刑事被告人反对,则不允许依照本法典第24条第1款第(3)项至第(6)项、第25条、第25-1条、第28条和第28-1条以及本条第1款第(3)项和第(6)项规定的根据终止刑事案件。在这种情况下,刑事案件依照一般程序继续办理。

3. 对实施行为时未达到刑事法律所规定的追究刑事责任的年龄的人进

行的刑事追究,应该依照本法典第 24 条第 1 款第(2)项的根据予以终止。未成年人虽然已经达到刑事责任年龄,但如果由于与精神病无关的心理发育滞后而在实施刑事法律规定的行为时不能完全意识到自己行为(不作为)的实际性、社会危害性和不能完全控制自己的行为,则对未成年人的刑事追究亦应根据同样的理由予以终止。

4. 在本条规定的情况下,允许终止对犯罪嫌疑人、刑事被告人终止刑事追究而不终止刑事案件。

第 28 条　因积极悔过而终止刑事追究

1. 在《俄罗斯联邦刑法典》第 75 条规定的情况下,法院以及侦查员经侦查机关领导人同意、调查人员经检察长同意,有权终止对涉嫌或被指控实施轻罪或中等严重犯罪的人的刑事追究。

2. 在其他种类犯罪的刑事案件中,只有在《俄罗斯联邦刑法典》分则条款有专门规定的情况下,法院以及侦查员经侦查机关领导人同意和调查人员经检察长同意,才有权因行为人积极悔过而终止刑事追究。

3. 在终止刑事追究前,应该向当事人说明依照本条第 1 款和第 2 款终止刑事追究的根据和他反对终止刑事追究的权利。

4. 如果受到刑事追究的本人反对,则不允许依照本条第 1 款规定的根据终止刑事追究。在这种情况下刑事案件诉讼依照一般程序继续进行。

第 28-1 条　因赔偿损失而终止刑事追究

1. 如果存在本法典第 24 条和第 27 条规定的根据,实施《俄罗斯联邦刑法典》第 198 条至第 199-1 条、第 199-3 条、第 199-4 条所规定犯罪的人,如果在决定开庭前全额赔偿了犯罪对俄罗斯联邦预算体系造成的损失,法院以及侦查员经侦查机关领导人同意,可以终止对他的刑事追究。

2. 本条中赔偿犯罪对俄罗斯联邦预算体系造成的损失,是指全额支付依照俄罗斯联邦的税费立法和(或)生产事故和职业病强制社会保险立法规定的所拖欠税(费)、罚款和罚金的数额,并考虑税务机关或承保人地区机关提交的罚款和罚金结算金额。

3. 对涉嫌或被指控实施《俄罗斯联邦刑法典》第 146 条第 1 款、第 147 条第 1 款、第 159 条第 5 款至第 7 款、第 159-1 条第 1 款、第 159-2 条第 1 款、159-3 条第 1 款、第 159-5 条第 1 款、第 159-6 条第 1 款、第 160 条第 1 款、第 165 条第 1 款、第 170-2 条、第 171 条第 1 款、第 171-1 条第 1 款和第 1-1 款、第 172 条第 1 款、第 176 条、第 177 条、第 178 条第 1 款、第 180 条第 1 款至第 3

款、第 185 条第 1 款和第 2 款、第 185-1 条、第 185-2 条第 1 款、第 185-3 条第 1 款、第 185-4 条第 1 款、第 191 条第 1 款、第 192 条、第 193 条第 1 款和第 1-1 款、第 194 条第 1 款和第 2 款、第 195 条至第 197 条和第 199-2 条所规定犯罪的人员,在具备本法典第 24 条和第 27 条规定的根据时,以及在《俄罗斯联邦刑法典》第 76-1 条规定的情况下,法院以及侦查员经侦查机关领导人同意或调查人员经检察长同意可以终止刑事追究。

3-1. 对涉嫌或被指控实施《俄罗斯联邦刑法典》第 193 条、第 194 条第 1 款和第 2 款、第 198 条至第 199-2 条规定的犯罪的人员,如果存在《俄罗斯联邦刑法典》第 76-1 条第 3 款规定的根据,则法院以及侦查员经侦查机关领导人同意可以终止刑事追究。

3-2. 如果侦查机关领导人不同意依照本条第 3-1 款终止刑事追究,侦查机关领导人应作出说明理由驳回终止刑事追究的决定,并立即将决定通知被提起刑事案件的人和报告俄罗斯联邦总检察长和俄罗斯联邦总统维护企业家权利的全权代表。

4. 在终止刑事案件之前应该向犯罪嫌疑人或刑事被告人说明依照本条第 1 款、第 3 款和第 3-1 款终止刑事追究的根据以及他反对终止刑事追究的权利。

5. 如果被终止刑事追究的人反对终止刑事追究,则不允许依照本条第 1 款、第 3 款和第 3-1 款规定的根据终止刑事追究。在这种情况下刑事案件的诉讼应按一般程序进行。

第五章　法院

第 29 条　*法院的权限*

1. 只有法院才有权:

(1)认定一个人有罪和对他处刑;

(2)依照本法典第五十一章的要求对一个人适用医疗性强制措施;

(3)依照本法典第五十章的要求对一个人适用强制性教育感化措施;

(3-1)依照本法典第25-1条规定的根据,对涉嫌或被指控实施轻罪或中等严重犯罪的人终止刑事案件或刑事追究,同时依照本法典第五十·一章的要求判处诉讼罚金这种刑法性质的措施;

(4)撤销或变更下级法院的裁判。

2. 只有法院,包括在审前程序中,才有权作出以下裁判:

(1)选择羁押、监视居住、交纳保证金、禁止一定的行为作为强制处分;

(2)延长羁押期、监视居住或禁止一定行为的期限;

(3)将未被羁押的犯罪嫌疑人、刑事被告人安置到提供医疗帮助的医疗住院机构或提供精神病学帮助的医疗住院机构分别进行法医学鉴定或司法精神病学鉴定;

(3-1)赔偿财产损害;

(4)不经住户的同意进行住宅勘验;

(5)在住宅里进行搜查和(或)提取;

(5-1)进行抵押物或交于当铺保管之物的提取;

(5-2)依照本法典第450-1条对律师进行搜查、勘验和提取;

(6)进行人身搜查,但本法典第93条规定的情形除外;

(7)提取含有国家机密或其他受联邦法律保护的机密的物品和文件,以及提取含有关于公民在银行和其他信贷机构存款和账户信息的物品和文件;

（8）扣押邮件，准许在邮电机构进行勘验和提取；

（9）扣押财产；

（9-1）确定扣押财产的期限和依照本法典规定的程序延长扣押期限；

（10）依照本法典第114条让犯罪嫌疑人或刑事被告人停职；

（10-1）拍卖、利用或销毁本法典第82条第2款第（1）项第（3）小项、第（2）项第（2）小项和第（3）小项及第（3）项和第（6）项至（8）项以及第（9）项第（4）小项所列物证；

（10-2）无偿移送本法典第82条第2款第（9）项第（3）小项所列物证；

（11）监听电话、其他谈话和进行录音；

（12）获得关于用户和（或）用户装置联系的信息；

（13）在本法典第214条第1款规定的情况下准许撤销终止刑事案件或刑事追究的决定。

3. 法院有权在审前程序中在本法典第125条规定的条件下和依照该条规定的程序审理对检察长、侦查员、调查机关和调查人员行为（不作为）及决定提出的申诉。

4. 如果在刑事案件的法庭审理时查明案件调查、侦查中以及下级法院在审理刑事案件过程中发生了促成犯罪、侵犯公民权利和自由的情节以及其他违法行为，则法院有权作出裁定或裁决，提请有关组织和公职人员注意这些情节和违法事实并要求采取必要的措施。法院也有权在认为必要的其他情况下作出裁定和裁决。

第30条　　*法院的组成*

1. 刑事案件的审理由法院合议庭进行或由法官独任进行。审理每一刑事案件的法庭组成均应考虑法官的工作负担和专业化程度，使用自动化信息系统进行。如果法院不可能使用自动化信息系统，则允许通过其他程序组成，该程序应排除对法庭审理结果有利害关系的人对法庭组成的影响。

2. 第一审法院审理各种刑事案件的组成分别如下：

（1）联邦普通法院的法官1名，审理除本款第（2）项至第（4）项所列刑事案件以外的所有刑事案件；

（2）共和国联邦最高法院、边疆区法院或州法院、联邦直辖市法院、自治州法院、自治专区法院、军区（舰队）军事法院的法官1名和由8名陪审员组成的陪审团，根据刑事被告人的申请审理本法典第31条第3款第（1）项规定的刑事案件，但《俄罗斯联邦刑法典》第131条第5款、第132条第5款、第134条第6款、第212条第1款、第275条、第276条、第278条、第279条、第

281 条规定的犯罪案件除外；

（2-1）区法院、卫戍区军事法院的法官 1 名和由 6 名陪审员组成的陪审团，根据刑事被告人的申请，审理《俄罗斯联邦刑法典》第 105 条第 2 款、第 228-1 条第 5 款、第 229-1 条第 4 款、第 277 条、第 295 条、第 317 条和第 357 条规定的，依照《俄罗斯联邦刑法典》第 66 条第 4 款和第 78 条第 4 款最高刑罚不得判处终身剥夺自由或死刑的犯罪案件以及《俄罗斯联邦刑法典》第 105 条第 1 款和第 111 条第 4 款规定的犯罪案件，但年满 18 岁之前实施犯罪的刑事案件除外；

（3）普通联邦法官 3 名组成合议庭，审理《俄罗斯联邦刑法典》第 205 条、第 205-1 条、第 205-2 条、第 205-3 条、第 205-4 条、第 205-5 条、第 206 条、第 211 条第 4 款、第 212 条第 1 款、第 275 条、第 276 条、第 278 条、第 279 条和第 281 条第 2 款和第 3 款规定的犯罪案件，以及依照本法典第 31 条第 6 款第（2）-（4）项、第 6-1 款规定的由第一东部军区军事法院、第二西部军区军事法院、中央军区军事法院、南部军区军事法院管辖的其他刑事案件，而如果刑事被告人依照本法典第 231 条在决定开庭审判之前提出申请，还要审理《俄罗斯联邦刑法典》第 105 条第 2 款、第 126 条第 3 款、第 131 条第 3 款至第 5 款、第 132 条第 3 款至第 5 款、第 134 条第 4 款至第 6 款、第 208 条第 1 款、第 209 条、第 210 条第 1 款和第 1-1 款、第 3 款和第 4 款、第 210-1 条、第 211 条第 1 款至第 3 款、第 227 条、第 228-1 条第 5 款、第 229-1 条第 4 款、第 277 条、第 281 条第 1 款、第 295 条、第 317 条、第 353 条至第 358 条、第 359 条第 1 款和第 2 款、第 360 条规定的刑事犯罪案件；

（4）和解法官审理依照本法典第 31 条第 1 款归他管辖的刑事案件。

3. 刑事案件通过上诉程序进行审理：

（1）在区法院——由区法院的法官独任审理；

（2）在上级法院——除轻罪和中等严重犯罪案件外，由 3 名联邦普通法院法官组成合议庭进行，以及对区法院、卫戍区军事法院判决提出上诉、抗诉，而由共和国最高法院、边疆区法院、州法院、联邦直辖市法院、自治州法院、自治专区法院、军区（舰队）军事法院法官独任审理的刑事案件。

4. 通过申诉程序审理刑事案件时，由普通申诉法院刑事审判庭、军事申诉法院、俄罗斯联邦最高法院刑事审判庭和俄罗斯联邦最高法院军事审判庭 3 名法官组成，而通过监督程序审理案件时，由俄罗斯联邦最高法院主席团多数成员组成合议庭进行。

5. 在由 3 名普通联邦法官组成合议庭审理刑事案件时，1 名法官担任审判长。

6. 归和解法官管辖的刑事案件,如果是本法典第 31 条第 5 款所列人员实施犯罪的,由卫戍区军事法院的法官依照本法典第四十一章规定的程序独任审理。在这种情况下,对刑事判决和裁决可以通过上诉程序提出上诉和抗诉。

第 31 条 刑事案件的审判管辖

1. 和解法官管辖最高刑罚不超过 3 年剥夺自由的刑事案件,但《俄罗斯联邦刑法典》以下条款规定的犯罪除外:第 107 条第 1 款、第 108 条、第 109 条第 1 款和第 2 款、第 134 条、第 135 条、第 136 条第 1 款、第 146 条第 1 款、第 147 条第 1 款、第 151-1 条、第 157 条、第 158-1 条、第 170 条、第 170-2 条、第 171 条第 1 款、第 171-1 条第 1 款、第 3 款和第 5 款、第 171-3 条第 1 款、第 171-4 条、第 174 条第 1 款和第 2 款、第 174-1 条第 1 款和第 2 款、第 177 条、第 178 条第 1 款、第 183 条第 1 款、第 185 条、第 193 条第 1 款、第 193-1 条第 1 款、第 194 条第 1 款、第 195 条、第 198 条、第 199 条第 1 款、第 199-1 条第 1 款、第 199-2 条第 1 款、第 199-3 条、第 199-4 条第 1 款、第 200-1 条、第 201 条第 1 款、第 202 条第 1 款、第 205-6 条、第 207 条、第 212 条第 3 款、第 215 条第 1 款、第 215-1 条第 1 款、第 215-3 条第 1 款、第 215-4 条第 1 款、第 216 条第 1 款、第 217 条第 1 款、第 217-2 条第 1 款、第 219 条第 1 款、第 220 条第 1 款、第 225 条第 1 款、第 228 条第 1 款、第 228-2 条、第 228-3 条、第 234 条第 1 款和第 4 款、第 234-1 条第 1 款、第 235 条第 1 款、第 236 条第 1 款、第 237 条第 1 款、第 238 条第 1 款、第 239 条、第 243 条第 1 款、第 243-1 条、第 243-2 条第 1 款、第 243-3 条第 1 款、第 244-4 条第 1 款、第 247 条第 1 款、第 248 条第 1 款、第 249 条、第 250 条第 1 款和第 2 款、第 251 条第 1 款和第 2 款、第 252 条第 1 款和第 2 款、第 253 条第 1 款和第 2 款、第 254 条第 1 款和第 2 款、第 255 条、第 256 条第 3 款、第 257 条、第 259 条、第 262 条、第 263 条第 1 款、第 264 条第 1 款、第 266 条第 1 款、第 270 条、第 271 条、第 272 条第 1 款、第 273 条第 1 款、第 274 条第 1 款、第 285-1 条第 1 款、第 285-2 条第 1 款、第 286-1 条第 1 款、第 287 条第 1 款、第 288 条、第 289 条、第 292 条、第 293 条第 1 款和第 1-1 款、第 294 条第 1 款和第 2 款、第 296 条第 1 款和第 2 款、第 297 条、第 298-1 条、第 301 条第 1 款、第 302 条第 1 款、第 303 条第 1 款和第 2 款、第 306 条第 1 款和第 2 款、第 307 条第 1 款、第 309 条第 1 款和第 2 款、第 311 条第 1 款、第 314-1 条、第 315 条第 1 款、第 316 条、第 322 条第 1 款、第 323 条第 1 款、第 327 条第 1 款至第 3 款、第 327-1 条第 1 款、第 328 条。

2. 区法院管辖除本条第 1 款(部分由和解法官审判管辖)和第 3 款规定以外的所有犯罪案件。

3. 各共和国最高法院、边疆区法院和州法院、联邦直辖市法院、自治州法院和自治专区法院管辖《俄罗斯联邦刑法典》以下条款规定的犯罪案件：

(1)第 105 条第 2 款、第 131 条第 5 款、第 132 条第 5 款、第 134 条第 6 款、第 228-1 条第 5 款、第 229-1 条第 4 款、第 277 条、第 281 条第 3 款、第 295 条、第 317 条、第 357 条，但依照《俄罗斯联邦刑法典》第 62 条第 4 款、第 66 条第 4 款和第 78 条第 4 款的规定最高刑罚不得判处终身剥夺自由或死刑的刑事案件除外；以及审理《俄罗斯联邦刑法典》下列条款规定的犯罪案件：第 126 条第 3 款、第 209 条、第 210 条第 4 款、第 210-1 条、第 211 条第 1 款至第 3 款、第 212 条第 1 款、第 227 条、第 275 条、第 276 条、第 278 条、第 279 条、第 281 条第 1 款和第 2 款、第 343 条至第 356 条、第 358 条、第 359 条第 1 款和第 2 款、第 360 条；

(2)对联邦委员会的委员、国家杜马的议员、联邦宪法法院的法官、联邦普通法院或联邦仲裁法院的法官、和解法官、俄罗斯联邦各主体宪法(章程)法院的法官提起的刑事案件，如果他们在法庭审理开始前提出申请；

(3)涉及国家机密的刑事案件。

4.(失效)

(本款由 2010 年 12 月 29 日第 433 号联邦法律删除)

5. 卫戍区军事法院管辖军人和进行军事集训的公民实施的所有犯罪案件，但属于上级军事法院管辖的案件除外。

6. 军区(舰队)军事法院管辖军人和进行军事集训的公民实施本条第 3 款所列犯罪的刑事案件，依照本法典第 35 条第 4 款至第 7 款移送到该法院的刑事案件。

6-1. 第一东部军区军事法院、第二西部军区军事法院、中央军区军事法院和南部军区军事法院管辖下列案件：

(1)本条第 3 款和第 6 款规定的刑事案件；

(2)《俄罗斯联邦刑法典》第 205 条、第 205-1 条、第 205-2 条、第 205-3 条、第 205-4 条、第 205-5 条、第 206 条、第 211 条第 4 款、第 361 条；

(3)《俄罗斯联邦刑法典》第 277 条、第 278 条、第 279 条和第 360 条规定的犯罪，如果犯罪的同时进行恐怖主义活动的；

(4)处刑时应该考虑《俄罗斯联邦刑法典》第 63 条第 1 款第(16)项规定的加重情节的。

7.（失效）

（本款由 2010 年 12 月 29 日第 433 号联邦法律删除）

7-1. 在团伙、有预谋的团伙、有组织的集团或黑社会实施的犯罪案件中，如果共同犯罪人中即使一人的案件归军事法院管辖，又不可能单独另案诉讼，则对所有人的刑事案件均由相应军事法院审理。

8. 设立在俄罗斯联邦境外的军事法院在联邦宪法性法律规定的情况下，在审理刑事案件时遵循本法典。

9. 区法院和相应级别的军事法院在刑事案件的审前程序过程中作出本法典第 29 条第 2 款和第 3 款规定的裁判。

10. 刑事案件附带民事诉讼的审判管辖随刑事案件。

第 32 条　刑事案件的地域管辖

1. 刑事案件应在犯罪实施地的法院审理，但本条第 4 款和第 5 款以及本法典第 35 条规定的情形除外。

2. 如果犯罪在一法院管辖地开始，而在另一法院管辖地结束，则该刑事案件归犯罪行为结束地的法院管辖。

3. 如果犯罪在不同地方实施，则刑事案件归该案中大多数犯罪实施地或最严重犯罪实施地的法院管辖。

4. 如果犯罪是在俄罗斯联邦境外实施的而刑事案件的审前调查按照《俄罗斯联邦刑法典》第 12 条规定的理由依照本法典第 459 条在俄罗斯联邦境内进行，则刑事案件由管辖被害人在俄罗斯联邦住所地或居留地的刑事案件的法院审理，而当被害人在俄罗斯联邦境外居住或居留时，刑事案件由管辖被告人在俄罗斯联邦住所地或居留地的刑事案件的法院审理。

5. 自诉案件或被害人对在俄罗斯联邦境外的俄罗斯联邦公民所实施犯罪的举报，应该由管辖被害人或被告人居住地刑事案件的和解法官审理。

6. 本条第 4 款和第 5 款所规定的刑事案件的地域管辖变更问题，按照本法典第 35 条规定的程序解决。

第 33 条　刑事案件合并时审判管辖的确定

1. 如果指控一人或一个团伙实施几项归不同级别法院管辖的犯罪，而由几个法院分别审理可能影响案件解决的全面和客观，则涉及所有犯罪的刑事案件均归上级法院合并一案审理。

2.（失效）

（本款由 2010 年 12 月 29 日第 433 号联邦法律删除）

第 34 条　依照管辖移送刑事案件

1. 法官在解决开庭审判的问题时,如果确认所受理的案件不属于该法院管辖,则应作出按审判管辖移送刑事案件的裁决。

2. 法院在确认所受理的刑事案件属于同级的另一法院管辖后,只有在已经开始法庭审理的情况下,才有权在受审人同意后继续审理该案。

3. 如果刑事案件属于上级法院或军事法院管辖,则在任何情况下均应按照管辖移送刑事案件。

第 35 条　刑事案件地域管辖的变更

1. 在下列情况下刑事案件的地域管辖可以变更:

(1)根据一方的申请,如果依照本法典第 65 条该方提出的关于该法庭全体组成人员回避的申请得到满足;

(2)根据一方的请求或由受理刑事案件的法院院长主动提出,如果:

a. 该法院的所有法官以前均参加过该刑事案件的审理因而依照本法典第 63 条存在回避的理由;

b. 并不是该刑事案件的诉讼参加人均居住在法院管辖地区,而所有刑事被告人均同意变更该刑事案件的地域管辖;

c. 存在可以质疑法院对案件作出判决的客观性和公正性的情况。

1-1. 诉讼当事人应该通过受理刑事案件的法院递交依照本条第 1 款所规定的根据变更刑事案件地域管辖的申请。如果申请不符合本条第 1 款和第 1-1 款的要求,则受理刑事案件的法官应将申请书退回申请人。

2. 依照本条第 1 款的规定,进行刑事案件地域管辖的变更只允许在开始法庭审理前进行。

2-1. 依照本法典第 31 条第 6-1 款第(2)项至(4)项属于第一东部军区军事法院、第二西部军区军事法院、中央军区军事法院和南部军区军事法院管辖的刑事案件,不允许变更地域管辖。

3. 依照本条第 1 款的规定变更刑事案件地域管辖的问题,由上级法院的法官依照本法典第 125 条第 3 款、第 4 款和第 6 款规定的程序在收到申请之日起的 10 日内解决。

4.《俄罗斯联邦刑法典》第 208 条、第 209 条、第 211 条第 1 款至第 3 款、第 277 条至第 279 条和第 360 条规定的任何一项犯罪案件,如果存在对法庭审理参加人、他们的近亲属或亲近的人人身安全的现实威胁,根据俄罗斯联邦总检察长或副检察长的申请(下称申请),可以按照俄罗斯联邦最高法院的决定,移送到犯罪实施地的军区(舰队)军事法院审理。

5. 依照本条第 4 款的规定变更刑事案件地域管辖的问题由俄罗斯联邦最高法院的法官在收到申请之日起的 15 日内开庭审理解决,检察长、刑事被告人和他的辩护人到庭。

6. 在审判庭开始时,法官宣布将审议什么申请,向出庭人员说明他们的权利和义务。然后检察长说明申请的理由,之后听取其他到庭人员的意见。根据法院决定,刑事被告人通过视频系统参加审判庭。

7. 根据对申请的审理结果,法官作出以下裁决之一:

(1)满足申请的要求并将刑事案件移送到相应军区(舰队)军事法院审理;

(2)驳回申请。

第 36 条　不允许关于管辖的争议

法院之间不允许管辖争议。任何依照本法典第 34 条和第 35 条规定的程序从一法院移送至另一法院的刑事案件,该另一法院应无条件受理。

第六章 刑事诉讼的控方参加人

第 37 条 检察长

1. 检察长是在本法典规定的权限范围内以国家的名义在刑事诉讼过程中进行刑事追究以及对调查机关和侦查机关的诉讼活动实行监督的公职人员。

2. 在刑事案件的审前程序中,检察长有权:

(1)检查在接受、登记和处理犯罪举报过程中执行联邦法律的情况;

(2)提起刑事案件并依照本法典规定的程序委托调查人员、侦查员、下级检察长调查案件,或亲自受理案件;

(3)参加审前调查并在必要情况下发出关于调查、侦查和其他诉讼行为的书面指示或者亲自进行某些侦查行为和其他诉讼行为;

(4)依照本法典第 146 条对调查人员、侦查员提起刑事案件表示同意;

(5)对调查人员、侦查员向法院提出选择、撤销、变更强制处分的申请或对根据法院裁判才能允许进行的其他诉讼行为的请求表示同意;

(5-1)调取并审查侦查员或侦查机关领导人关于驳回提起刑事案件、中止或终止刑事案件的决定并依照本法典对之作出相应决定;

(5-2)审理关于订立审前合作协议的申请和侦查员关于向检察长提出的与犯罪嫌疑人或刑事被告人订立审前合作协议的决定,作出关于批准或驳回上述申请的决定,订立审前合作协议,依照本法典规定的根据作出变更该协议的效力或终止其效力的决定,以及对与之订立了审前合作协议的刑事被告人的刑事案件进行法庭审理和作出法院裁判特别程序提出抗诉;

(6)撤销下级检察长非法的和没有根据的决定,以及依照本法典规定的程序撤销调查机关、调查机关首长、调查部门首长和调查人员非法的和没有根据的决定;

(7)审议侦查机关领导人提交的关于侦查员不同意检察长要求的信息并

对之作出决定；

（8）在审前调查过程中出庭审议选择羁押作为强制处分、延长羁押期或撤销此种强制处分的问题，以及审议允许根据法院决定进行其他诉讼行为的申请，依照本法典第125条规定的程序审议申诉；

（8-1）在已经连同起诉书一并移送法院的刑事案件中或将刑事案件移送法院以便适用医疗性强制措施的刑事案件中，如果有根据向法院提出延长禁止一定行为的期限、延长监视居住期限或延长羁押期的申请，以及在本法典第214条第1-1款规定的情况下要求审理关于终止刑事案件或刑事追究决定的申请；

（9）批准对调查人员提出的回避申请以及调查人员的自行回避；

（10）在调查人员违反本法典的规定时，排除调查人员继续进行调查；

（11）向调查机关调取任何刑事案件并将它移送给侦查员，同时必须说明移送的理由；

（12）依照本法典第151条规定的规则将刑事案件或犯罪举报材料从一个审前调查机关移送到另一个审前调查机关（除在同一审前调查机关系统内将刑事案件或犯罪举报材料进行移送外），向联邦行政机关的审前调查机关调取任何刑事案件或任何犯罪举报材料并将案件和材料移送俄罗斯联邦侦查委员会（设于联邦行政机关）的侦查员，同时必须说明移送的理由；

（13）批准调查人员关于终止刑事案件的决定；

（14）批准刑事案件起诉书[①]；

（15）将刑事案件发还调查人员、侦查员并附关于补充调查、变更指控范围或变更刑事被告人行为定罪、重新起草起诉书和排除瑕疵的书面指示；

（16）行使本法典规定的其他权限。

2-1. 根据检察长说明理由的书面要求，检察长可以了解办理中的刑事案件的材料。

3. 在刑事案件法庭审理过程中检察长出庭支持公诉，保障公诉的合法有据。

4. 检察长有权依照本法典规定的程序和根据放弃进行刑事追究，同时必须指出自己决定的理由。

---

① 原文中在同时或在不同场合使用了 обвинительное заключение、обвинительный акт 和 обвинительное постановление，直译为起诉结论、起诉书、起诉决定，都表示起诉书，经查阅多种俄罗斯刑事诉讼文献并征求俄罗斯专家意见，一致认为这三个术语没有什么本质区别，故本书中一律译为起诉书。——译者注

5. 本条规定的检察长权限,由区、市检察长及其副职、与其级别相当的检察长和上级检察长行使。

6. 如果侦查机关领导人或侦查员不同意检察长关于排除在审前调查中出现的违反联邦立法的行为,检察长有权向上级侦查机关领导人提出排除上述违反行为的要求。如果上级侦查机关领导人不同意检察长的上述要求,检察长有权向俄罗斯联邦侦查委员会或联邦行政机关侦查机关的领导人提出排除审前调查中出现的违反联邦立法行为的要求,检察长有权向俄罗斯联邦总检察长提出请求,俄罗斯联邦总检察长的决定为最终决定。

第 38 条　侦查员

1. 侦查员是在本法典规定的权限范围内进行刑事案件侦查的公职人员。

2. 侦查员有权:

(1)依照本法典规定的程序提起刑事案件;

(2)受理刑事案件或将刑事案件送交检察长以便按侦查管辖进行移送;

(3)独立进行调查,作出关于实施侦查行为或其他诉讼行为的决定,但依照本法典需要取得法院决定和(或)检察长批准的情形除外;

(4)在本法典规定的情况下和依照本法典规定的程序向调查机关发出具有强制力的关于进行侦缉活动、执行拘捕、拘传、扣押、进行其他诉讼行为的书面委托,以及有权在进行上述行为时得到协助;

(5)经侦查机关领导人的同意,依照本法典第 221 条规定的程序对检察长关于撤销提起刑事案件、将刑事案件发还侦查员进行补充侦查、变更指控范围或变更刑事被告人行为定罪或重新起草起诉书等决定提出异议;

(6)行使本法典规定的其他权限。

3. 在不同意检察长关于排除在审前调查中出现的违反联邦立法的行为的要求时,侦查员有权以书面形式向侦查机关领导人提出自己的异议。侦查机关领导人应将此事通知检察长。

第 39 条　侦查机关领导人

1. 侦查机关领导人有权:

(1)委托 1 名或几名侦查员进行侦查,以及向侦查员调取刑事案件并将案件移送给其他侦查员,但必须说明移送的理由;成立侦查小组,变更侦查小组的人员或自己受理刑事案件;

(2)审查犯罪举报材料或刑事案件材料,撤销侦查员非法的、没有根据的决定;

（2-1）在下级侦查机关正在办理的刑事案件中，撤销其他审前调查机关领导人、侦查员（调查人员）非法的或没有根据的决定；

（3）向侦查员发出关于进行调查、进行个别诉讼行为，对一个人作为刑事被告人进行追究，对犯罪嫌疑人、刑事被告人选择强制处分、定罪和指控范围的指示，亲自审查犯罪举报材料、参加对犯罪举报的审查；

（4）对侦查员向法院提出的关于选择、延长、撤销或变更强制处分或进行依照法院决定允许进行的其他诉讼行为的申请表示同意，在未亲自受理刑事案件的情况下审查是否对侦查员向法院提出上述申请表示同意的问题时亲自询问犯罪嫌疑人、刑事被告人；

（5）批准对侦查员提出的回避申请以及侦查员的自行回避；

（6）在侦查员违反本法典的规定时，排除侦查员继续进行调查；

（7）依照本法典规定的程序撤销下级侦查机关领导人非法的和没有根据的决定；

（7-1）在本法典第 214 条第 1-1 款规定的情况下向法院提出申请，要求审理撤销关于终止刑事案件或终止刑事追究的申请；

（8）延长审前调查期限；

（9）批准侦查员关于终止办理刑事案件的决定以及实行国家保卫的决定；

（10）对进行刑事案件侦查的侦查员就检察长依照本法典第 221 条第 1 款第（2）项作出的决定提出的申诉表示同意；

（11）将刑事案件发还侦查员，同时指示进行补充调查；

（12）行使本法典规定的其他权限。

2. 侦查机关领导人有权依照本法典规定的程序提起刑事案件、受理刑事案件并进行全面侦查，在这种情况下享有分别依照本法典规定的侦查员和（或）侦查组长的所有权限。

3. 刑事案件中侦查机关领导人的上述指示以书面形式发出，侦查员必须予以执行，但侦查员也可以向检察长提出申诉。对指示进行申诉不中止其执行，但指示涉及调取刑事案件并将案件移送给其他侦查员，将一个人作为刑事被告人进行追究、定罪、指控的范围，强制处分以及只有根据法院决定才允许实施的侦查行为，以及将案件移送法院或终止刑事案件的情况除外。在这种情况下侦查员有权向上级侦查机关领导人提交刑事案件材料和对侦查机关领导人指示的书面异议。

4. 侦查机关领导人最迟在 5 日内审议检察长关于撤销侦查员非法的和

没有根据的决定以及排除审前调查过程中其他违反联邦立法行为的要求、侦查员对上述要求的书面异议，并通知检察长关于撤销非法的或没有根据的决定以及排除违法行为，或者作出说明理由的表示不同意检察长要求的决定，决定应在 5 日内送交检察长。

5. 本法典规定的侦查机关领导人的权限由俄罗斯联邦侦查委员会主席、俄罗斯联邦侦查委员会、俄罗斯联邦各主体、区、市的侦查机关领导人及其副手行使，以及由各相应联邦行政机关的侦查委员会、俄罗斯联邦各主体区域机关、各区、市的领导人及其副手、侦查机关其他领导人及其副手行使，他们的诉讼权限范围由俄罗斯联邦侦查委员会主席、相应联邦行政机关侦查委员会领导人规定。

第 40 条　调查机关

1. 调查机关包括：

（1）俄罗斯联邦内务机关及其所辖区域机关，包括交通管理局、警察局（分局、支局、警务站），以及依照联邦法律享有侦缉权的其他行政机关；

（2）联邦法警机关；

（3）俄罗斯联邦武装力量军事警察局首长、军团和部队的指挥员，以及军事机构或卫戍区的首长；

（4）联邦消防局国家消防监督机关。

2. 调查机关负责：

（1）对不必进行侦查的刑事案件依照本法典第三十二章规定的程序进行调查；

（2）在必须进行侦查的刑事案件中依照本法典第 157 条规定的程序执行紧急侦查行为；

（3）行使本法典规定的其他权限。

3. 依照本法典第 146 条规定的程序提起刑事案件，而执行紧急侦查行为的任务由下列人员担任：

（1）远距离航行的海洋船舶和内河船舶的船长——对在这些船舶上实施的犯罪案件；

（2）远离本条第 1 款所列调查机关所在地的地质勘探队和越冬地的领导人、俄罗斯南极考察站和远离调查机关所在地的季节性极地基地的领导人——对在该地质勘探队和越冬地、考察站、基地实施的犯罪案件；

（3）俄罗斯联邦外交代表机构和领事机构的首脑——对在该机构地域范围内实施的犯罪案件。

第 40-1 条　调查部门首长

1. 调查部门的首长对其下属的调查人员享有下列权限：

（1）委托调查人员审查犯罪举报、依照本法典第 145 条对犯罪举报作出决定、进行紧急侦查行为或进行刑事案件调查；

（2）向调查人员调取刑事案件并将案件移送给其他调查人员，但必须说明移送的理由；

（3）撤销调查人员关于中止刑事案件调查的非法决定；

（4）向检察长提出申请，要求撤销调查人员拒绝提起刑事案件的非法的或没有根据的决定。

2. 调查部门首长有权依照本法典规定的程序提起刑事案件，受理刑事案件和进行全面调查，在这种情况下享有调查人员的权限，而在为刑事案件的调查成立了调查小组时，享有小组领导人的权限。

3. 在行使本法典规定的权限时，调查部门首长有权：

（1）审查犯罪举报材料和调查人员正在办理的刑事案件的材料；

（2）向调查人员发出关于进行调查、进行个别诉讼行为，对犯罪嫌疑人、刑事被告人选择强制处分、定罪和指控范围的指示。

4. 刑事案件中侦查机关领导人的指示以书面形式发出，调查人员必须予以执行，但调查人员也可以向调查机关首长或检察长提出申诉。对指示提出申诉不中止其执行。在这种情况下调查人员有权向调查机关首长或检察长提交刑事案件材料和对调查部门首长指示的书面异议。

第 40-2 条　调查机关首长

1. 调查机关首长有权：

（1）委托审查犯罪举报、依照本法典规定的程序对犯罪举报作出决定，以及进行刑事案件的调查和紧急侦查行为，亲自审查犯罪举报和参加其审查；

（2）依照本法典规定的程序延长审查犯罪举报的期限；

（3）检查审查犯罪举报的材料和调查机关、调查人员正在办理的刑事案件的材料；

（4）就进行调查和实施诉讼行为向调查人员发出书面指示；

（5）审查刑事案件材料和调查人员对调查部门首长指示的书面异议并对之作出决定；

（6）委托调查机关的公职人员执行侦查员、调查人员进行侦缉活动，实施某些侦查行为，执行关于拘捕、拘传、羁押和进行其他诉讼行为的书面委托以及关于协助进行上述行为的决定；

（7）作出关于由调查人员小组进行调查的决定和变更该小组人员的决定；

（8）作出由调查人员恢复遗漏的刑事案件或案件材料的决定；

（9）将刑事案卷连同自己关于进行补充调查、按一般程序进行调查、重新制作起诉书的书面指示退还调查人员；

（10）批准刑事案件的起诉书；

（11）行使本法典规定的调查机关首长的其他权限。

2. 调查机关首长对负责进行调查形式的审前调查的调查人员享有本法典第40-1 条规定的调查部门首长的权限。

3. 在俄罗斯联邦内务机关，警察局副局长也可以行使调查机关首长的权限。

第 41 条　调查人员

1. 本法典第 40 条第 2 款第（1）项规定的调查机关权限，通过书面委托的形式赋予调查人员行使。

2. 不允许将刑事案件的调查权限赋予对该刑事案件进行过或正在进行侦缉活动的人员。

3. 调查人员有权：

（1）独立实施侦查行为和其他诉讼行为及作出诉讼决定，但依照本法典需要调查机关首长同意、检察长同意和（或）法院裁判的情形除外；

（1-1）在本法典规定的情况下和依照本法典规定的程序，向调查机关发出采取侦缉措施、进行个别侦查行为和执行拘捕、拘传、羁押以及进行其他诉讼行为的具有强制力的书面委托书，还有权在进行上述行为时得到协助；

（1-2）经调查机关首长同意，依照本法典第 226 条第 4 款和第 226-8 条第 4 款规定的程序，对检察长关于将刑事案件退还调查人员进行补充调查的决定或重新制作起诉书、将刑事案件发还调查人员按一般程序进行调查的决定等提出申诉；

（2）行使本法典规定的其他权限。

4. 检察长和调查机关首长依照本法典发出的指示对调查人员具有强制力。在这种情况下调查人员有权对调查机关首长的指示向检察长提出申诉，而对检察长的指示，有权向上级检察长提出申诉。对这些指示的申诉不中止其执行，但本法典第 226 条第 5 款和第 226-8 条第 5 款规定的情形除外。

第 42 条 被害人

1. 被害人是因犯罪行为而受到身体、财产、精神损害的自然人,以及因犯罪行为而在财产和商业信誉上受到损害的法人。认定被害人的决定自提起刑事案件之时起立即作出并由调查人员、侦查员的决定法官或法院的裁定予以认定。如果到刑事案件提起之时仍然没有因犯罪受到损害的人的信息,则一旦获得该人的信息后应立即作出认定被害人的决定。

2. 被害人有权:

(1)了解对刑事被告人提出的指控;

(2)作出陈述;

(3)拒绝作对自己、自己的配偶和本法典第 5 条第 4 款所列其他近亲属不利的证明。在被害人同意作陈述时,应事先向他说明他的陈述可能在刑事案件中,包括在他以后放弃这些陈述时被用作证据;

(4)提供证据;

(5)提出请求和申请回避;

(6)用母语或他所通晓的语言作陈述;

(7)无偿得到翻译人员帮助;

(8)聘请代理人;

(9)经侦查员或调查人员许可参加根据他的请求或他的代理人的请求实施的侦查行为;

(10)了解在他参与下实施侦查行为的笔录并在笔录上提出意见;

(11)在本法典第 198 条第 2 款规定的情况下了解指定司法鉴定的决定和鉴定结论;

(12)在审前调查结束时,包括在刑事案件终止时,了解刑事案件的全部材料、摘抄其中的任何材料的任何部分、复制(包括使用技术手段复制)刑事案件材料。如果有几名被害人参加刑事案件,则每个被害人均有权了解涉及与对该被害人所造成损害有关的案件材料;

(13)得到关于提起刑事案件、认定他为被害人、驳回对刑事被告人选择羁押作为强制措施、终止刑事案件、依照管辖规则移送刑事案件、决定庭前听证等事项决定的副本,得到第一审法院刑事判决、上诉审法院和申诉审法院裁定的副本。被害人如果申请,可以得到涉及其利益的其他诉讼文件的副本;

(14)在第一审法院、第二审法院、申诉审法院和监督审法院出庭参加刑事案件的法庭审理;对不进行法庭审理而按照一般程序作出刑事判决提出反

对,以及在本法典规定的情况下在法庭审理与执行刑事判决有关的问题时参加法庭审理;

（15）在法庭辩论时发表意见;

（16）支持指控;

（17）了解法庭笔录和录音并对它们提出意见;

（18）对调查人员、调查部门首长、调查机关首长、调查机关、侦查员、检察长和法院的行为（不作为）和决定提出申诉;

（19）对法院的刑事判决、裁定和裁决提出上诉;

（20）了解刑事案件的上诉和抗诉并对它们提出答辩;

（21）依照本法典第 11 条第 3 款申请采取安全措施;

（21-1）根据法院对被害人、其法定代理人、代理人在双方辩论结束前提出的申请所作的裁决、裁定,获得关于被处剥夺自由的被判刑人到达服刑场所的信息,包括在被判刑人从一个改造机构移送到另一个改造机构、被判刑人离开剥夺自由刑罚执行机构外出、被判刑人从剥夺自由场所释放的时间等信息,以及获得关于法院审理与执行免除被判人刑罚的刑事判决、延期执行刑事判决或将未服完部分的刑罚改判较轻刑种等有关问题的信息;

（22）行使本法典规定的其他权限。

3. 被害人因犯罪行为而受到的财产损害,以及因参与审前调查、出庭的费用,包括聘请代理人的费用,应依照本法典第 131 条的规定得到赔偿。

4. 被害人请求用金钱赔偿所受精神损害的附带民事诉讼中,赔偿的数额由法院在审理刑事案件时确定或者依照民事诉讼程序确定。

5. 被害人无权:

（1）在调查人员、侦查员或法院传唤时不到庭;

（2）故意作虚假陈述或拒绝作陈述;

（3）在依照本法典第 161 条规定的程序被事先告知不得泄露审前调查材料的情况下泄露这种材料;

（4）在不必经过本人同意的情况下逃避进行检验、司法鉴定,或者逃避提交笔迹样本和其他用于比对的样本。

5-1. 要求获得本条第 2 款第（21-1）项所列信息的申请由被害人、其法定代理人、代理人在双方辩论结束前以书面形式提出。申请书应指出被害人或其法定代理人希望得到的信息清单、住所地、电子邮件地址、电话号码,以及其他能够保证被害人或其法定代理人及时获得信息的其他材料。

6. 在被害人无正当理由传唤不到场时,可以对被害人进行拘传。

7. 故意作虚假陈述的,被害人应依照《俄罗斯联邦刑法典》第 307 条承担责任;拒绝作陈述的,以及在不需要本人同意的情况下逃避进行检验、对他作司法鉴定或逃避提供笔迹样本和其他比对样本的,被害人应依照《俄罗斯联邦刑法典》第 308 条承担责任。泄露审前调查材料的,被害人应依照《俄罗斯联邦刑法典》第 310 条承担刑事责任。

8. 犯罪造成人员死亡后果的刑事案件中,本条规定的被害人权利移转给他的一位近亲属和(或)亲近的人,而没有近亲属或亲近的人时,或者他们不可能参加刑事案件时,移转给他的一位亲属。

9. 在认定法人为被害人时,被害人的权利由其代理人行使。

10. 被害人的代理人或法定代理人参加刑事案件不剥夺被害人享有本条规定的权利。

第 43 条   自诉人

1. 自诉人是依照本法典第 318 条规定的程序向法院提起自诉刑事案件申请并在法庭支持指控的人。

2. 自诉人享有本法典第 246 条第 4 款、第 5 款和第 6 款规定的权利。

第 44 条   附带民事诉讼原告人

1. 附带民事诉讼原告人是在有根据认为财产损害系由犯罪行为直接造成并提出赔偿要求的自然人或法人。认定附带民事诉讼原告人由法院作出裁定或法官、侦查员、调查人员作出决定。附带民事诉讼原告人也可以提起附带民事诉讼并要求用财产赔偿精神损害。

2. 附带民事诉讼在刑事案件提起之后,但在第一审法院法庭调查结束前提起。在提起民事诉讼时,附带民事诉讼原告人免交国家规费。

3. 为维护未成年人、依照民事诉讼立法规定的程序被认定为无行为能力人或限制行为能力人的人、因其他理由不能亲自维护自己权利和合法利益的人的利益,附带民事诉讼可以由他们的法定代理人或由检察长提起,而为维护俄罗斯联邦、俄罗斯联邦主体、地方自治组织、国有和自治地方所有单一制企业的利益,附带民事诉讼可以由检察长提起。

4. 附带民事诉讼原告人有权:

(1)支持附带民事诉讼;

(2)提出证据;

(3)对所提起的诉讼请求作出解释;

(4)提出申请和申请回避;

（5）用母语或他所通晓的语言作陈述和作解释；

（6）无偿得到翻译帮助；

（7）拒绝作对自己、自己的配偶和本法典第5条第（4）项所列其他近亲属不利的证明。在附带民事诉讼原告人同意作陈述时，应事先向他说明他的陈述可能在刑事案件中，包括在他以后放弃这些陈述时被用作证据；

（8）聘请代理人；

（9）了解在他参与下实施的侦查行为的笔录；

（10）经侦查员或调查人员许可参加根据他或他的代理人的申请实施的侦查行为；

（11）放弃他所提起的附带民事诉讼请求。在接受附带民事诉讼原告人放弃附带民事诉讼的请求前，调查人员、侦查员、法院应向他说明本条第5款规定的放弃附带民事诉讼请求的后果；

（12）在调查结束时了解刑事案件中与他所提出的附带民事诉讼有关的材料，并有权摘抄其中的任何材料的任何部分；

（13）了解涉及其利益的决定，得到与他所提出的附带民事诉讼请求有关的诉讼决定的副本；

（14）在第一审法院、第二审法院、申诉审法院和监督审法院开庭时出庭参加刑事案件的审理；

（15）在法庭辩论中发表意见，说明附带民事诉讼的理由；

（16）了解庭审笔录和录音并对它们提出意见；

（17）对调查人员、调查部门首长、调查机关首长、调查机关、侦查员、检察长和法院的行为（不作为）和决定提出申诉；

（18）对法院的刑事判决、裁定和裁决中涉及附带民事诉讼的部分提出上诉；

（19）了解刑事案件的上诉和抗诉并对它们提出答辩；

（20）依照本法典规定的程序出庭参加对上诉和抗诉的法庭审理。

5. 在法庭退入评议室作出刑事判决之前的任何时间，附带民事诉讼原告人均可以放弃附带民事诉讼请求。放弃附带民事诉讼请求的后果是终止对附带民事诉讼的审理。

6. 如果依照本法典第161条规定的程序附带民事诉讼原告人事先被告知不得泄露审前调查材料，则附带民事诉讼原告人无权泄露这些材料。泄露审前调查材料的，附带民事诉讼原告人应依照《俄罗斯联邦刑法典》第310条承担刑事责任。

第 45 条 被害人、附带民事诉讼原告人和自诉人的代理人

1. 被害人、附带民事诉讼原告人和自诉人的代理人可以是律师,而作为法人的附带民事诉讼原告人的代理人也可以是依照《俄罗斯联邦民法典》有权代表其利益的其他人。根据和解法官的裁决,被害人或附带民事诉讼原告人的代理人也可以是被害人或附带民事诉讼原告人的一位近亲属或者被害人或附带民事诉讼原告人要求的其他人。

2. 为了维护未成年的或因身体或心理状态而不能独立维护自己权利和合法利益的被害人的利益,必须吸收其法定代理人或代理人参加刑事案件。

2-1. 未成年被害人未满 16 岁而被实施性侵害的,根据其法定代理人的申请,律师作为该被害人的代理人时,调查人员、侦查员或法院应保障律师参加诉讼。在这种情况下的律师劳动报酬由联邦预算给予补偿。

2-2. 如果有根据认为未成年被害人的法定代理人的行为有损于未成年被害人的利益,则根据调查人员、侦查员、法官的决定或法院裁定,可以排除他参加刑事案件。在这种情况下允许未成年被害人的另一法定代理人参加案件。

3. 被害人、附带民事诉讼原告人和自诉人的法定代理人或代理人享有与他们的被代理人相同的诉讼权利。

4. 被害人、附带民事诉讼原告人或自诉人本人参加刑事案件不剥夺他在该刑事案件中聘请代理人的权利。

第七章　刑事诉讼的辩方参加人

第 46 条　犯罪嫌疑人

1. 有下列情形之一的是犯罪嫌疑人：

（1）依照本法典第二十章规定的根据和程序被提起刑事案件的人；

（2）依照本法典第 91 条和第 92 条被拘捕的人；

（3）在起诉前依照本法典第 100 条被适用强制处分的人；

（4）依照本法典第 223-1 条被告知有实施犯罪嫌疑的人。

2. 依照本法典第 91 条规定的程序被拘捕的犯罪嫌疑人，最迟应在实际拘捕之时起的 24 小时内受到询问。

3. 在本条第 2 款规定的情况下，犯罪嫌疑人有权在调查人员、侦查员在场的情况下用俄语打一次电话，以便将自己被拘捕和身在何处通知其近亲属、亲属或亲近的人，而调查人员、侦查员必须依照本法典第 96 条履行拘捕事宜的通知义务。

4. 犯罪嫌疑人有权：

（1）了解他涉嫌犯了何罪并得到关于对他提起刑事案件的决定的副本，或者拘捕他笔录的副本，或者关于对他适用强制处分的决定的副本；

（2）对他的嫌疑提出辩解和陈述或者拒绝提出辩解和陈述。在犯罪嫌疑人同意作陈述时，应事先向他说明他的陈述可能在刑事案件中，包括在他以后放弃这些陈述时被用作证据，但本法典第 75 条第 2 款第（1）项规定的情形除外；

（3）自本法典第 49 条第 3 款第（2）项至第（3-1）项规定的时间起获得辩护人的帮助，并在第一次被询问前单独会见辩护人，会见内容保密；

（3-1）自选择羁押或监视居住作为强制处分之时起，有权会见公证员，以便提交代表犯罪嫌疑人在经营活动利益的委托书，会见的次数和时间不受限制。在这种情况下禁止对可能在本法典规定情况下被扣押的财产、金钱和其他财物实施公证行为；

（4）提出证据；

（5）提出请求和申请回避；

（6）用母语或他所通晓的语言作陈述或辩解；

（7）无偿得到翻译帮助；

（8）了解在他参与下实施的侦查行为的笔录并在笔录中提出意见；

（9）经侦查员或调查人员的许可参加根据他本人、其辩护人或法定代理人的请求而实施的侦查行为；

（10）对调查人员、调查部门首长、调查机关首长、调查机关、侦查员、检察长和法院的行为（不作为）和决定提出申诉；

（11）以本法典不予禁止的其他手段和方式为自己辩护。

第 47 条　刑事被告人

1. 刑事被告人是：

（1）已经作出决定被作为刑事被告人进行追究的人；

（2）已经对之制作了起诉书的人。

2. 已经决定对其案件进行法庭审理的刑事被告人称为受审人。对之已经作出有罪判决的刑事被告人称为被判刑人。对之作出无罪判决的刑事被告人称为被宣告无罪的人。

3. 刑事被告人有权维护自己的权利和合法利益并应有足够的时间和可能准备辩护。

4. 刑事被告人有权：

（1）知悉他被指控犯了何罪，在他未依照本法典第 46 条第 4 款第（1）项得到将他被作为刑事被告人提起刑事案件决定的副本时有权得到该副本；

（2）得到关于将他作为刑事被告人进行追究的决定的副本、关于对他适用强制处分的决定的副本以及起诉书的副本；

（3）反对指控，对向他提起的指控作陈述或者拒绝作陈述。在刑事被告人同意作陈述时，应事先向他说明他的陈述可能在刑事案件中，包括在他以后放弃这些陈述时被用作证据，但本法典第 75 条第 2 款第（1）项规定的情形除外；

（4）提出证据；

（5）提出申请和申请回避；

（6）使用母语或他所通晓的语言作陈述和辩解；

（7）无偿得到翻译帮助；

（8）得到辩护人的帮助，包括在本法典规定情况下无偿得到辩护人帮助；

（9）与辩护人单独会见，包括在第一次被询问之前与辩护人单独会见，内容保密，会见的次数和时间长短不受限制；

（9-1）自选择羁押或监视居住作为强制处分之时起，有权会见公证员，以便提交代表犯罪嫌疑人经营活动利益的委托书，会见的次数和时间不受限制。在这种情况下，禁止对可能在本法典规定情况下被扣押的财产、金钱和其他财物实施公证行为；

（10）经侦查员或调查人员许可参加根据其申请或其辩护人或法定代理人的申请实施的侦查行为，了解这些侦查行为的笔录并在笔录上提出意见；

（11）了解关于指定司法鉴定的决定，向鉴定人提问和了解鉴定结论；

（12）在审前调查终结时了解刑事案件的全部材料并摘抄其中任何材料的任何部分；

（13）对刑事案件的材料制作复印件，包括利用技术手段制作复印件，费用由本人负担；

（14）对调查人员、调查部门首长、调查机关首长、调查机关、侦查员、检察长和法院的行为（不作为）和决定提出申诉和出庭参加法院对这些申诉的审理；

（15）反对按照本法典第27条第2款规定的根据终止刑事案件；

（16）在第一审法院、第二审法院、申诉审法院和监督审法院出庭参加刑事案件的法庭审理，出庭参加法院对他选择强制处分的审理，以及在本法典第29条第2款第（1）项至第（3）项和第（10）项规定的其他情况下出庭；

（17）了解庭审笔录和录音并对它们提出意见；

（18）对法院的刑事判决、裁定和裁决提出上诉并得到被上诉决定的副本；

（19）得到刑事案件上诉状和抗诉书的副本，并对这些上诉和抗诉提出答辩；

（20）参加审理与执行刑事判决有关的问题；

（21）以本法典不予禁止的其他手段和方式为自己辩护。

5. 刑事被告人的辩护人或法定代理人参加刑事案件不得成为限制刑事被告人任何权利的根据。

6. 在第一次询问刑事被告人时，侦查员、调查人员应向刑事被告人说明本条规定的权利。在以后询问刑事被告人时，如果没有辩护人参加，则还应再次向刑事被告人说明本条第4款第（3）项、第（4）项、第（7）项和第（8）项规定的权利。

第 48 条　未成年犯罪嫌疑人和刑事被告人的法定代理人

在未成年人实施的犯罪案件中,必须依照本法典第 426 条和第 428 条规定的程序吸收未成年人的法定代理人参加刑事案件审理。

第 49 条　辩护人

1. 辩护人是依照本法典规定的程序维护犯罪嫌疑人和刑事被告人的权利和利益并在刑事案件中向他们提供法律帮助的人。

2. 律师以辩护人身份参加案件审理。除律师外,根据法院的裁定或裁决,刑事被告人的一位近亲属或刑事被告人申请并准许的其他人也可以作为辩护人。在和解法官办理的刑事案件中,上述人可以代替律师作为辩护人。

3. 自以下时刻起辩护人参加刑事案件:

(1)自作出将一个人作为刑事被告人进行追究的决定之时,但本款第(2)项至第(5)项规定的情形除外;

(2)自对具体人提起刑事案件之时;

(3)在下列情况下自实际拘捕被怀疑实施犯罪的人之时起:

a. 在本法典第 91 条和第 92 条规定的情况下;

b. 依照本法典第 100 条对他适用羁押作为强制处分;

(3-1)自依照本法典第 223-1 条规定的程序送达犯罪嫌疑人通知之时起;

(4)自向被怀疑实施犯罪的人宣布关于指定司法精神病学鉴定的决定之时;

(5)自开始采取其他诉讼强制措施或实施涉及被怀疑实施犯罪的人的权利和利益的其他诉讼行为之时;

(6)自开始依照本法典第 144 条规定的程序实施涉及被审理犯罪举报的人的权利和自由的诉讼行为之时。

4. 律师以辩护人身份参加刑事案件审理须提交律师证和律师函。自此时起,对律师适用本法典第 53 条第 3 款的规则。

4-1. 如果律师在介入刑事案件前必须取得犯罪嫌疑人、刑事被告人的同意时,应让律师与犯罪嫌疑人、刑事被告人会见,律师应持律师证和律师函。

5. 在辩护人参加刑事案件时,如果刑事案件材料内容构成国家机密,而辩护人又无权了解这些材料,则辩护人必须具结保证不泄露这些材料,采取措施不允许他人了解这些材料,以及在准备和移交诉讼文件、申请和其他含有这种信息的文书时遵守俄罗斯联邦国家机密立法的要求。

6. 如果两名犯罪嫌疑人或刑事被告人的利益有矛盾,同一人不得成为两名犯罪嫌疑人或刑事被告人的辩护人。

7. 律师对犯罪嫌疑人或刑事被告人的辩护一经接受即不得拒绝。

第 50 条　辩护人的聘请、指定和更换,辩护人的劳动报酬

1. 辩护人由犯罪嫌疑人、刑事被告人、他们的法定代理人聘请以及根据犯罪嫌疑人、刑事被告人的委托或经其同意由他人聘请。一名犯罪嫌疑人、刑事被告人有权聘请数名辩护人。

2. 根据犯罪嫌疑人、刑事被告人的请求,调查人员、侦查员或法院必须保障辩护人参加刑事案件的权利。

3. 如果自提出聘请律师的申请之日起的 5 日内被聘请的辩护人不到案,则调查人员、侦查员或法院有权建议犯罪嫌疑人、刑事被告人聘请其他辩护人,而如果犯罪嫌疑人、刑事被告人拒绝,则有权按照联邦律师协会理事会规定的办法为其指定辩护人。如果参加刑事案件的辩护人在 5 日内不能参与具体的侦查行为,而犯罪嫌疑人、刑事被告人又不聘请其他辩护人也不请求指定辩护人,则调查人员、侦查员有权在没有辩护人参与的情况下实施该侦查行为,但本法典第 51 条第 1 款第(2)项至第(7)项所规定的情形除外。

4. 如果自拘捕犯罪嫌疑人或羁押犯罪嫌疑人、刑事被告人之时起的 24 小时内,犯罪嫌疑人或刑事被告人所聘请的辩护人不可能到案,则调查人员或侦查员有权按照联邦律师协会理事会规定的办法为其指定辩护人。在犯罪嫌疑人、刑事被告人拒绝指定的辩护人时,侦查行为可以在没有辩护人参加的情况下实施,但本法典第 51 条第 1 款第(2)项至第(7)项所规定的情形除外。

5. 如果律师根据调查人员、侦查员或法院的指定参与侦查行为和法庭审理,则律师的劳动报酬用联邦预算资金补偿。

第 51 条　辩护人必须参加诉讼

1. 有下列情形之一的,辩护人必须参加刑事诉讼:

(1)犯罪嫌疑人、刑事被告人不依照本法典第 52 条规定的程序拒绝辩护人;

(2)犯罪嫌疑人、刑事被告人是未成年人;

(3)犯罪嫌疑人、刑事被告人由于身体或心理缺陷而不能独立行使自己的辩护权;

（3-1）法庭审理依照本法典第 247 条第 5 款规定的程序进行；

（4）犯罪嫌疑人、刑事被告人不通晓刑事案件诉讼所使用的语言；

（5）被告人被指控实施了可能被判处 15 年以上剥夺自由、终身剥夺自由或死刑的犯罪；

（6）刑事案件应由陪审法庭审理；

（7）刑事被告人申请依照本法典第四十章规定的程序审理刑事案件；

（8）犯罪嫌疑人依照本法典第三十二·一章规定的程序申请按照简化形式办理刑事案件。

2. 在本条第 1 款第（1）项至第（5）项规定的情况下，依照本法典第 49 条规定的程序保证辩护人参加刑事诉讼，而在本条第 1 款第（6）项和第（7）项规定的情况下，即使有一名刑事被告人申请由陪审法庭审理案件或者申请按本法典第四十章规定的程序审理刑事案件，则自提出上述申请之时起保证辩护人参加刑事诉讼。

3. 如果在本条第 1 款规定的情况下犯罪嫌疑人、刑事被告人本人、他的法定代理人未聘请辩护人，其他人也未受犯罪嫌疑人、刑事被告人委托或经其同意聘请辩护人，则调查人员、侦查员或法院应保证有辩护人参加刑事诉讼。

第 52 条　拒绝辩护人

1. 犯罪嫌疑人、刑事被告人有权在刑事案件诉讼的任何时间拒绝辩护人的帮助。这种拒绝只有由犯罪嫌疑人、刑事被告人主动提出才能允许。拒绝辩护人的申请应以书面形式提出。如果拒绝辩护人的申请在侦查行为实施时提出，则该侦查行为的笔录应该进行有关的记载。

2. 拒绝辩护人对于调查人员、侦查员、检察长或法院没有约束力。

3. 拒绝辩护人不剥夺犯罪嫌疑人、刑事被告人在以后申请辩护人参加刑事案件诉讼的权利。允许辩护人参加刑事诉讼但不得要求重复进行此前已经实施的诉讼行为。

第 53 条　辩护人的权限

1. 自介入刑事案件之时起，辩护人有权：

（1）依照本法典第 46 条第 4 款第（3）项和第 47 条第 4 款第（9）项会见犯罪嫌疑人、刑事被告人；

（2）依照本法典第 86 条第 3 款规定的程序搜集和提出进行法律帮助所必需的证据；

（3）依照本法典第 58 条聘请专家；

（4）提出指控时在场；

（5）参加对犯罪嫌疑人、刑事被告人的询问以及其他有犯罪嫌疑人、刑事被告人参加的或者根据犯罪嫌疑人、刑事被告人的请求或辩护人自己的请求而依照本法典规定的程序实施的诉讼行为；

（6）了解拘捕笔录、适用强制处分的决定、有犯罪嫌疑人、刑事被告人参加的侦查行为的笔录，以及其他向犯罪嫌疑人、刑事被告人出示或应该向犯罪嫌疑人、刑事被告人出示的其他文书；

（7）在审前调查终结时了解刑事案件的所有材料，从案卷中摘抄任何材料的任何部分，复制包括使用技术手段复制刑事案件的任何材料，费用自理；

（8）提出申请和申请回避；

（9）在第一审法院、第二审法院、申诉审法院和监督审法院出庭参加刑事案件的法庭审理，以及参与解决与执行刑事判决有关的问题；

（10）对调查人员、调查部门首长、调查机关首长、调查机关、侦查员、检察长、法院的诉讼行为（不作为）和决定提出申诉并参加法庭对申诉的审理；

（11）使用本法典不予禁止的其他辩护手段和方式。

2. 参加侦查行为的辩护人，在向自己的当事人提供法律帮助的范围内，有权在侦查员、调查人员在场的情况下对当事人提出简短咨询意见，经侦查员、调查人员许可向被询问人提问，就该侦查行为笔录的记载是否正确和全面提出书面意见。侦查员或调查人员可以阻止回答辩护人的问题，但必须将阻止回答的问题记入笔录。

3. 辩护人如果事先依照本法典第161条规定的程序被告知不得泄露他由于进行辩护而知悉的审前调查材料，则他无权泄露此种材料。泄露审前调查材料的，辩护人应依照《俄罗斯联邦刑法典》第310条承担刑事责任。

第54条　附带民事诉讼被告人

1. 依照《俄罗斯联邦民法典》对犯罪行为所造成损害应承担责任的自然人或法人可以成为附带民事诉讼被告人。关于确定自然人或法人为附带民事诉讼被告人，调查人员、侦查员或法官应作出决定，而法院应作出裁定。

2. 附带民事诉讼被告人有权：

（1）了解附带民事诉讼请求的实质和附带民事诉讼请求所依据的情节；

（2）对附带民事诉讼请求提出答辩；

（3）对所提出附带民事诉讼请求的实质提出辩解和陈述；

（4）拒绝提出对本人、自己的配偶和本法典第5条第（4）项所列近亲属不利的证明。在附带民事诉讼被告人同意作陈述时，应事先向他说明他的陈

述可能在刑事案件中,包括在他以后放弃这些陈述时被用作证据;

（5）用母语或他所通晓的语言作陈述,以及无偿得到翻译帮助;

（6）聘请代理人;

（7）搜集和提出证据;

（8）提出申请和申请回避;

（9）在刑事案件审前调查结束时了解刑事案件中与对他提出的附带民事诉讼有关的材料,并有权摘抄其中的任何材料;复印包括使用技术手段复印涉及附带民事诉讼的材料,费用自理;

（10）在第一审法院、第二审法院、申诉审法院和监督审法院出庭参加刑事案件的审理;

（11）参加法庭辩论;

（12）对调查人员、调查部门首长、调查机关首长、调查机关、侦查员、检察长、法院的行为（不作为）和决定中涉及附带民事诉讼的部分提出申诉并参加法庭对这些申诉的审理;

（13）了解庭审笔录和视频录像并对它们提出意见;

（14）对法院的刑事判决、裁定或裁决中涉及附带民事诉讼的部分提出上诉并参加上级法院对上诉的审理;

（15）如果刑事案件中提出的上诉和抗诉涉及附带民事诉讼被告人的利益,则他有权了解这些上诉和抗诉并提出答辩。

3. 附带民事诉讼被告人无权:

（1）逃避调查人员、侦查员或法院的传唤而不到案;

（2）如果附带民事诉讼被告人事先依照本法典第 161 条规定的程序被告知不得泄露他由于参加刑事诉讼而知悉的审前调查材料,则他无权泄露此种材料。泄露审前调查材料的,附带民事诉讼被告人应依照《俄罗斯联邦刑法典》第 310 条承担刑事责任。

第 55 条　附带民事诉讼被告人的代理人

1. 附带民事诉讼被告人的代理人可以是律师,而作为法人的附带民事诉讼被告人的代理人也可以是依照《俄罗斯联邦民法典》有权代理法人利益的其他人。根据法院的裁定或法官、侦查员、调查人员的决定,附带民事诉讼被告人的代理人还可以是附带民事诉讼被告人的一名近亲属或附带民事诉讼被告人请求批准的其他人。

2. 附带民事诉讼被告人的代理人享有与其被代理人相同的权利。

3. 附带民事诉讼被告人亲自参加刑事案件不剥夺其聘请代理人的权利。

第八章　刑事诉讼的其他参加人

第 56 条　证人

1. 证人是可能知悉对刑事案件的调查和解决有意义的情况并被传唤作陈述的人,但本条第 3 款规定的情形除外。

2. 对证人的传唤和询问依照本法典第 187 条至第 191 条规定的程序进行。

3. 以下人员不得作为证人被询问:

(1)法官、陪审员——不得被询问因参加办理该刑事案件而可能知悉的刑事案件的情节;

(2)律师、犯罪嫌疑人或刑事被告人的辩护人——不得被询问向他请求法律帮助或由于提供法律帮助而知悉的情况,但律师、犯罪嫌疑人或刑事被告人的辩护人经犯罪嫌疑人或刑事被告人的同意和为了他们的利益而申请作为证人进行询问的情形除外;

(3)律师——不得被询问因提供法律帮助而知悉的情况,但律师经被提供法律帮助人的同意申请作为证人进行询问的情形除外;

(4)神职人员——不得被询问从忏悔中知悉的情况;

(5)联邦委员会委员、国家杜马议员——非经本人同意不得被询问由于行使职权而知悉的情况;

(6)税务机关公职人员——不得被询问他从依照《自然人自愿申报资产和银行账户(存款)及对俄罗斯联邦某些立法文件进行修订的联邦法律》提交的专门报税单和(或)所附证单和(或)材料中所知悉的情况;

(7)仲裁员(公断庭公断人)——不得被询问在仲裁(公断庭审理)中知悉的情况。

4. 证人有权:

(1)拒绝作对本人、自己的配偶和本法典第 5 条第(4)项所列近亲属不

利的证明。在证人同意作陈述时,应事先向他说明他的陈述可能在刑事案件中,包括在他以后放弃这些陈述时被用作刑事案件的证据;

（2）用母语或他所通晓的语言作陈述;

（3）无偿得到翻译帮助;

（4）申请参加询问的翻译人员回避;

（5）提出申请和对调查人员、调查部门首长、调查机关首长、调查机关、侦查员、检察长或法院的行为（不作为）和决定提出申诉;

（6）依照本法典第 189 条第 5 款在有律师在场时接受询问;

（7）申请采取本法典第 11 条第 3 款规定的安全措施。

5. 证人不得被强制进行司法鉴定或检查,但本法典第 179 条第 1 款规定的情形除外。

6. 证人无权:

（1）在调查人员、侦查员或法院传唤时不到案;

（2）故意作虚假陈述或拒绝作陈述;

（3）证人如果事先依照本法典第 161 条规定的程序被告知不得泄露他由于参加刑事案件的诉讼而知悉的审前调查材料,则他无权泄露此种材料。

7. 证人无正当理由不到案的,可以进行拘传。

8. 证人故意作虚假陈述或拒绝作陈述的,应依照《俄罗斯联邦刑法典》第 307 条和第 308 条承担刑事责任。

9. 证人泄露审前调查材料的,应依照《俄罗斯联邦刑法典》第 310 条承担刑事责任。

第 56-1 条　因订立审前合作协议而将其刑事案件分出单独审理的人

1. 因订立审前合作协议而将其刑事案件分出单独审理的人,是被吸收参加对共同犯罪人进行刑事案件诉讼行为的刑事诉讼参加人。

2. 因订立审前合作协议而将其刑事案件分出单独审理的人,享有本法典第 56 条第 4 款所规定的权利,但有本条规定的例外。

3. 因订立审前合作协议而将其刑事案件分出单独审理的人,如果拒绝作陈述,则发生本法典第四十・一章所规定的不遵守审前合作协议条件和不履行审前合作协议所规定义务的后果。

4. 因订立审前合作协议而将其刑事案件分出单独审理的人,传唤和询问应按本法典第 187 条至第 190 条规定的程序进行。

5. 因订立审前合作协议而将其刑事案件分出单独审理的人,无权:

（1）逃避侦查员或法院的传唤;

（2）泄露因参加刑事案件中对共同犯罪人的实施诉讼行为而知悉的情况，只要事前依照本法典第 161 条规定的程序对他进行过警告。

6. 因订立审前合作协议而将其刑事案件分出单独审理的人，如无正当理由逃避传唤，则可以对他进行拘传。

7. 对因订立审前合作协议而将其刑事案件分出单独审理的人，不事先说明《俄罗斯联邦刑法典》第 307 条和第 308 条规定的故意作虚假陈述或逃避作陈述的责任。

8. 因订立审前合作协议而将其刑事案件分出单独审理的人，如果泄露审前调查材料，则应依照《俄罗斯联邦刑法典》第 310 条承担刑事责任。

第 57 条　鉴定人

1. 鉴定人是具有专业知识并依照本法典规定的程序被指定进行司法鉴定和提出鉴定结论的人员。

2. 鉴定人的传唤、司法鉴定的指定和进行依本法典第 195 条至第 207 条、第 269 条、第 282 条和第 283 条规定的程序。

3. 鉴定人有权：

（1）了解与鉴定对象有关的刑事案件材料；

（2）请求向他提供鉴定结论所必需的补充材料或者再聘请其他鉴定人参加司法鉴定；

（3）经调查人员、侦查员和法院批准参加诉讼行为并提出有关司法鉴定对象的问题；

（4）在其权限范围内提出鉴定结论，包括就指定司法鉴定的裁决中没有提出，但与鉴定对象有关的问题提出鉴定意见；

（5）对调查人员、调查部门首长、调查机关首长、调查机关、侦查员和法院限制其权利的行为（不作为）和决定提出申诉；

（6）在问题超出其专业知识时以及在提供的材料不足以作鉴定结论时拒绝提出鉴定结论。

4. 鉴定人无权：

（1）不通知调查人员、侦查员和法院而擅自就司法鉴定的问题与刑事诉讼参加人进行谈话；

（2）独自搜集鉴定材料；

（3）不经调查人员、侦查员、检察长、法院的许可进行可能导致客体完全或部分毁灭，改变其外形或基本性能的研究；

（4）故意提供虚假鉴定结论；

（5）如果鉴定人事先依照本法典第161条规定的程序被告知不得泄露他作为鉴定人参加刑事案件而知悉的审前调查材料,则他无权泄露此种材料;

（6）在调查人员、侦查员或法院传唤时不到案。

5. 鉴定人故意提交虚假鉴定结论的,应依照《俄罗斯联邦刑法典》第307条承担刑事责任。

6. 鉴定人泄露审前调查材料的,应依照《俄罗斯联邦刑法典》第310条承担刑事责任。鉴定人拒绝提供鉴定结论的,应提出书面申请并说明拒绝的理由。

第58条　专家

1. 专家是具有专门知识、依照本法典规定的程序为了在研究刑事案件的材料方面协助查明、确认和提取物品和文件,采用技术手段、向鉴定人提出问题以及向控辩双方和法院解释其职业权限范围内的问题而被聘请参加诉讼行为的人员。

2. 专家的传唤和专家参加侦查行为和其他诉讼行为以及参加法庭审理的程序由本法典第168条和第270条规定。

2-1. 不得拒绝辩方依照本法典规定的程序提出的关于聘请专家参加刑事案件诉讼、对属于其专业权限的问题进行解释的申请,但本法典第71条规定的情形除外。

3. 专家有权:

（1）拒绝参加刑事诉讼,如果他不具备相关的专业知识;

（2）经调查人员、侦查员、检察长和法院的许可向侦查行为的参加人提出问题;

（3）了解他所参加的侦查行为的笔录并提出声明或意见,声明或意见应记入笔录;

（4）对调查人员、调查部门首长、调查机关首长、调查机关、侦查员和法院的行为（不作为）和限制专家权利的决定提出申诉。

4. 专家无权在调查人员、侦查员或法院传唤时不到案。如果事先依照本法典第161条规定的程序被告知不得泄露他作为专家参加刑事案件而知悉的审前调查材料,则他无权泄露此种材料。专家泄露审前调查材料的,应依照《俄罗斯联邦刑法典》第310条承担刑事责任。

第59条　翻译人员

1. 翻译人员是通晓翻译所必需的语言并在本法典规定的情况下被吸收

参加刑事诉讼的人员。

2. 关于指定翻译人员的事宜,调查人员、侦查员或法官应作出决定,而法院应作出裁定。翻译人员的传唤和翻译人员参加刑事诉讼的程序由本法典第 169 条和第 263 条规定。

3. 翻译人员有权:

(1)为了确切翻译内容而向刑事诉讼参加人提出问题;

(2)了解他所参加的侦查行为的笔录,以及了解庭审笔录并就对翻译内容的记录是否正确提出意见,意见应记入笔录;

(3)对调查人员、调查部门首长、调查机关首长、调查机关、侦查员、检察长和法院的行为(不作为)和限制翻译人员权利的决定提出申诉。

4. 翻译人员无权:

(1)故意作不正确的翻译;

(2)翻译人员如果事先依照本法典第 161 条规定的程序被告知不得泄露他作为翻译人员参加刑事案件而知悉的审前调查材料,则他无权泄露此种材料;

(3)在调查人员、侦查员或法院传唤时不到案。

5. 翻译人员故意作不正确的翻译和泄露侦查材料的,应分别依照《俄罗斯联邦刑法典》第 307 条和第 310 条承担刑事责任。

6. 本条的规则亦适用于掌握手语技能并被聘请参加刑事案件的人员。

第 60 条　见证人

1. 见证人是与刑事案件的结局无利害关系并被调查人员、侦查员邀请来证明实施侦查行为的事实以及侦查行为的内容、过程和结果的人员。

2. 下列人员不得作为见证人:

(1)未成年人;

(2)刑事诉讼的参加人、他们的近亲属和亲属;

(3)依照联邦法律享有进行侦缉活动和(或)审前调查权限的行政机关工作人员。

3. 见证人有权:

(1)参加侦查行为并对侦查行为提出声明和意见,其声明和意见应记入笔录;

(2)了解他所参加的侦查行为的笔录;

(3)对调查人员、调查部门首长、调查机关首长、调查机关、侦查员、检察长与法院的行为(不作为)和限制其权利的决定提出申诉。

4. 见证人无权在调查人员、侦查员或法院传唤时不到案。见证人如果事先依照本法典第 161 条规定的程序被告知不得泄露审前调查材料,则他无权泄露此种材料。见证人泄露审前调查材料的,应依照《俄罗斯联邦刑法典》第 310 条承担刑事责任。

第九章 不允许参加刑事诉讼的情况

第 61 条 不允许参加办理刑事案件的情况

1. 有下列情形之一的,法官、检察长、侦查员、调查机关首长、调查部门首长、调查人员不得参加刑事案件的办理:

(1)是本刑事案件的被害人、附带民事诉讼原告人、附带民事诉讼被告人或证人;

(2)曾经作为陪审员、鉴定人、专家、翻译人员、见证人、助理法官、法庭书记员、辩护人、犯罪嫌疑人或刑事被告人的法定代理人,被害人或附带民事诉讼原告人或附带民事诉讼被告人的代理人,以及法官曾作为调查人员、助理法官、侦查员、检察长参加过本刑事案件的诉讼;

(3)是本刑事案件任何参加人的近亲属或亲属。

2. 本条第 1 款所列人员,如果有根据认为他们本人直接或间接地与案件的结局有利害关系,亦不能参加刑事案件的诉讼。

3. 关于刑事案件法官收到非诉讼申请的信息这一事实的存在本身不能视为法官回避的根据。

第 62 条 不允许应该回避的人员参加刑事案件

1. 如果存在本章规定的回避根据,法官、检察长、侦查员、调查人员、助理法官、法庭书记员、翻译人员、鉴定人、专家、辩护人,以及被害人、附带民事诉讼原告人、附带民事诉讼被告人的代理人必须自行退出刑事案件的诉讼。

2. 如果本条第 1 款所列人员不自行退出刑事案件的诉讼,则犯罪嫌疑人、刑事被告人及其法定代理人、辩护人,以及国家公诉人、被害人、附带民事诉讼原告人、附带民事诉讼被告人或其代理人可以申请他们回避。

3. 如果回避申请被驳回,则不允许同一人再以相同理由提出回避申请。

4. 在刑事案件审前程序过程中作出的驳回回避申请的决定,不妨碍在法庭审理过程中同一人对同一人以相同理由再次提出回避申请。

第 63 条　不允许法官重复参加刑事案件的审理

1. 曾在第一审法院参加刑事案件审理的法官,不得在第二审法院或依监督程序审理该案,也不得在法官所参加的刑事判决以及关于终止刑事案件的裁定、裁决被撤销时在第一审法院或第二审法院或依监督程序重新审理该案。

2. 曾在第二审法院审理过刑事案件的法官,不得参加第一审法院审理该刑事案件或通过监督程序审理该刑事案件,也不得在他参加下作出的刑事判决、裁定、裁决被撤销后在第二审法院重新审理该案。

3. 依监督程序审理刑事案件的法官,不得在第一审法院或第二审法院参加同一刑事案件的审理。

第 64 条　申请法官回避

1. 如果存在本法典第 61 条和第 63 条规定的情况,刑事诉讼参加人可以申请法官回避。

2. 申请法官回避应在法庭调查开始前提出,而在陪审法庭审理刑事案件时,应在陪审团组成之前提出。只有在申请方以前不知悉回避理由的情况下才允许在法庭调查过程中提出回避申请。

第 65 条　法官回避申请的审议程序

1. 要求法官回避的申请由法院在评议室审议并作出裁定或裁决。

2. 如果刑事案件由法院合议庭审理,则要求法官回避的申请在被要求回避的法官不在场的情况下由其余法官审理。被要求回避的法官有权在其余法官退入评议室前对要求他回避的申请公开作出解释。

3. 要求几名法官或法庭全体人员回避的申请由同一法庭全体组成人员审议,多数票决定。

4. 要求独任审理刑事案件、审理适用强制处分或实施侦查行为的申请以及审理对拒绝提起刑事案件或终止刑事案件的决定提出的申诉的法官回避的申请,由该法官解决。

5. 如果要求一名法官、几名法官或法庭全体组成人员回避的申请得到满足,则刑事案件、请求或申诉应依照本法典规定的程序分别移交给其他法官或其他人员组成的法庭审理。

6. 如果申请法官回避的同时还申请刑事诉讼的其他参加人员回避,则首先解决法官回避的问题。

第 66 条　检察长的回避

1. 关于检察长回避的决定,在刑事案件的审前程序过程中由上级检察长作出,而在法庭审理过程中则由审理该刑事案件的法庭作出。

2. 检察长参加过审前调查以及参加过法庭审理不妨碍检察长继续参加该案的诉讼。

第 67 条　侦查员、调查机关首长、调查部门首长、调查人员的回避

1. 关于侦查员回避的决定由侦查机关领导人作出,而调查机关首长、调查部门首长和调查人员回避的决定由检察长作出。关于侦查机关领导人回避的决定由上级侦查机关领导人作出。

2. 侦查机关领导人、侦查员、调查机关首长、调查部门首长和调查人员之前参加该刑事案件审前调查不是回避的理由。

第 68 条　助理法官、法庭书记员的回避

1. 关于助理法官、法庭书记员回避的决定由审理刑事案件的法庭或者由陪审法庭的审判长作出。

2. 曾作为助理法官、法庭书记员参加过刑事案件诉讼不是回避的理由。

第 69 条　翻译人员的回避

1. 关于翻译人员回避的决定在刑事案件审前程序中由调查人员、侦查员作出,在本法典第 165 条规定的情况下还可以由法院作出。在法庭审理过程中,上述决定由审理刑事案件的法院作出,或者由陪审法庭的审判长作出。

2. 如果存在本法典第 61 条规定的情况,要求翻译人员回避的申请可以由控辩双方提出,而如果发现翻译人员不称职,则还可以由侦查员、鉴定人或专家提出。

3. 曾作为翻译人员参加过刑事案件的诉讼不是回避的理由。

第 70 条　鉴定人的回避

1. 关于鉴定人回避的决定依照本法典第 69 条第 1 款规定的程序作出。

2. 有下列情形之一的,鉴定人不得参加刑事案件的诉讼:

(1)存在本法典第 61 条规定的情况,但以前曾作为鉴定人或专家参加过刑事案件的诉讼不得成为回避的理由;

(2)现在或过去与控辩一方或其代理人有职务从属关系或其他依赖关系;

(3)发现他不称职。

第 71 条　专家的回避

1. 关于专家回避的决定依照本法典第 69 条第 1 款规定的程序作出。

2. 如果存在本法典第 70 条第 2 款规定的情况,则专家不得参加刑事案件的诉讼。但他以前曾作为专家参加过刑事案件的诉讼不是回避的理由。

第 72 条　辩护人以及被害人、附带民事诉讼原告人或附带民事诉讼被告人的代理人不得参加刑事诉讼的情况

1. 辩护人以及被害人、附带民事诉讼原告人或附带民事诉讼被告人的代理人,有下列情形之一的,无权参加刑事案件的诉讼:

(1)以前曾作为法官、检察长、侦查员、调查机关首长、调查部门首长、调查人员、助理法官、法庭书记员、证人、鉴定人、专家、翻译人员或见证人参加过该刑事案件的诉讼;

(2)是以前或现在参加该刑事案件诉讼的法官、检察长、侦查员、调查机关首长、调查部门首长、调查人员、助理法官、法庭书记员的近亲属,或者其利益同与之签订辩护协议的刑事诉讼参加人的利益有矛盾;

(3)现在或以前为人提供法律帮助,而该人的利益与他为之辩护的犯罪嫌疑人、刑事被告人或代理的被害人、附带民事诉讼原告人、附带民事诉讼被告人的利益有矛盾。

2. 关于辩护人以及被害人、附带民事诉讼原告人或附带民事诉讼被告人的代理人等回避的决定,依照本法典第 69 条第 1 款规定的程序作出。

第十章 刑事诉讼中的证据

第 73 条 应该证明的情况

1. 在刑事案件的诉讼中,应该证明的情况有:

(1)犯罪事件(实施犯罪的时间、地点、方式和其他情节);

(2)刑事被告人实施犯罪的有罪性质、罪过的形式和犯罪动机;

(3)说明刑事被告人个人身份的情况;

(4)犯罪所造成损害的性质和大小;

(5)排除行为有罪性质和应受刑罚性质的情节;

(6)减轻和加重刑罚的情节;

(7)可能导致免除刑事责任和免除刑罚的情节;

(8)证明应该依照《俄罗斯联邦刑法典》第 104-1 条予以没收的财产系实施犯罪而获得或者是该财产的收益,或者被用来或准备用来作为犯罪工具、设备和其他实施犯罪的手段或给恐怖主义、极端主义活动(极端主义)、有组织集团、非法武装队伍、黑社会(犯罪组织)提供资金等情节。

2. 还应该查明促成犯罪的情况。

第 74 条 证据

1. 刑事案件的证据是法院、检察长、侦查员、调查人员依照本法典规定的程序据以确定在案件办理过程中存在还是不存在应该证明的情况的任何信息材料以及对于刑事案件有意义的其他情况。

2. 允许作为证据的有:

(1)犯罪嫌疑人、刑事被告人的陈述;

(2)被害人陈述、证人的证言;

(3)鉴定人的结论和陈述;

（3-1）专家的结论和陈述；

（4）物证；

（5）侦查行为的笔录和审判行为的笔录；

（6）其他文件。

第 75 条　不允许采信的证据

1. 违反本法典的要求而获得的证据不允许采信。不允许采信的证据不具有法律效力，不得作为指控的根据，也不得用来证明本法典第 73 条规定的任何情况。

2. 不允许采信的证据包括：

（1）犯罪嫌疑人、刑事被告人在没有辩护人在场时，包括在他拒绝辩护人的情况下在审前诉讼过程中所作的但没有被犯罪嫌疑人、刑事被告人在法庭上证实的陈述；

（2）物品、文件或在侦缉活动或侦查行为过程中获得的并列入律师委托人卷宗的信息材料，但本法典第 81 条第 1 款所列物品和文件除外；

（2-1）被害人、证人基于猜测、假设、传闻所作的陈述，以及证人不能指出其信息来源的证言；

（3）违反本法典的要求所获得的其他证据。

第 76 条　犯罪嫌疑人的陈述

犯罪嫌疑人的陈述是依照本法典第 187 条至第 190 条的要求在审前程序中对他进行询问时所陈述的信息材料。

第 77 条　刑事被告人的陈述

1. 刑事被告人的陈述是依照本法典第 173 条、第 174 条、第 187 条至第 190 条和第 275 条的要求在审前程序中对他进行询问时或法庭审理时所陈述的信息材料。

2. 刑事被告人承认自己实施犯罪的罪行，只有在他的有罪性质被刑事案件证据的总和所证实时才能成为指控的根据。

第 78 条　被害人的陈述

1. 被害人的陈述是依照本法典第 187 条至第 191 条和第 277 条的要求在刑事案件审前程序中对他进行询问时或在法庭上所作的陈述。

2. 可以向被害人询问在刑事案件诉讼中应予证明的任何情况，包括他与犯罪嫌疑人、刑事被告人的相互关系。

第79条　证人的证言

1. 证人的证言是依照本法典第 187 条至第 191 条和第 278 条的要求在刑事案件审前程序中对他进行询问时或在法庭上所作的陈述。

2. 可以向证人询问与刑事案件有关的任何情况，包括刑事被告人、被害人的个人情况以及他与他们之间和与其他证人之间的相互关系。

第80条　鉴定人和专家的结论和陈述

1. 鉴定人的结论是鉴定人就刑事案件经办人员或者控辩双方向他提出的问题所作出的以书面形式提交的研究内容和结论。

2. 鉴定人的陈述是鉴定人依照本法典第 205 条和第 282 条的要求在鉴定结论提出后为了说明或进一步明确鉴定结论而进行询问时所提供的信息材料。

3. 专家的结论是以书面形式提交的就控辩双方向他提出的问题所作出的判断。

4. 专家的陈述是在接受询问时所陈述的关于需要专门知识的情况的信息材料，以及依照本法典第 53 条、第 168 条和第 271 条的要求对自己的意见所作的说明。

第81条　物证

1. 以下任何物品均被认为是物证：

（1）充当犯罪工具、设备或实施犯罪的其他手段或保留着犯罪痕迹的物品；

（2）犯罪行为所侵害的物品；

（2-1）实施犯罪所获得的金钱、贵重物品和其他有价值的物品；

（3）可以成为揭露犯罪和确定刑事案件情节的手段的其他物品和文件。

2. 本条第 1 款所列物品应予以勘验，认定为物证并附于刑事案卷之中，对此应作出相应的决定。物证的保管程序由本条和本法典第 82 条规定。

3. 在作出刑事判决时，以及在作出关于终止刑事案件的裁定或裁决时，应该解决物证的处理问题。在这种情况下：

（1）属于刑事被告人的犯罪工具、设备或实施犯罪的其他手段应予以没收，或者交给相应的机构，或者销毁；

（2）禁止流通物应该上交相应的机构或者进行销毁；

（2-1）俄罗斯联邦政府规定禁止流通的轻工业商品，应该依照俄罗斯联邦政府规定的办法予以销毁；

（3）没有价值的和无人认领的物品，应予以销毁，如利害关系人或机构请求领取时，可以交给他们；

（4）实施犯罪所获得的金钱、贵重物品和其他财产以及该财产的收益应返还法定占有人；

（4-1）《俄罗斯联邦刑法典》第104-1条第1款第（1）项至第（3）项所列金钱、贵重物品应该依照俄罗斯联邦政府规定的程序予以没收，但本条第4款规定的情形除外；

（5）作为物证的文件，在刑事案卷的整个保存期内应留在刑事案卷中，或者根据利害关系人的请求交给利害关系人；

（6）其余物品交付法定占有人，而在法定占有人不确定时移转给国家所有。关于物证归属的争议通过民事诉讼程序解决。

4. 审前程序中收缴的而没有被认定为物证的物品，包括信息的电子载体，以及文件，应当根据本法典第6-1条的要求返还给原占有人。

第81-1条 认定物品或文件为经济领域犯罪案件物证的程序

1. 在《俄罗斯联邦刑法典》第159条第1款至第4款、第159-1条至第159-3条、第159-5条、第159-6条、第160条和第165条规定的犯罪案件中，如果上述犯罪是在经营活动领域实施的，以及在《俄罗斯联邦刑法典》第159条第5款至第7款、第171条、第171-1条、第171-3条至第172-2条、第173-1条至第174-1条、第176条至第178条、第180条、第181条、第183条、第185条至第185-4条和第190条至第199-4条规定的犯罪案件中，在审前调查过程中依照本法典第164条第4-1款和第164-1条规定的要求没收的本法典第81条第1款规定的物品和文件，包括信息的电子载体，被认定为物证，并附于刑事案卷，对此应作出相应的决定。

2. 认定本条第1款所列物品和文件为物证的裁决，应在没收上述物品或文件之时起的10日内作出。如果被没收物品和文件的勘验由于数量庞大或由于其他客观原因需要更多的时间，则根据侦查员或调查人员说明理由的申请，该期限可以分别由侦查机关领导人或调查机关首长决定延长为30天。如果需要指定鉴定才能确认这些物品和文件是否为物证，则侦查员或调查人员作出认定它们为物证的决定的期限不得超过收到鉴定结论之时起的3昼夜。

3. 在本条第1款规定的犯罪案件审前程序中没收文件时，对其合法占有人，应该提供依照俄罗斯联邦政府规定的办法，用他自己的经费复制（包括借助于技术手段复制）被没收的文件的可能性。

4. 在审前程序中没收,但没有被认定为物证的物品和文件(但本法典第81条第3款第(2)项规定的物品除外),包括信息的电子载体,均应在本条第2款规定的期限届满后的5日内返还给原占有人。

第82条　物证的保管

1. 刑事案件中的物证应当保管直至刑事判决生效或直至对终止刑事案件的裁定或裁决提出申诉的期限届满,并与刑事案卷一并移交,但本条规定的情形除外。如果关于作为物证的财产的所有权争议通过民事诉讼程序解决,则物证应保管到法院的民事判决生效之时。

2. 对下列物证:

(1)由于笨重或其他原因而不能随刑事案卷保管的物品,包括难于保管或其特殊保管的费用与其价值相比过高的大宗商品,可以:

a. 拍照或摄制成录像带或电影片,尽可能地封存和根据调查人员、侦查员的决定并依照俄罗斯联邦立法按俄罗斯联邦政府规定的办法进行保管。刑事案卷应附上关于这种物证所在地的文书,以及附上足以进行比对的物证样本;

b. 如果无损于进行证明,可返还给法定占有人;

c. 如果本项第a小项和第b小项规定的方式不能保证物证的保管,应进行评估,经占有人同意或根据法院的决定按照俄罗斯联邦政府规定的程序交付拍卖。拍卖物证所得款项依照本款的规定计入作出上述物证没收决定的机关的提存账户,期限依本条第1款的规定。刑事案卷可以附具足以进行比对的物证样本;

(1-1)难于保管的或保管费用与其价值相比过大的大宗商品,可以移交给占有人负责保管;

(2)易坏商品和产品,以及迅速老化的财产,难于保管或其特殊保管条件的费用与其价值不成比例的,可以:

a. 返还其占有人;

b. 不能返还时,经占有人同意或根据法院决定按俄罗斯联邦政府规定的程序依照俄罗斯联邦立法进行拍卖。物证拍卖所得款项依照本款计入作出没收该物证决定的机关的提存账户,期限依本条第1款的规定。刑事案卷应附具足以进行比对的物证样本;

c. 易坏商品和产品已经不具有使用价值的,经占有人同意或根据法院决定,依照俄罗斯联邦政府规定的程序进行销毁。在这种情况下应依照本法典第166条的规定制作笔录;

（3）禁止非法流通的麻醉品、精神药品，含有麻醉品、精神药物或其前体的植物、植物部分，以及长期保存会危及人的生命或健康或危害环境的物品，在进行必要的审查之后应交付进行技术加工或者根据法院决定依照俄罗斯联邦政府规定的程序进行销毁，对此应依照本法典第 166 条的要求制作笔录。刑事案卷应附具足以进行比对的被禁止非法流通的麻醉品、精神药物，含有麻醉品、精神药物或其前体的植物、植物部分的样本；

（3-1）在实施侦查行为时发现的实施犯罪所获得的金钱、贵重物品和其他财产或这些财产的收益，应该依照本法典第 115 条规定的程序予以扣押。

（4）在侦查过程中收缴的金钱和贵重物品，在进行勘验和实施其他必要的侦查行为后：

a. 交由银行或其他信贷机构保管，保管期限由本条第 1 款规定，但本项第 b 小项规定的情形除外；

b. 如果无损于进行证明，可退还法定占有人；

（4-1）金钱，在进行必要的侦查行为后进行照相、摄像或录制电影片并进行如下处理：

a. 依照俄罗斯联邦政府规定的程序退还法定占有人；

b. 如果没有或无法确定占有人时，或者由于其他原因而不可能将物证返还法定占有人时，物证应交给作出收缴上述物证决定的财政机关、银行或其他信贷机构，保管期限依本条第 1 款的规定；或者如果收缴的个别物证对证明有意义，则附于刑事案卷保管；

（5）电子信息载体：

a. 在排除外人了解信息内容和保证载体和上述信息完好的条件下，以查封形式保管；

b. 如果无损于进行证明，在审查和进行其他必要的侦查行为后返还法定占有人；

（6）俄罗斯联邦政府规定禁止非法流通的轻工业品，根据法院决定和俄罗斯联邦政府规定的程序进行销毁，并依照本法典第 166 条的要求对此事作笔录。刑事案卷应附具足够进行比对的禁止流通的轻工业品的样本；

（7）依照国家关于调整酒精、酒类和含酒精产品生产和流通以及限制酒精制品消费（酗酒）的立法而禁止非法流通的酒精、酒类和含酒精产品，以及用于酒精、酒类和含酒精产品非法生产和（或）流通的物品，在进行必要的审查之后应根据法院的决定按照俄罗斯联邦政府规定的办法进行销毁、利用或销售，对此应按照本法典第 166 条的要求制作笔录；或者按照俄罗斯联邦政

府规定的办法交付保管。销售物证所得的资金,计入作出没收上述物证决定的机关的提存账户,期限依本条第 1 款的规定;

(8)没收的用于非法组织和(或)进行赌博的游戏设备,应根据法院决定按照俄罗斯联邦政府规定的办法进行销毁,对此应按照本法典第 166 条的要求制作笔录。刑事案件的案卷应附具物证的照片、电影胶片或录像,也可以附具足以进行比对的样本;

(9)动物,其生理状况不允许回到生活环境的:

a. 进行拍照、摄像或制作电影胶片,根据调查人员、侦查员的决定,依照俄罗斯联邦立法和俄罗斯联邦政府规定的程序交付保管。刑事案件的案卷应附具关于物证保管地点的文件;

b. 如果无损于证明,则返还其法定占有人;

c. 如果不能用本项第 a、b 小项规定的方式进行保管,则经法定占有人同意或者根据法院的判决,按照俄罗斯联邦政府规定的办法无偿移交饲养,对此应依照本法典第 166 条的要求制作笔录。刑事案件的案卷应附具被没收动物的照片、录像,以及其他含有可以确定动物类别特征或个体特征的材料或文件(资产清册号、代号、标记等,必要时还包括检验结果);

d. 如果不可能将动物无偿移交进行饲养,则进行估价,并经占有人同意或根据法院决定,依照俄罗斯联邦政府规定的办法进行拍卖。拍卖物证所得资金应依照本款计入作出没收上述物证决定的机关的提存账户,期限依本条第 1 款的规定。

2-1. 在进行紧急侦查行为后,如果不可能将侦查行为过程中收缴的电子信息载体返还给法定占有人,载体中的信息根据被收缴电子信息载体的法定占有人或信息的权利持有人的要求进行复制。将上述信息复制到被收缴电子信息载体法定占有人或所载信息持有人提供的另外电子信息载体上,要有被收缴电子信息载体法定占有人或所载信息持有人和(或)他们的代理人和专家参加,还要有见证人在场,并在审前调查机关或法院进行。在复制信息时应保证信息不遗失、不改变的条件。如果可能妨碍犯罪调查,则不允许复制信息。含有扫描信息的电子信息载体,应移交给被收缴电子信息载体的法定占有人或所载信息的持有人。关于进行信息复制、将被收缴的电子信息载体移交给法定占有人或所载信息的持有人的情况,应依照本法典第 166 条的要求制作笔录。

3. 物证(包括个别种类物证)的保管、登记、移交的其他条件由俄罗斯联邦政府规定。

4. 在本条第 2 款第(1)项第 a 小项和第 b 小项、第 1-1 项、第(2)项第 a 小项、第 3-1 项和第 4-1 项、第 5 项第 b 小项、第 9 项第 a 小项和第 b 小项及第 2-1 款规定的情况下,调查人员、侦查员或法院应作出决定。

4-1. 在本条第 2 款第(1)项第 c 小项、第(2)项第 b 小项和第 c 小项、第(3)项、第(6)项至第(8)项规定的情况下,如果占有人不同意拍卖、利用或销毁财物,则侦查员经侦查机关领导人同意、调查人员经检察长同意向调查进行地的法院提出有关申请。

4-2. 在本条第 2 款第(9)项第 c 小项和第 d 小项规定的情况下,如果占有人不同意无偿移交或拍卖物证,或者没有占有人或不能确定占有人,则侦查员经侦查机关领导人的同意或调查人员经检察长同意应向调查进行地的法院提出有关申请。

5. 在调查机关向侦查员、一个调查机关向另一个调查机关、一名侦查员向另一名侦查员移交刑事案件时,以及在将刑事案件移送检察长或法院时,或者在将刑事案件从一个法院移送到另一个法院时,物证应随刑事案件一起移交,但本条规定的情形除外。

第 83 条　侦查行为和审判庭的笔录

侦查行为笔录和审判庭笔录,如果符合本法典规定的要求,允许作为证据。

第 84 条　其他文件

1. 如果其他文件所叙述的信息材料对于确定本法典第 73 条所列情况有意义,则允许作为证据。

2. 文件可以是以书面形式,也可以是以其他形式固定下来的信息材料,其中包括照片、电影片、录音带、录像带以及依照本法典第 86 条规定的程序取得、收缴或提交的其他信息载体。

3. 文件应归入刑事案卷并在案卷的整个保存期中予以保存。根据法定占有人的请求,收缴并归入刑事案卷的文件或其复印件可以退还给他。

4. 具有本法典第 81 条第 1 款所规定特征的文件,可以被认为是物证。

第十一章　证明

第 85 条　证明

证明是为了确认本法典第 73 条所列的情况而搜集、审查和评定证据。

第 86 条　证据的搜集

1. 证据的搜集由调查人员、侦查员、检察长和法院在刑事案件办理过程中通过本法典规定的侦查行为和其他诉讼行为进行。

2. 犯罪嫌疑人、刑事被告人以及被害人、附带民事诉讼原告人、附带民事诉讼被告人及其代理人有权搜集和提交书面文件和物品作为证据附于刑事案卷。

3. 辩护人有权通过以下途径搜集证据：

（1）取得物品、文件和其他信息材料；

（2）经本人同意后对人员进行询问；

（3）要求国家权力机关、地方自治机关、社会团体和组织提供证明书、说明书和其他文件，上述机关和团体有义务提交所要求的文件或其复印件。

第 87 条　证据的审查

调查人员、侦查员、检察长、法院通过将证据与刑事案件中现有的其他证据进行对比，以及确认证据来源、取得能证实或推翻被审查证据的其他证据等方式对证据进行审查。

第 88 条　证据的评定规则

1. 对每一个证据均应从相关性、是否允许采信、是否真实的角度进行评定，而对所有证据的总和应从是否足以解决刑事案件的角度进行评定。

2. 在本法典第 75 条第 2 款规定的情况下，法院、检察长、侦查员、调查人员应认定证据不允许采信。

3. 检察长、侦查员、调查人员有权根据犯罪嫌疑人、刑事被告人的申请或主动地认定证据的不允许采信。被认定不可采信的证据不得列入起诉书。

4. 法院有权依照本法典第 234 条和第 235 条规定的程序根据控辩双方的申请或主动地认定证据的不可采信。

第 89 条　侦缉活动的结果在证明中的使用

侦缉活动的结果,如果不符合本法典对证据所提出的要求,禁止在证明过程中加以使用。

第 90 条　前判证据的效力(预断)

已经生效的刑事判决(法院依照本法典第 226-9 条、第 316 条或第 317-7 条作出的刑事判决除外)或在民事诉讼、仲裁诉讼或行政诉讼中其他已经生效的法院裁判所确认的情况,法院、检察长、侦查员、调查人员应予以承认而无须进行补充审查。在这种情况下,这种刑事判决或裁判不能作为预断以前不是本案参加人的人有罪的根据。

第十二章 拘捕犯罪嫌疑人

第 91 条 拘捕犯罪嫌疑人的根据

1. 有下列情形之一的,调查机关、调查人员、侦查员有权拘捕涉嫌实施可能判处剥夺自由的犯罪的人:

(1)该人在实施犯罪时被抓住或在实施犯罪行为之后立即被抓住;

(2)被害人或目击证人指认该人实施犯罪;

(3)在该人身体上或衣服上、他所在处所或住宅里发现明显的犯罪痕迹。

2. 当有材料说明有根据怀疑某人实施犯罪时,如果该人企图躲藏,或者没有经常住所地,或者其身份不明,或者侦查员经侦查机关领导人同意或调查人员经检察长同意已经向法院提交了对该人选择羁押作为强制处分的请求,则可以对该人实行拘捕。

第 92 条 拘捕犯罪嫌疑人的程序

1. 在将犯罪嫌疑人押送到调查机关或送交侦查员以后,应在 3 小时内制作拘捕笔录,笔录中应注明已向犯罪嫌疑人说明本法典第 46 条规定的权利。

1-1. 如果辩护人自犯罪嫌疑人被实际拘捕之时起即介入刑事案件,则他必须参加笔录的制作。

2. 笔录中应载明制作笔录的日期和时间,拘捕犯罪嫌疑人的日期、时间、地点、根据和理由,对他进行人身搜查的结果和拘捕的其他情节。拘捕笔录应由制作人和犯罪嫌疑人签字。

3. 调查机关、调查人员或侦查员必须在拘捕之时起的 12 小时内将实施拘捕的情况报告检察长。

4. 对犯罪嫌疑人应该依照本法典第 46 条第 2 款、第 189 条和第 190 条的要求进行询问。在开始询问前,根据犯罪嫌疑人的请求,应保证犯罪嫌疑人与其辩护人单独会见,内容保密。如果必须进行有犯罪嫌疑人参加的诉讼行为,会见的时间超过 2 小时的,可以由调查人员、侦查员加以限制,同时必须事先将此情况通知犯罪嫌疑人和他的辩护人。在任何情况下会见的时间不得少于 2 小时。

第 93 条　对犯罪嫌疑人的人身搜查

对犯罪嫌疑人可以依照本法典第 184 条规定的程序进行人身搜查。

第 94 条　释放犯罪嫌疑人的根据

1. 有下列情形之一的,应当根据调查人员或侦查员的决定释放犯罪嫌疑人:

（1）其犯罪嫌疑未得到证实;

（2）没有根据对他适用羁押作为强制处分;

（3）拘捕违反了本法典第 91 条的要求。

2. 如果在拘捕犯罪嫌疑人之时起的 48 小时内未对他选择羁押作为强制处分,或者法院没有依照本法典第 108 条第 7 款第（3）项推迟作出延长羁押期的决定,则应释放犯罪嫌疑人。

3. 如果法院关于对犯罪嫌疑人适用羁押作为强制处分的决定或延长羁押期的决定未在自拘捕犯罪嫌疑人之时起的 48 小时内送达,则犯罪嫌疑人应立即释放,关押场所的首长应将此情况通知办理该刑事案件的调查机关或侦查员以及检察长。

4. 如果法院裁定或裁决驳回调查人员、侦查员关于对犯罪嫌疑人选择羁押作为强制处分的申请,则该裁定或裁决的副本应在犯罪嫌疑人释放时发给犯罪嫌疑人。

5. 在释放羁押中的犯罪嫌疑人时,应发给证明书,证明书中应说明他被何人拘捕、拘捕的日期、时间、地点和根据以及释放的日期、时间和根据。

第 95 条　羁押犯罪嫌疑人的程序

1. 羁押犯罪嫌疑人的程序和条件由联邦法律规定。

2. 在必须进行侦缉活动时,允许进行侦缉活动的调查机关工作人员经办理该案的调查人员、侦查员或法院书面批准后会见犯罪嫌疑人。

第 96 条　关于拘捕犯罪嫌疑人的通知

1. 犯罪嫌疑人在最短的期限内,即不得超过他被押送到调查机关或侦查员那里之时起的 3 小时,有权用俄语在调查人员、侦查员在场的情况下通一次电话,以便将自己被拘捕的事实与所在地通知近亲属、亲属或亲近的人,对此应在拘捕笔录中进行记载。如果犯罪嫌疑人放弃上述权利,则调查人员、侦查员应进行通知,并将此事项也记入拘捕笔录。调查人员、侦查员还应在犯罪嫌疑人被拘捕之时起的 12 小时内将他被拘的事实通知本条第 2 款、第 2-1 款、第 2-2 款和第 3 款规定的人。

2. 如果被拘捕的犯罪嫌疑人是军人,则应将拘捕事宜通知部队指挥机关,而如果被拘捕的人是内务机关工作人员,则应通知该工作人员所在服务机关的首长。

2-1. 在拘捕的犯罪嫌疑人是依照俄罗斯联邦立法设立的社会监督委员会的成员时,应在本条第 1 款规定的期限内将拘捕事宜通知俄罗斯联邦社会院书记和有关社会监督委员会。

2-2. 如果犯罪嫌疑人是律师,在他被拘捕时,还应在本款第(1)项规定的期限内通知他所在的俄罗斯联邦主体律师协会。

3. 如果犯罪嫌疑人是其他国家的公民或国民,则应在本条第 1 款规定的期限内通知该国的驻俄大使馆或领事馆。

4. 如果为了审前调查的利益必须对拘捕犯罪嫌疑人的事实保密,则经检察长同意,由调查人员、侦查员作出说明理由的决定,可以不进行通知,但犯罪嫌疑人是未成年人的情形除外。

第十三章 强制处分

第 97 条 选择强制处分的根据

1. 调查人员、侦查员以及法院在其职权范围内有权对刑事被告人、犯罪嫌疑人选择本法典规定的一种强制处分,如果有足够的根据认为:

(1)刑事被告人、犯罪嫌疑人躲避调查、侦查或审判;

(2)刑事被告人、犯罪嫌疑人可能继续从事犯罪活动;

(3)刑事被告人、犯罪嫌疑人可能威胁证人或刑事诉讼的其他参加人,毁灭证据或以其他方式妨碍刑事案件的进行。

1-1. 在本法典的情况下,在选择保证金作为强制处分时,法院有权责成犯罪嫌疑人或刑事被告人遵守本法典第 105-1 条规定的一项或几项禁止性规定,而在选择监视居住时,遵守本法典第 105-1 条第 6 款第(3)至(5)项规定的一项或几项禁止性规定。

2. 为了保证刑事判决的执行或者依照本法典第 466 条规定的程序进行引渡,也可以选择强制处分。

第 98 条 强制处分

强制处分有:

(1)具结不外出;

(2)人保;

(3)由部队指挥机关监管;

(4)对未成年刑事被告人进行监管;

(4-1)禁止实施一定的行为;

(5)交纳保证金;

(6)监视居住;

(7)羁押。

第 99 条　在选择强制处分时应考虑的情况

如果存在本法典第 97 条所规定的根据,在解决是否必须对犯罪嫌疑人或刑事被告人选择强制处分和选择何种强制处分的问题时,还应该考虑犯罪的严重程度,犯罪嫌疑人、刑事被告人的个人情况,他的年龄、健康状况、家庭情况、所从事职业的种类以及其他情况。

第 100 条　对犯罪嫌疑人选择强制处分

1. 当存在本法典第 97 条规定的根据时,在特殊情况下,考虑到本法典第 99 条所列情况,对犯罪嫌疑人也可以选择强制处分。在这种情况下,最迟应在对犯罪嫌疑人选择强制处分之时起的 10 日内进行起诉,而如果犯罪嫌疑人已被拘捕,后又被羁押,则自拘捕之时起的 10 日内应该进行起诉。如果在上述期限内没有进行起诉,则强制处分应立即撤销,但本条第 2 款规定的情形除外。

2. 如果对犯罪嫌疑人选择了强制处分,而对犯罪嫌疑人的指控是实施《俄罗斯联邦刑法典》第 205 条、第 205-1 条、第 205-3 条、第 205-4 条、第 205-5 条、第 206 条、第 208 条、第 209 条、第 210 条、第 210-1 条、第 277 条、第 278 条、第 279 条、第 281 条、第 360 条和第 361 条所规定的任何一项犯罪,则应该在适用强制处分之时起的 45 日内进行起诉,而如果犯罪嫌疑人已经被羁押,则应在羁押之时起的 45 日内起诉,如果在该期限内没有进行起诉,则强制处分应立即撤销。

第 101 条　关于选择强制处分的决定和裁定

1. 关于强制处分的选择,应由调查人员、侦查员或法官作出决定,而法院则作出裁定,决定或裁定应指出被选择强制处分的人涉嫌实施或被指控什么犯罪以及选择该种强制处分的根据。

2. 决定或裁定的副本应发给被选择强制处分的人,根据他的请求还要发给他的辩护人或法定代理人。

3. 同时应向被选择强制处分的人说明本法典第 123 条至第 127 条所规定的对选择强制处分的决定进行申诉的程序。

第 102 条　具结不外出和行为保证

具结不外出和行为保证在于犯罪嫌疑人或刑事被告人以书面形式保证做到:

(1)不经调查人员、侦查员或法院的许可不离开经常住所地或临时住所地;

（2）在指定期限内听候调查人员、侦查员或法院的传唤到案；

（3）不以其他方式妨碍刑事案件的进行。

第 103 条　人保

1. 人保在于值得信任的人以书面形式担保犯罪嫌疑人或刑事被告人履行本法典第 102 条第 2 款和第 3 款规定的义务。

2. 根据一个或几个保证人的书面申请并经被保证人同意允许选择人保作为强制处分。

3. 应向保证人说明其被保证人涉嫌犯罪或被指控犯罪的实质以及保证人与进行人保有关的义务和责任。

4. 如果保证人不履行自己的义务，可以依照本法典第 118 条对他科处数额为 10 万卢布以下的金钱处罚。

第 104 条　部队指挥机关监管

1. 部队指挥机关对身为军人或进行军事集训的公民的犯罪嫌疑人或刑事被告人进行监管在于采取俄罗斯联邦武装力量规章所规定的措施，以保证该人履行本法典第 102 条第 2 款和第 3 款规定的义务。

2. 只有经过犯罪嫌疑人或刑事被告人的同意，才能选择部队指挥机关监管作为强制处分。

3. 关于选择本条第 1 款所规定强制处分的决定，应送交部队指挥机关，并向指挥机关说明被监管人涉嫌犯罪或被指控犯罪的实质以及指挥机关执行该强制处分的义务。

4. 如果犯罪嫌疑人或刑事被告人实施了选择强制处分所预防的行为，部队指挥机关应立即将情况通知选择该强制处分的机关。

第 105 条　对未成年犯罪嫌疑人或刑事被告人的监管

1. 对未成年犯罪嫌疑人或刑事被告人的监管在于他的父母、监护人、保护人或其他值得信任的人以及他所在专门儿童教养机构作出书面保证，负责监督他的行为符合本法典第 102 条的规定。

2. 在选择这一强制处分时，调查人员、侦查员或法院应向本条第 1 款所列人员说明未成年人所涉嫌犯罪或被指控犯罪的实质，以及他们的监管责任。

3. 对监管未成年犯罪嫌疑人、刑事被告人的人员，如果不履行其职责，可以适用本法典第 103 条第 4 款所规定的金钱处罚。

第 105-1 条　禁止一定的行为

1. 在不可能适用其他更宽缓的强制处分时，根据法院的决定，对犯罪嫌疑人或刑事被告人选择禁止一定行为作为强制处分。禁止一定的行为是要求犯罪嫌疑人或刑事被告人履行下列义务：根据调查人员、侦查员传唤及时到案或到法院,遵守一项或几项本条第6款所提出的禁止性规定,以及对他遵守这些禁止性规定进行监督。禁止一定行为可以在刑事案件诉讼的任何时间选择。

2. 禁止一定行为作为强制处分依照本法典第108条规定的程序适用（除与刑罚种类和数额、定罪、犯罪嫌疑人或刑事被告人的年龄有关的要求除外）,并考虑本条的特别规定。

3. 在必须选择禁止一定行为作为强制处分时,以及在必须对适用了禁止一定行为作为这一强制处分的犯罪嫌疑人或刑事被告人适用额外禁止性规定时,侦查员经侦查机关领导人或调查人员经检察长同意可以向法院提出相应的申请。向法院提出该申请的决定应指出本条第6款规定的一项或几项禁止性规定,对犯罪嫌疑人或刑事被告人规定这些禁止的动机和根据以及为什么不能选择其他强制处分。

4. 法官在审查上述申请后,作出以下裁决之一：

（1）对犯罪嫌疑人或刑事被告人选择禁止一定行为作为强制处分；

（2）对已经被适用了禁止一定行为这一强制处分的犯罪嫌疑人或刑事被告人规定额外的禁止行为；

（3）驳回申请。

5. 本条第4款中的法官裁决,应送交申请人、检察长、犯罪嫌疑人或刑事被告人住所地或所在地的监督机关、犯罪嫌疑人或刑事被告人、他的辩护人和（或）法定代理人,如果禁止一定行为与保证被害人、证人或刑事诉讼的其他参加人的安全有关,还应送交相关的人。如果依照本条第6款责成犯罪嫌疑人或刑事被告人禁止驾驶汽车或其他交通工具,则调查人员、侦查员或法院应收缴其驾驶证,驾驶证应附于案卷,并保存到该禁止性规定撤销之时。法官的裁决应立即执行,对该裁决可以依照本法典第108条第11款提出申诉。

6. 法院考虑犯罪嫌疑人或刑事被告人的个人身份、刑事案件的事实情节和双方提交的材料,在选择禁止一定行为作为强制处分时可以适用以下禁止性规定：

（1）禁止在一定时间内离开他作为所有权人、承租人或以其他合法理由居住的住所；

（2）禁止在一定场所逗留,以及不靠近一定客体的规定范围之内,禁止造

访和(或)参加一定的活动;

(3)禁止与特定人员交往;

(4)禁止寄送和接收邮件电报;

(5)禁止使用通信手段和互联网;

(6)禁止驾驶汽车或其他交通工具,如果所实施的犯罪与违反交通规则和(或)交通工具的使用有关。

7. 在法院关于选择禁止一定行为作为强制处分的裁决中,应指出与考虑所处禁止性规定有关的执行该强制处分的条件(住所地址和禁止离开住所的时间段,禁止性规定有关的区、居民点,禁止造访的地点,禁止靠近一定客体的距离,禁止与之交往的人员,适用本条第6款第(1)项禁止性规定的期限,与侦查员、调查人员和监督机关的联系方式,其他条件),以及犯罪嫌疑人或刑事被告人根据调查人员、侦查员或法院的传唤自行到案的义务。对犯罪嫌疑人或刑事被告人可处以本条第6款规定的全部禁止性规定,也可以仅处以其中的某些禁止性规定。

8. 犯罪嫌疑人或刑事被告人不得被限制在发生紧急情况时使用电话呼叫救护车、执法机关工作人员、事故急救服务的权利,以及打电话与侦查员、调查人员和监督机关沟通的权利。在规定禁止使用通信手段的情况下,犯罪嫌疑人或刑事被告人每次打电话均应报告监督机关。

9. 本条第6款第(1)项规定的禁止性规定,一直适用到禁止一定行为这种强制处分撤销之时或直到法院作出本条第4款第(1)项和第(2)项规定的决定时或延长期限时所规定的禁止期限届满。本条第6款第(2)项至第(6)项规定的禁止,适用到禁止一定行为这一强制处分被撤销或变更之时。

10. 适用本条第6款第(1)项所规定禁止的期限,由法院依照本法典第109条并考虑本条的特别规定予以确定,自法院作出规定禁止一定行为的决定之时起,但不得超过下列期限:

(1)轻罪和中等严重犯罪的,不得超过12个月;

(2)严重犯罪的,不得超过24个月;

(3)特别严重犯罪的,不得超过36个月。

11. 对犯罪嫌疑人或刑事被告人遵守本条第6款第(1)项至第(5)项所列禁止性规定情况的监督,由行使执法职能、在对被判刑人执行刑罚的领域行使监督和监管职能的联邦行政机关进行。为了进行监督,可以使用视听设备、电子监控和其他技术监控手段,这些手段的清单和使用办法由俄罗斯联邦政府规定。进行监督的程序由在刑事执行领域制定和执行国家政策及规范性法律的联邦行政机关规定,经与俄罗斯联邦总检察院协商,上述机关可以包含审前调查机关。

12. 如果犯罪嫌疑人或刑事被告人根据医学诊断书被送到卫生机构并住院治疗,在法院解决对犯罪嫌疑人或刑事被告人继续执行还是撤销强制处分之前,法院作出的禁止性规定仍然有效。相应卫生机构的区域被认为是执行禁止一定行为这一强制处分的地点。

13. 如犯罪嫌疑人或刑事被告人违反禁止性规定,拒绝对他适用视听、电子或其他监控手段或故意损坏、毁灭上述手段或破坏其完整性或实施破坏对他所采用的视听、电子或其他监控手段功能的其他行为,法院根据侦查员或调查人员的申请,法庭审理期间根据监督机关的报告可以将这一强制处分改为更严厉的强制处分。

第106条　交纳保证金(物)

1. 交纳保证金(物)在于犯罪嫌疑人或刑事被告人或其他自然人或法人在审前调查阶段向办理刑事案件的机关、在法庭审理阶段向法院交纳或移转不动产和金钱、贵重物品和允许在俄罗斯公开流通的股票和债券形式的动产,以保证犯罪嫌疑人、刑事被告人在侦查员或法院传唤时到案和预防他们实施新的犯罪以及实施妨碍刑事案件诉讼的行为。交纳保证金(物)可以在刑事案件办理的任何时候选择。

2. 对犯罪嫌疑人或刑事被告人选择保证金(物)作为强制处分由法院决定并考虑本条的特别规定,依照本法典第108条规定的程序适用。犯罪嫌疑人、刑事被告人或其他自然人或法人有权向法院申请适用保证金(物)。要求适用保证金(物)的申请应向审前调查地的法院提出,如果法院收到侦查员、调查人员关于对同一犯罪嫌疑人或刑事被告人选择其他强制处分的申请,法院应一并审理。

3. 保证金(物)的种类和数额由法院考虑犯罪的性质、犯罪嫌疑人或刑事被告人的个人情况和保证人的财产状况决定。在轻罪或中等严重犯罪的刑事案件中,保证金的数额不得少于5万卢布,而在严重犯罪和特别严重犯罪的刑事案件中保证金的数额不得少于50万卢布。依照《俄罗斯联邦民法典》不得进行追偿的财产不得作为保证金(物)。本条第1款所列保证金(物)的评估、保管、管理和保存完好的办法由俄罗斯联邦政府依照俄罗斯联邦立法规定。

4. 不动产、允许在俄罗斯公开流通的股票和债券形式的动产、贵重物品,在提交证明保证人对该财产享有所有权的文件原件后可以作为保证金

（物）。如果依照俄罗斯联邦的立法，限制财产权（为财产权设定负担）无须进行国家注册或有价证券提存人或持有人登记簿占有人登记，则保证人应以书面形式证明对该财产权不存在限制（设定负担）的真实信息。

5. 作为保证金的金钱，应交给相应法院或刑事案件办理机关的提存账户。法院和刑事案件办理机关接收保证金的情况应制作笔录，笔录的副本应发给保证人。

6. 如果交纳保证金（物）的不是犯罪嫌疑人、刑事被告人，则应向交纳人说明对犯罪嫌疑人、刑事被告人涉嫌犯罪或被指控犯罪的实质和对其选择这一强制处分的根据，还要说明与这一强制处分有关的义务以及不履行或违反义务的后果。

7. 在法院关于选择保证金（物）作为强制处分的裁决或裁定中，法院应规定交纳保证金（物）的期限。如果犯罪嫌疑人、刑事被告人被拘捕，则法院在认定拘捕为合法有据的情况下延长拘捕期直至交纳保证金（物），但不得超过法院裁判作出之时起的 72 小时。如果在规定期限内不交纳保证金（物），则法院依照本法典第 108 条提出的申请审理关于对犯罪嫌疑人或刑事被告人选择其他强制措施的问题。

8. 如果交纳保证金（物）的适用是替代原先选择的强制处分，则该强制处分有效期直至保证金（物）交纳之时。

8-1. 在选择保证金（物）作为强制处分时，法院有权责成犯罪嫌疑人或刑事被告人遵守本法典第 105-1 条第 6 款所规定的禁止性规定。在撤销或变更保证金这一强制处分前，均须遵守第 105-1 条第 6 款第（2）项至第（6）项规定的义务，以及遵守本法典第 105-1 条第 1 款的禁止性规定，直至法院依照本法典第 105-1 条第 9 款和第 10 款规定的期限届满为止。对犯罪嫌疑人或刑事被告人遵守法院责令的禁止性规定情况的监督依照本法典第 105-1 条第 11 款规定的程序进行。

9. 如果犯罪嫌疑人或刑事被告人违反与交纳保证金（物）有关的义务，则保证金（物）法院依照本法典第 118 条作出的决定没收作为国家收入。

10. 在其余情况下，法院在作出刑事判决或作出终止刑事案件的裁定或裁决时，应解决向保证人返还保证金（物）的问题。在终止刑事案件时，侦查员、调查人员应将保证金（物）返还保证人，对此应在终止刑事案件的决定中予以说明。

第 107 条　监视居住

1. 在不可能选择其他更宽缓的强制处分时，根据法院的决定对犯罪嫌疑人或刑事被告人选择监视居住作为强制处分。这一强制处分在于将犯罪嫌疑人或刑事被告人在他作为所有权人、承租人或以其他合法根据居住的住所中与社会隔离,同时实行禁止性规定并对他进行监督。根据犯罪嫌疑人或刑事被告人的健康状况,其监视居住地点可以是医疗机构。

2. 监视居住期限为 2 个月以下。监视居住的期限自法院对犯罪嫌疑人或刑事被告人作出选择该强制处分之时起计算。如果在 2 个月期限内不能完成侦查而又没有根据撤销该强制处分,则监视居住的期限可以根据法院决定依照本法典第 109 条的规定和程序并考虑本条的特别规定予以延长。

2-1. 羁押的时间计入监视居住期。无论适用这两种强制处分的先后顺序,监视居住和羁押的总期限不得超过本法典第 109 条规定的最长羁押期。

3. 监视居住作为强制处分根据法院的决定,依照本法典第 108 条规定的程序并考虑本条的特别规定对犯罪嫌疑人或刑事被告人适用。

4. 法官在审理选择监视居住作为强制处分的申请后作出以下裁决之一:

(1)对犯罪嫌疑人或刑事被告人选择监视居住作为强制处分;

(2)驳回申请。

5. 在驳回对犯罪嫌疑人或刑事被告人选择监视居住作为强制处分的申请时,如果存在本法典第 97 条规定的根据,并考虑本法典第 99 条所列情节,法官有权对犯罪嫌疑人或刑事被告人选择交纳保证金(物)或禁止一定行为作为强制处分。

6. 法官的裁决应送交申请人、检察长、监视居住地的监督机关、犯罪嫌疑人或刑事被告人并应立即执行。

7. 法官考虑犯罪嫌疑人或刑事被告人的个人情况和刑事案件的事实情节以及双方在选择监视居住作为强制处分时所提供的信息,可以规定本法典第 105-1 条第 6 款第(3)项至第(5)项的禁止一定行为。

8. 根据所提出指控犯罪的严重程度和事实情节,法院可以对犯罪嫌疑人或刑事被告人处以本条第 7 款所列全部禁止性规定,也可以仅处以其中的一些禁止性规定。法院可以根据犯罪嫌疑人或刑事被告人、他的辩护人、法定代理人以及办理刑事案件的侦查员或调查人员的申请进行禁止性规定。犯罪嫌疑人或刑事被告人不得被限制在发生紧急情况时使用电话呼叫救护车、执法机关工作人员、事故急救服务的权利,以及打电话与监督机关、侦查员和调查人员沟通的权利。对每次这样的电话,犯罪嫌疑人或刑事被告人均应报告监督机关。

9. 在选择监视居住作为强制处分的法院决定中,应指出执行此项强制处分的条件(犯罪嫌疑人或刑事被告人的所在地、监视居住的期限、对犯罪嫌疑人或刑事被告人有哪些禁止性规定、犯罪嫌疑人或刑事被告人与侦查员、调查人员或监督机关的联系方式)。

10. 对犯罪嫌疑人或刑事被告人执行监视居住这一强制处分以及他遵守法院对他科处的禁止性规定的情况,依照本法典第105-1条第11款规定的程序进行。

11. 如果根据医嘱,犯罪嫌疑人或刑事被告人被送往卫生机构并住院治疗,则在法院解决变更或撤销强制处分的问题之前对犯罪嫌疑人或刑事被告人应继续实行法院所作的禁止性规定。执行监视居住这一强制处分的地点被认为是相应卫生机关的范围。

12. 犯罪嫌疑人或刑事被告人应该用监督机关的交通工具押解到调查机关、侦查机关或法院。

13. 处在监视居住中的犯罪嫌疑人或刑事被告人在完全与社会隔离的条件下在该强制处分执行地会见辩护人、法定代理人,以及会见公证员,以便向他颁发代理犯罪嫌疑人或刑事被告人在经营活动中利益的委托书。

14. 如果被选择监视居住这一强制处分的犯罪嫌疑人或刑事被告人违反这一强制处分的执行条件,拒绝对他适用视听设备、电子和其他技术监控手段,或者故意损坏、毁灭、破坏上述手段的完整性或者实施旨在破坏对他采用的视听设备、电子和其他技术监控手段的功能,根据侦查员、调查人员的申请,而在法庭审理期间,根据监督机关的提请,法院可以将这一强制处分变更为更严厉的强制处分。

第 108 条　羁押

1. 羁押这一强制处分是根据法院的决定对实施刑事法律规定的犯罪且其刑罚超过3年剥夺自由,而且又不可能适用其他更宽缓的强制处分时对犯罪嫌疑人、刑事被告人适用。选择羁押作为强制处分时,法官的裁决中应该说明据以作出该裁决的具体事实情节。这样的情节不能是未经法庭审查的材料,包括违反本法典第89条的规定而提交的侦缉活动结果。在特殊情况下,有下列情况之一的,可以对实施刑事法律规定刑罚不足3年剥夺自由的犯罪嫌疑人、刑事被告人适用这一强制处分:

(1)犯罪嫌疑人、刑事被告人在俄罗斯联邦境内没有经常住所地的;

(2)犯罪嫌疑人、刑事被告人的身份不确定的;

(3)犯罪嫌疑人、刑事被告人违反以前所选择的强制处分的;

(4)犯罪嫌疑人、刑事被告人躲避审前调查或审判的。

1-1. 对在经营活动领域实施《俄罗斯联邦刑法典》第 159 条第 1 款至第 4 款、第 159-1 条至第 159-3 条、第 159-5 条、第 159-6 条、第 160 条、第 165 条和第 201 条所规定犯罪的犯罪嫌疑人或刑事被告人,如果这些犯罪是个体经营者由于从事经营活动和(或)管理属于他的并用于经营活动的财产而实施的,或者这些犯罪是由商业组织管理机关人员因行使其商业组织管理权限或因商业组织从事经营活动或其他经济活动而实施的,以及实施《俄罗斯联邦刑法典》第 159 条第 5 款至第 7 款、第 171 条、第 171-1 条、第 171-3 条至第 172-2 条、第 173-1 条、第 174-1 条、第 176 条至第 178 条、第 180 条、第 183 条、第 185 条至第 185-4 条、第 190 条至第 199-4 条所规定犯罪的犯罪嫌疑人或刑事被告人实施的,均不得对犯罪嫌疑人或刑事被告人适用羁押作为强制处分。

2. 如果未成年犯罪嫌疑人、刑事被告人涉嫌或被指控实施严重犯罪或特别严重的犯罪,则对未成年犯罪嫌疑人、刑事被告人也可以选择羁押作为强制处分。在特殊情况下还可以对实施中等严重犯罪的未成年犯罪嫌疑人、刑事被告人选择这一强制处分。

3. 有必要选择羁押作为强制处分时,侦查员经侦查机关领导人同意、调查人员经检察长同意向法院提出有关的申请。在提出申请的决定中应说明有必要对犯罪嫌疑人、刑事被告人实施羁押而不能选择其他强制处分的理由和根据。决定应附上证明申请理由的材料。如果提出对犯罪嫌疑人、刑事被告人实施羁押的申请,须依照本法典第 91 条和第 92 条规定的程序提出,则决定和上述材料最迟应在拘留期限届满前 8 小时提出。

4. 要求选择羁押作为强制处分的申请,由审前调查地或犯罪嫌疑人拘捕地的区法院或同级军事法院的法官在收到材料后的 8 小时内独任审理,犯罪嫌疑人或刑事被告人、检察长应出庭,有辩护人参加刑事案件时,辩护人也应出庭。依照本法典第 91 条和第 92 条规定的程序拘捕的犯罪嫌疑人应押解到审判庭。未成年犯罪嫌疑人或刑事被告人的法定代理人、侦查机关领导人、侦查员、调查人员也有权出庭。控辩双方当事人已经收到关于开庭时间的通知而无正当理由不到庭的,不妨碍羁押申请的审理,但刑事被告人不到庭的情况除外。

5. 只有在宣布对刑事被告人进行国际通缉和(或)跨国通缉的情况下,才允许在刑事被告人缺席的情况下作出对他选择羁押作为强制处分的法院决定。

6. 开庭时法官应首先宣布审议何种申请,向出庭的人说明他们的权利和义务。然后检察长或受检察长委托提出羁押申请的人员论述申请的根据，之后再听取其他出庭人的意见。

7. 法官在审议羁押申请后作出以下裁决之一：

（1）对犯罪嫌疑人或刑事被告人选择羁押作为强制处分；

（2）驳回申请；

（3）作出延长拘留期的决定。在法庭认为拘留合法有据的条件下，允许延长拘留期，以便申请方提供补充证据说明选择羁押作为强制处分有根据或者没有根据，但不超过法院就申请作出决定之时起的 72 小时。延长拘留期的裁决中应说明拘留期延长到何日何时。

7-1. 在驳回关于对犯罪嫌疑人或刑事被告人选择羁押作为强制处分的申请时，如果存在本法典第 97 条规定的情况，法官有权考虑本法典第 99 条所列情况，主动对犯罪嫌疑人或刑事被告人选择禁止一定行为、交纳保证金（物）或监视居住作为强制处分。

8. 法官的裁决应送交提出申请的人、检察长、犯罪嫌疑人或刑事被告人，并应立即执行。

9. 在驳回选择羁押作为强制处分的裁决后，只有在出现说明有必要实施羁押的新情况时才能再次向法院提出对同一案件中同一人实施羁押的申请。

10. 如果对受审人选择羁押作为强制处分的问题在法庭发生，则关于这个问题的决定由法庭根据一方的申请作出或由法院主动作出，对此应作出裁定或裁决。

11. 对法官关于同意或驳回选择羁押作为强制处分的裁决，可以在作出裁决之日起的 3 日内考虑本法典第 389-3 条的特别规定，依照上诉程序向上级法院提出申诉或抗诉。上诉审法院最迟在收到申诉或抗诉之日起的 3 日内对申诉或抗诉作出决定。上诉审法院关于撤销法官选择羁押作为强制处分的裁决的决定应立即执行。对上诉审法院的决定，可以依照本法典第四十七·一章规定的规则提出申诉或抗诉。

12. 办理刑事案件的人员，应立即将羁押地点或变更羁押地点的事宜通知犯罪嫌疑人或刑事被告人的一位近亲属，没有近亲属的，则通知一位其他亲属，被羁押人是军人的，还应通知部队指挥机关。被羁押人是依照俄罗斯联邦立法设立的监督委员会成员的，还应通知俄罗斯联邦社会院书记和相关的监督委员会，而被羁押人是内务机关工作人员的，应通知他所在内务机关的首长。

13. 不允许同一法官固定享有本条规定的权限。这些权限应该按照刑事案件分工原则由法官们分别行使。

14. 对刑事被告人、犯罪嫌疑人亦适用本法典第95条的要求。

第109条　羁押的期限

1. 在调查犯罪时,羁押期不得超过2个月。

2. 如果不能在2个月的期限内结束侦查和没有根据变更或撤销强制处分,该羁押期可以由区法院或同级军事法院的法官依照本法典第108条第3款规定的程序再延长6个月。只有对被指控实施严重犯罪和特别严重的犯罪而且案情特别复杂并有根据选择这种强制处分时,才能由原法院的法官根据侦查员经俄罗斯联邦主体侦查机关领导人同意提出的申请或在本法典第223条第5款规定的情况下由调查人员经俄罗斯联邦主体检察长的同意提出的申请,再次延长到12个月。

3. 只有在特殊情况下,对被指控实施特别严重犯罪的刑事被告人,才可以由本法典第31条第3款所列法院或同级军事法院的法官根据侦查员经主管的俄罗斯联邦侦查委员会主席或相应联邦行政机关侦查机关领导人的同意提出的申请将羁押期限延长到18个月。

4. 不允许再延长羁押期,被羁押的刑事被告人应立即释放,但本条第8款第(1)项和第8-1款至第8-3款规定的情形除外。

5. 已完成调查的刑事案件的材料,最迟应该在根据本条第2款和第3款延长后的羁押期届满前30天提交给羁押中的刑事被告人和他的辩护人。

6. 如果在侦查结束后刑事案件材料没有在延长后的羁押期届满前30天提交给刑事被告人和他的辩护人,则羁押期届满后刑事被告人应立即释放。在这种情况下,刑事被告人和他的辩护人仍然有权了解刑事案件的材料。

7. 如果在侦查结束后本条第5款规定的向刑事被告人和他的辩护人提交该案件材料的期限得到遵守,但30天不够他们了解案件材料,则侦查员有权经俄罗斯联邦主体侦查机关领导人的同意在延长后的羁押期届满前7日内向本法典第31条第3款所列法院或同级军事法院提出延长羁押期的申请。如果一个刑事案件中有几名刑事被告人被羁押,而他们中任何一人不能够在30天内了解完刑事案件材料,则侦查员有权提出延长该刑事被告人或已经了解完毕刑事案件材料的刑事被告人的羁押期的申请,只要尚有必要对该刑事被告人或其他刑事被告人适用羁押作为强制处分和没有理由选择其他强制处分。

8. 延长羁押期的申请应最迟在羁押期届满之7日前提交侦查行为实施

地或刑事被告人羁押地的法院。提出上述申请的决定应该叙述关于选择羁押这一强制处分之后进行的侦查行为和其他诉讼行为的信息,以及继续延长刑事被告人羁押期的根据和动机。提出上述申请的决定所指出的延长羁押的期限,应该根据决定中所列侦查行为和其他诉讼行为的工作量决定。如果延长刑事被告人羁押期的理由之一是必须进行以前的申请中所列侦查行为和其他诉讼行为,则提出申请的决定必须指出上述行为未能在以前规定的刑事被告人羁押期内完成的原因。决定应附具刑事案件中延长侦查或调查期限的决定的副本。法官最迟在收到申请后的 5 日内,根据对申请理由的评估,并考虑刑事案件材料的法律复杂性和事实复杂性、刑事案件审前调查的总时间、审前调查机关公职人员行为的有效性以及侦查行为和其他诉讼行为进行的及时性,依照本法典第 108 条第 4 款、第 6 款、第 8 款和第 11 款规定的程序,作出以下决定之一:

(1)延长羁押期。延长的期限为刑事被告人和其辩护人了解刑事案件材料、将刑事案件连同起诉书或连同将刑事案件移送法院适用医疗性强制措施的决定一并移送检察长以及检察长和法院对作出该决定所需的时间,但本条第 6 款所规定的情形除外。在延长羁押期的决定中应该指出羁押延长到哪一天。法院如果认为更短的时间足够完成申请决定中提出的侦查行为和其他诉讼行为,则法院有权将羁押期延长的时间少于请求延长羁押期的申请决定所要求的时间。本条第 7 款所规定情况下延长羁押期的时间每次不得超过 3 个月。

(2)驳回侦查员的申请并解除刑事被告人的羁押。在驳回延长刑事被告人羁押的申请时,如果存在本法典第 97 条规定的根据并考虑本法典第 99 条规定的情节,法官有权主动对刑事被告人选择禁止一定行为、交纳保证金或监视居住作为强制处分。

8-1. 在刑事案件中,如果刑事案件连同起诉书或将刑事案件移送法院适用医疗性强制措施的决定一并发给检察长时,根据侦查员或调查人员依照本法典第 108 条第 3 款的申请,禁止一定行为的期限、监视居住的期限或羁押的期限可以延长,以保证检察长和法院对刑事案件作出决定,延长的时间应考虑本法典第 221 条第 1 款、第 226 条第 1 款或第 226-8 条第 1 款以及第 227 条第 3 款规定的期限。

8-2. 如果检察长依照本法典第 221 条第 1 款第(2)项或第 439 条第 5 款第(2)项将刑事案件发回侦查员和侦查员依照本法典第 221 条第 4 款对该决定提出异议,以及如果依照本法典第 226 条第 1 款第(2)项或第 226-8 条第 1

款第(2)项和第(3)项将刑事案件发回调查人员而调查人员依照本法典第226条第4款或第226-8条第4款对该决定提出异议,则根据侦查员或调查人员按照本法典第108条第3款和本条第8款规定的程序提出的申请,禁止一定行为的期限、监视居住的期限或羁押的期限可以根据本法典第221条第4款、第226条第4款、第228-6条第4款以及第227条第4款规定的期限予以延长,以保证上级检察长以及法院对刑事案件作出决定。

8-3. 在本法典第221条第2-1款规定的情况下,在审前调查期间,根据检察长在禁止一定行为的期限、监视居住期限、羁押的期限届满7日前向法院提出的申请,上述强制处分的期限可以再延长30天。

9. 审前调查期间的羁押期和检察长在作出本法典第221条第1款、第226条第1款、第226-8条第1款和第439条第5款所规定的决定之一以前审查刑事案件期间的羁押期计入审前调查期间的羁押期。审前调查期间的羁押期自犯罪嫌疑人或刑事被告人被羁押直至刑事案件连同起诉书以及关于将刑事案件移送法院以适用医疗性强制措施的决定一并移送检察长之前之时起计算。

10. 下列时间亦应计入羁押期:

(1)作为犯罪嫌疑人被拘留的时间;

(1-1)本法典第105-1条第6款第(1)项规定的禁止期间,适用2日折抵羁押1日;

(2)监视居住的时间;

(3)根据法院决定在提供医疗帮助的医疗住院机构或提供精神病学帮助的医疗住院机构接受强制治疗的时间;

(4)依照本法典第460条根据司法协助请求或引渡给俄罗斯联邦的请求在外国羁押的时间。

11. 在本条第10款第(4)项规定的情况下,延长后的羁押期届满时,以及必须进行审前调查时,法院有权依照本条规定的程序延长羁押期,但延长的时间不得超过6个月。

12. 如果犯罪嫌疑人或刑事被告人因同一刑事案件以及并案处理另一刑事案件或从该案分出另一刑事案件而再次被羁押,犯罪嫌疑人、刑事被告人以前被羁押的时间应计入羁押期。

13. 不允许在刑事被告人缺席的情况下由法院审理延长羁押期的申请,但刑事被告人住院接受司法精神病学鉴定的情形以及刑事被告人不可能被押解到庭的其他情况除外。以上情况应有相应的文件证明。在这种情况下,刑事被告人的辩护人必须出庭。

14. 在本条第 13 款规定的情况下,法官应就在刑事被告人缺席的情况下审理延长羁押期的问题作出裁决,并指出刑事被告人不可能出庭的原因。

第 110 条　强制处分的撤销和变更

1. 如果没有必要再适用强制处分,则强制处分予以撤销。如果本法典第 97 条和第 99 条规定的选择强制处分的根据发生变化,则应该变更为更严厉或更宽缓的强制处分。

1-1. 犯罪嫌疑人或刑事被告人如果罹患妨碍羁押的严重疾病并且有根据医学检查结果作出的医疗诊断书,则羁押这种强制处分可以变更为宽缓的强制处分。妨碍犯罪嫌疑人或刑事被告人羁押的严重疾病清单、医学检查的程序和医疗证明的格式由俄罗斯联邦政府批准。关于变更羁押这种强制处分的决定由办理刑事案件的调查人员、侦查员或法院在羁押场所发来医学诊断书副本之日起的 3 日内作出。

2. 撤销或变更强制处分应根据调查人员、侦查员或法官的决定或根据法院的裁定进行。

3. 在审前程序过程中由检察长以及侦查员经侦查机关领导人同意、调查人员经检察长的同意所选择的强制处分,只有经他们的同意才能撤销或变更。

4.（失效）

（本款由 2003 年 7 月 4 日第 92 号联邦法律删除）

第十四章　其他诉讼强制措施

第 111 条　适用其他诉讼强制措施的根据

1. 为了保障本法典所规定的刑事诉讼程序的进行和刑事判决的正确执行,调查人员、侦查员或法院有权对犯罪嫌疑人或刑事被告人适用下列诉讼强制措施:

（1）保证随传随到;

（2）拘传;

（3）停职;

（4）扣押财产。

2. 在本法典规定的情况下,调查人员、侦查员或法院有权对被害人、证人、附带民事诉讼原告人、附带民事诉讼被告人、鉴定人、专家、翻译人员和（或）见证人适用下列诉讼强制措施:

（1）保证随传随到;

（2）拘传;

（3）金钱处罚。

第 112 条　保证随传随到

1. 在必要时应该要求犯罪嫌疑人、刑事被告人以及被害人或证人作出随传随到的保证。

2. 随传随到的保证在于本条第 1 款所列人员以书面形式保证听候调查人员、侦查员或法院的传唤及时到案,在变更住所地时应立即报告。对上述人员应说明违反保证的后果,对此应在保证书中注明。

第 113 条　拘传

1. 对犯罪嫌疑人或刑事被告人,以及被害人、证人和由于与之订立审前合作协议而从刑事案件分出另案审理的人,无正当理由传唤不到案的,可以进行拘传。

2. 拘传就是将上述人员强制押送到调查人员、侦查员处或法院。

3. 如果存在妨碍在规定期限内到案的原因,则本条第 1 款所列人员应立即将情况通知传唤他的机关。

4. 调查人员、侦查员、法官或法院关于拘传的决定或裁定在执行前应向被拘传的人宣布,对此被拘传人应在决定或裁定书上签字证明。

5. 拘传不得在夜间进行,但紧急情况除外。

6. 对不满 14 岁的未成年人、孕妇以及因健康状况不能离开所在地的病人不得进行拘传,但有关情况应有医生证明。

7. 拘传由调查机关根据调查人员、侦查员的决定进行,也可以由保障法院活动秩序的法警根据法院的委托进行。

第 114 条　停职

1. 如果需要犯罪嫌疑人或刑事被告人暂时停职,则侦查员经侦查机关领导人同意、调查人员经检察长同意可以向审前调查进行地的法院提出相应的申请,但本条第 5 款规定的情形除外。

2. 法官在收到申请后的 48 小时内应作出犯罪嫌疑人或刑事被告人停职或驳回申请的裁决。

3. 关于犯罪嫌疑人或刑事被告人停职的裁决应送交其工作单位。

4. 如果没有必要再适用这一措施,则根据调查人员、侦查员的决定撤销停职。

5. 如果被追究的刑事被告人是俄罗斯联邦主体的最高公职人员（俄罗斯联邦主体最高国家行政机关的领导人）并已经对他提起实施严重犯罪或特别严重犯罪的指控,俄罗斯联邦总检察长应向俄罗斯联邦总统提交上述人员停职的报告。俄罗斯联邦总统在收到报告后的 48 小时内作出上述人员停职的决定或驳回报告的决定。

6. 被停职的犯罪嫌疑人或刑事被告人有权领取依照本法典第 131 条第 2 款第（8）项发给他的每月补助金。

第 115 条　扣押财产

1. 为了保障执行刑事判决中附带民事诉讼部分、科处罚金、其他财产处罚或可能没收《俄罗斯联邦刑法典》第 104-1 条第 1 款所列财产,侦查员经侦查机关领导人同意或调查人员经检察长同意可以向法院提出申请扣押犯罪嫌疑人、刑事被告人或依法对其行为负有财产责任的人的财产。法院依照本法典第 165 条规定的程序对申请进行审议。为了保证可能的没收财产而解决扣押财产的问题时,法院应指出作出此种决定所依据的具体事实情节,以及规定与占有、使用、处分被扣押财产有关的限制。

2. 扣押财产就是向财产的所有人或占有人发出处分财产和在必要情况下使用财产的禁止令,以及收缴财产并交付保管。

3. 对不是犯罪嫌疑人、刑事被告人或依法对犯罪嫌疑人、刑事被告人的行为负有财产责任的人的财产,如果有足够的理由认为财产系因犯罪嫌疑人、刑事被告人的犯罪行为所取得,或者被用来或准备用来作为犯罪工具或给恐怖主义、有组织集团、非法武装队伍、黑社会(犯罪组织)提供资金的,也可以进行扣押。法院依照本法典第 165 条规定的程序对申请进行审议。在解决扣押财产问题时,法院应该指出依据哪些具体事实情节作出这样的决定,以及确定与被扣押财产的占有、使用、处分有关的限制,还要考虑对刑事案件规定的审前调查的时间和刑事案件移送法院所必需的时间来确定财产扣押的期限。财产扣押期限可以依照本法典第 115-1 条规定的程序予以延长。

4. 对于《俄罗斯联邦民事诉讼法典》规定的不得追偿的财产,不得进行扣押。

5. 扣押财产时可以有专家参加。

6. 根据实行扣押的人员的裁量,被扣押的财产可以收缴,或者交付该财产的所有权人或占有人或者其他人保管,同时应向他们说明被扣押财产上的限制以及保证财产完好的责任,对此应在笔录中作相应的记载。

7. 在扣押银行及其他信贷组织账户上的资金、存款和保管的其他财产时,该账户在被扣押资金和其他财产上的业务完全终止或部分终止,但以被扣押的资金和其他财产为限。银行或信贷组织的领导人必须根据法院以及侦查员或调查人员的质询向法院提供有关这些资金和其他财产的信息。

8. 在扣押财产时应根据本法典第 166 条和第 167 条的要求制作笔录。如果没有应该扣押的财产,亦应在笔录中予以说明。笔录的副本应交给被扣押财产的人,同时说明他有权依照本法典规定的程序对扣押财产的决定提出申诉,还有权提出说明理由的申请,要求对被扣押财产的限制进行变更或者要求撤销扣押。

9. 如果适用扣押财产或对被扣押财产的具体限制这一诉讼强制措施已无必要,以及在法院规定的财产扣押期限已经届满或者要求延长该期限的申请被驳回,对财产的扣押,或者对被扣押财产的限制,依照办理刑事案件的人员或机关的决定予以撤销。对于犯罪嫌疑人或刑事被告人或对上述人行为负有责任的人以外的人账户上的非现金进行扣押,以保证刑事判决中附带民事诉讼的执行,如果在审前调查过程中已经查明被扣押资金的归属,利害关系人没有相应单证证明对这些资金的归属存在争议,或者法院在附带民事诉讼过程中根据被认定为被害人和(或)刑事案件附带民事诉讼原告人提出的诉讼请求确认了这些资金的归属,则扣押应该予以撤销。

第 115-1 条　延长适用扣押财产这一诉讼强制措施期限的程序

1. 对本法典第 115 条第 3 款所列人员财产的扣押期限,在适用理由未消失的情况下可以延长。

2. 如果法院规定的对犯罪嫌疑人或刑事被告人或依法对犯罪嫌疑人或刑事被告人行为负有财产责任的人以外的人的财产扣押的期限届满时,或者依照本法典第 208 条第 1 款规定的理由中止审前调查时,则侦查员经侦查机关领导人同意或调查人员经检察长同意,在财产扣押期限届满至少 7 日之前或在侦查中止之前,应向审前调查进行地的法院提出要求延长财产扣押期限的申请,对此应作出相关的决定。在关于提出申请的决定中应叙述证明有必要延长财产扣押期限和保留对被扣押财产的限制的具体事实情况,以及指出财产扣押要延长多长时间。该决定应附具证明申请理由的材料。

3. 该申请由区法院的法官或相应级别军事法院的法官在收到申请后的 5 日内独任审理。

4. 法官在审判庭审理该申请时,检察长、侦查员、调查人员、被害人、附带民事诉讼原告人、犯罪嫌疑人、刑事被告人、他们的辩护人和(或)法定代理人,以及财产被扣押的人均有权出庭。上述人收到关于开庭地点的时间和通知后无正当理由不到庭,不妨碍该申请的审理,但法院认为必须到庭的情形除外。

5. 法官在审理该申请后,作出延长财产扣押期的裁决或变更与被扣押财产的占有、使用或处分有关的限制,或者完全或部分驳回申请,包括撤销财产扣押或变更上述限制。在依照本法典第 208 条第 1 款规定的理由中止侦查的情况下,法官应作出裁定撤销财产扣押或者延长财产扣押期限,即禁止处分该财产中转让或销毁的部分。

6. 在解决延长扣押财产期限、保留对被扣押财产的限制的问题时,办理刑事案件的机关或人员以及法院必须保证对犯罪嫌疑人、刑事被告人或对犯罪嫌疑人、刑事被告人行为依法负有财产责任的人以外的人的保证遵守适用该诉讼强制措施的合理期限。在确定扣押财产的合理期限时,应考虑本法典

第 6-1 条第 3-2 款所规定的情节。对犯罪嫌疑人、刑事被告人或对犯罪嫌疑人、刑事被告人行为依法负有财产责任的人以外的人的财产适用该诉讼强制措施的合理期限被违反时,法院应依照联邦法律规定的程序解决赔偿问题。与赔偿违反适用这一诉讼强制措施的合理期限所造成的财产损失有关的问题,依照民事诉讼程序解决。

7. 对本条第 5 款所规定的法官裁决,可以依照本法典第四十五·一章和第四十七·一章规定的上诉程序、申诉程序向上级法院进行申诉。

第 116 条　　关于有价证券扣押程序的特别规定

1. 为了保证可能依照《俄罗斯联邦刑法典》第 104-1 条第 1 款的规定没收财产,或者为了保证赔偿犯罪所造成的损害,或者为了保证罚金刑的执行,扣押有价证券或其单证依照本法典第 115 条的要求在财产所在地或有价证券持有人权利登记地进行。

2. 对善意取得人持有的无记名有价证券不得进行扣押。

3. 扣押有价证券的笔录应载明:

(1)进行扣押的有价证券的总数、它们的种类(类型)或序号;

(2)面值;

(3)国家注册号;

(4)关于发行人或出票人或者有价证券占有人权利登记人的资料,以及关于登记地点的材料;

(5)关于证明被扣押有价证券所有权的单证的材料。

4. 实施注销被扣押有价证券、支付有价证券收益、有价证券兑付、交换或其他处分有价证券等行为的程序由联邦法律规定。

第 117 条　　金钱处罚

如果刑事诉讼的参加人不履行本法典规定的诉讼义务以及违反法庭秩序,对他们可以依照本法典第 118 条规定的程序进行数额为 2500 卢布以下的金钱处罚。

第 118 条　　进行金钱处罚和没收保证金(物)作为国家收入的程序

1. 金钱处罚由法院进行。

2. 如果有关违法行为发生在法庭上,则由确定发生违法行为的法庭进行处罚,对此应作出裁定或裁决。

3. 如果有关违法行为发生在审前程序过程中,则调查人员、侦查员应制作关于违法行为的笔录,笔录应送交区法院,法官应在收到笔录之时起的 5

日内进行审理。可能受到金钱处罚的人和笔录制作人员应传唤到庭。违法人无正当理由不到庭并不妨碍笔录的审理。送交区法院的违法行为笔录,应附具依照俄罗斯联邦国家支付系统立法规定的划拨金钱处罚金额的结算单证填写规则所必需的信息。

4. 根据笔录的审理结果,法官作出给予金钱处罚或驳回金钱处罚的裁决。裁决的副本应发给笔录制作人和受到金钱处罚的人。

5. 在进行金钱处罚时,法院有权决定延期或分期执行处罚的决定,期限为3个月。

6. 关于在本法典第106条第9款规定的情况下,没收保证金作为国家收入的问题,依照本条第3款和第4款规定的程序进行。

第十五章　申请

第 119 条　有权提出申请的人

1. 犯罪嫌疑人、刑事被告人及其辩护人、被害人及其法定代理人和代理人、自诉人、鉴定人,以及附带民事诉讼原告人及其代理人、附带民事诉讼被告人及其代理人、行政组织的代表或审前程序或法庭审理涉及其权利和利益的其他人,有权申请实施诉讼行为或作出诉讼决定,以确定对刑事案件具体情况、保障申请人或其被代理人的权利和合法利益。

2. 申请应向调查人员、侦查员或法院提出。

3. 在法庭审理过程中,国家公诉人亦有权提出申请。

第 120 条　申请的提出

1. 申请可以在刑事案件办理过程中的任何时间提出。书面申请应归入刑事案卷,口头申请则记入侦查行为笔录或庭审笔录。

2. 申请被驳回不剥夺申请人再次提出申请的权利。

第 121 条　审议申请的期限

申请应在提出后立即审议和解决。如果不可能立即对侦查过程中提出的申请作出决定,则应在提出申请之日起的 3 日内解决。

第 122 条　申请的解决

调查人员、侦查员、法官应作出满足申请、完全或部分驳回申请的决定,而法院应作出相应的裁定。决定或裁定应通知申请人。对于就申请所作的决定,可以依照本法典第十六章规定的程序提出申诉。

第十六章　对法院和办理刑事诉讼的公职人员的行为和决定的申诉

第 123 条　申诉权

1. 刑事诉讼的参加人可以对调查人员、调查部门首长、调查机关首长、调查机关、侦查员、侦查机关领导人、检察长和法院的行为（不作为）和决定依照本法典规定的程序提出申诉，其他人员也可以就正在进行的诉讼行为或作出的诉讼决定涉及其利益的那部分内容提出申诉。

2. 在刑事诉讼的审前程序中，如果违反刑事诉讼的合理期限，刑事诉讼参加人或被涉及利益的其他人，可以向检察长或侦查机关领导人提出申诉，对申诉应按照本法典第 124 条规定的程序的期限进行审议。

第 124 条　检察长、侦查机关领导人审议申诉的程序

1. 检察长、侦查机关领导人应在收到申诉之日起的 3 日内对申诉进行审议。在特殊情况下，如果申诉的审议需要调取补充材料或采取其他措施，则可以在 10 日内进行审议，对此应通知申诉人。

2. 根据审议的结果，检察长、侦查机关领导人作出完全或部分满足申诉的决定或驳回申诉的决定。

2-1. 如果依照本法典第 123 条第 2 款提出的申请得到满足，则在决定中应该指出为加速案件的审理而进行的诉讼行为以及实施诉讼行为的期限。

3. 关于就申诉所作的决定应立即通知申诉人并向他说明对此决定再提出申诉的程序。

4. 在本法典规定的情况下，调查人员、侦查员有权对检察长或侦查机关领导人的行为（不作为）和决定向上级检察长或上级侦查机关提出申诉。

第 125 条　审议申诉的审判程序

1. 对调查机关、调查人员、侦查员、侦查机关领导人关于拒绝提出刑事

案件、终止刑事案件的决定以及调查人员、调查部门首长、调查机关首长、调查机关、侦查员、侦查机关领导人和检察长可能损害刑事诉讼参加人宪法权利和自由或妨碍公民参加审判的决定和行为（不作为），可以向犯罪行为实施地的区法院提出申诉。如果依照本法典第 152 条第 2 款至第 6 款已经确定进行审前调查的地点，则对上述人员决定和行为（不作为）的申诉也可以由刑事案件办理机关所在地的区法院审理。

2. 申诉可以由申诉人、他的辩护人、法定代理人或代理人直接向法院提出或者通过调查人员、调查部门首长、调查机关首长、侦查员、侦查机关领导人或检察长向法院提出。

3. 法官应在收到申诉之日起的 5 日内开庭审理调查人员、调查部门首长、调查机关首长、调查机关、侦查员、侦查机关领导人、检察长的行为是否合法有据，申诉人应该出庭；如果申诉人的辩护人、法定代理人或代理人参加刑事案件，则他们也应该出庭；如果被申诉的诉讼行为（不作为）或决定直接涉及其他人的利益，则其他人还应该出庭；检察长、侦查机关领导人也应出庭。上述人员如果已及时收到关于审理申诉时间的通知、不坚持要求参加审理而不到庭的，不妨碍法庭对申诉的审理。应该由法院审理的申诉，应在公开的审判庭进行审理，但本法典第 241 条第 2 款规定的情形除外。

4. 开庭时法官应宣布审议何种申诉并向出庭人员作自我介绍，向出庭人员说明他们的权利和义务。然后，如果申诉人出庭，则由申诉人陈述申诉的理由，之后听取其他出庭人员的意见。应向申诉人提供答辩的可能性。

5. 根据审议的结果，法官作出以下裁决：

（1）认定有关公职人员的行为（不作为）或决定为非法或没有根据并责成他排除其违法行为；

（2）驳回申诉。

6. 法官裁决的副本应送交申诉人、检察长和侦查机关领导人。

7. 提出申诉并不中止被提出申诉的行为或决定的进行或执行，只要调查人员、调查部门首长、调查机关首长、调查机关、侦查员、侦查机关领导人、检察长或法官认为没有必要中止其进行或执行。

第 125-1 条　关于审理某些申诉的特别规定

1. 如果在刑事判决生效以前行为的有罪性质和应受刑罚的性质被新的刑事法律所排除，或者根据本法典第 27 条第 3 款规定的理由，当事人在实施刑事法律所规定的行为时未达到刑事责任年龄，或者未成年人虽然达到刑事责任年龄，但由于心理发育滞后而不能完全意识到自己行为（不作为）的实际性质和社会危害性并在实施刑事法律规定的行为时不能控制自己的行为,根据本法典第 24 条第 2 款规定的理由对调查人员、侦查员、侦查机关领导人或检察长关于终止刑事案件或刑事追究的决定的申诉,由法官依照本法典第 125 条的规则进行审理,并考虑本条款的特别规定。

2. 在审理对调查人员、侦查员、侦查机关领导人或检察长依照本法典第 24 条或第 27 条第 3 款所规定根据作出的终止刑事案件或终止刑事追究的决定提出的申诉时,法官在法庭上应依照本法典第三十七章的规则,调查刑事案件中证明刑事案件事实情节的所有证据,审查该决定是否合法有据,以及根据申诉书提出的理由,审查提起刑事案件、将一个人作为犯罪嫌疑人或刑事被告人进行追究以及对他适用诉讼强制措施是否合法有据。

3. 根据对申诉的审理结果,法官作出以下裁决之一:

(1)依照本法典第 24 条第 2 款或第 27 条第 3 款规定的根据满足申诉请求并认定终止刑事案件或刑事追究的决定非法,以及决定存在(不存在)适用平反程序的根据;

(2)驳回申诉。

第 126 条　羁押中的犯罪嫌疑人、刑事被告人申诉的送达程序

羁押场所的行政人员应立即将羁押中的犯罪嫌疑人、刑事被告人向检察长或法院提出的申诉送交检察长或法院。

第 127 条　对法院刑事判决、裁决和裁定的上诉和抗诉

1. 对第一审法院和上诉审法院的刑事判决、裁定和裁决的上诉和抗诉,以及对刑事案件审前程序中作出的法院决定的申诉和抗诉,依照本法典第四十五·一章至第四十七·一章规定的程序受理。

2. 对已经产生法律效力的法院决定的申诉和抗诉,依照本法典第四十八·一章和第四十九章规定的程序受理。

第十七章　诉讼期限　诉讼费用

第 128 条　期限的计算

1. 本法典规定的期限,按小时、日、月计算。在按月计算期限时,期限起算的小时和日不计算在内,但本法典规定的情形除外。在计算羁押、监视居住、禁止一定的行为和在提供医疗帮助的医疗住院机构或提供精神病学帮助的医疗住院机构的期限时,非工作时间应计算在内。

2. 按日计算的期限,在最后一日的 24 时届满。按月计算的期限,在最后一月相应日期届满,而如果该月没有相应的日期,则在该月最后一日届满。如果期限届满之日是非工作日,则该期限的最后一日视为非工作日之后的第一个工作日,但计算羁押、监视居住、禁止一定行为和在提供医疗帮助的医疗住院机构或提供精神病学帮助的医疗住院机构的期限时除外。

3. 拘捕的期限自实际拘捕之时起计算。

第 129 条　期限的遵守和延长

1. 如果申诉书、申请书或其他文件在期限届满之前交付邮局、递交有权受理的人员,不得视为过期,而对于被羁押人员和在提供医疗帮助的医疗住院机构或提供精神病学帮助的医疗住院机构的人员,在期限届满之前交给羁押场所以及提供医疗帮助的医疗住院机构或提供精神病学帮助的医疗住院机构的,亦不得视为过期。

2. 只有在本法典规定的情况下和依照本法典规定的程序,期限才能延长。

第 130 条　延误期限的恢复

1. 因正当原因而延误的期限,可以根据办理刑事案件的调查人员、侦查员或法官的决定恢复。对拒绝恢复期限的决定,可以依照本法典规定的程序进行申诉。

2. 如果决定提出申诉已经超过规定的期限,则根据利害关系人的申请可以中止决定的执行,直至解决期限的恢复问题。

第 131 条　诉讼费用

1. 诉讼费用是因办理刑事案件所发生的开支,这种开支应该由联邦预算资金负担或由刑事诉讼参加人的资金进行补偿。

2. 诉讼费用包括:

(1)向被害人、证人、他们的法定代理人、鉴定人、专家、翻译人员、见证人以及按照调查人员、侦查员或法院的委托参加刑事诉讼的律师支付的用于补偿他们往返诉讼行为地和居住地的开支的款项以及在经常居住地之外居住产生的额外开支;

(1-1)向被害人给付的用于弥补被害人的代理人报酬的费用;

(2)向有工作和有固定工资的被害人、证人、他们的法定代理人、见证人支付的用于补偿他们因被传唤到调查机关、侦查员、检察长处或法院耽误时间而未领到的工资的款项;

(3)因为使没有固定工资的被害人、证人、他们的代理人、见证人离开平时所从事工作而支付给他们的款项;

(4)因鉴定人、翻译人员、专家在刑事诉讼过程中履行其职责而付给他们的报酬,但他们作为工作任务履行这些职责的情况除外;

(5)在律师被指定参加刑事诉讼时向律师支付的提供法律帮助的报酬;

(6)拆卸、保管、寄送和运送物证的费用以及运送尸体及部分尸体的费用;

(7)在鉴定机构进行司法鉴定所发生的费用;

(8)向依照本法典第 114 条第 1 款被临时停职的刑事被告人支付的数额为俄罗斯联邦有劳动能力居民最低生活费的国家补助费;

(9)在刑事案件诉讼过程中发生的和本法典规定的其他费用;

(10)因将犯罪嫌疑人被拘捕的地点和所在地通知其近亲属、亲属或亲近的人而发生的费用。

3. 本条第 2 款所规定的款项,根据调查人员、侦查员、检察长或法官的决定或法院的裁定支付。

4. 除本条第 2 款第(2)项和第(8)项规定的诉讼费用外,诉讼费用的赔偿程序和数额由俄罗斯政府规定。

第 132 条　诉讼费用的追缴

1. 诉讼费用向被判刑人追缴或由联邦预算资金负担。

2. 法院有权向被判刑人追缴诉讼费用,但在本条第 3 款和第 4 款规定情况下向翻译人员和辩护人支付的款项除外。诉讼费用也可以向被免除刑罚的被判刑人追缴。

3. 因翻译人员参加刑事诉讼而发生的费用,由联邦预算资金负担。如果翻译人员作为工作任务履行职责,则翻译的劳动报酬由国家向他的工作单位补偿。

4. 如果犯罪嫌疑人或刑事被告人声明拒绝辩护人,而他的拒绝被驳回,因而辩护人被指定参加了刑事诉讼,则辩护人的劳动报酬由联邦预算资金负担。

5. 当事人被平反的,诉讼费用由联邦预算资金负担。

6. 如果应被追缴诉讼费用的人无力负担,则诉讼费用由联邦预算资金负担。如果诉讼费用的追缴对被判刑人的供养人的物质状况有重大影响,法院有权完全或部分免除被判刑人的诉讼费用。

7. 认定刑事案件中几个人有罪时,法院规定应向每个人追缴的诉讼费用的数额。在这种情况下法院应考虑被判刑人罪过的性质、犯罪责任的严重程度和财产状况。

8. 在未成年人实施犯罪的刑事案件中,法院可以责成未成年人的法定代理人补偿诉讼费用。

9. 在自诉案件的受审人被宣告无罪时,法院有权向因其告诉而开始刑事诉讼的人全部或部分追缴诉讼费用。因双方和解而终止刑事案件的,诉讼费用向一方或双方追缴。

第十八章　平反

第 133 条　平反权产生的根据

1. 平反权包括赔偿财产损失、消除精神损害和恢复劳动权、领取赡养金的权利、住房权和其他权利。因刑事追究而对公民造成的损害，国家应全额赔偿，而不论调查机关、调查人员、侦查员、检察长和法院是否有过错。

2. 下列人员享有平反权，包括要求赔偿与刑事追究所造成损害的权利：

（1）受审人，被作出无罪判决的；

（2）受审人，因国家公诉人或自诉人放弃指控而终止刑事追究的；

（3）犯罪嫌疑人或刑事被告人，依照本法典第 24 条第 1 款第（1）项、第（2）项、第（5）项和第（6）项、第 27 条第 1 款第（1）项和第（4）项至第（6）项规定的根据而终止刑事追究的；

（4）被判刑人，依照本法典第 27 条第 1 款第（1）项和第（2）项规定的根据已经生效的法院有罪判决被完全或部分撤销的或者终止刑事案件的；

（5）被适用医疗性强制措施的人，法院适用这种措施的决定不合法或没有根据而被撤销的。

2-1. 自诉案件中，如果刑事案件是依照本法典第 20 条第 4 款提起的，本条第 2 款第（1）项至第（4）项所列人员享有平反权，包括要求赔偿的权利；以及自诉案件中的被判刑人，如果指控是依照本法典第 318 条由法院提起的，而法院的有罪判决被完全或部分撤销、被判刑人获得平反，或者刑事案件或刑事追究依照本法典第 24 条第 1 款第（1）项、第（2）项和第（5）项、第 27 条第 1 款第（1）项、第（4）项和第（5）项被终止，亦享有平反权，包括要求赔偿的权利。

3. 在刑事案件诉讼过程中非法受到诉讼强制措施的任何人均有依照本章规定的程序要求赔偿损害的权利。

4. 对因颁布大赦令、时效期届满、未达到刑事责任年龄，或虽达到刑事责任年龄,但由于心理发育滞后而在实施刑事法律所规定的行为时不能完全意识到自己行为(不作为)的实际意义和社会危害性和不能完全控制自己行为的未成年人,因通过排除行为有罪性质或应受刑罚性质的法律而撤销或变更诉讼强制措施或有罪判决的情形,本条的规则不予适用,但法院作出本法典第 125-1 条第 3 款第(1)项规定的裁决除外。

5. 在其他情况下,与赔偿损害有关的问题依照民事诉讼程序解决。

第 134 条　平反权的认定

1. 法院在刑事判决、裁定和裁决中,侦查员、调查人员在决定中应认定被宣告无罪而终止刑事追究的人享有平反权,同时向被平反的人送达通知,说明刑事追究所造成损害的赔偿程序。

2. 如果被平反人死亡,而又没有关于其继承人、近亲属、亲属或被供养人住所地的材料,则自上述人向调查机关、侦查机关或法院提出请求之日起的 5 日内将通知发给他们。

第 135 条　财产损害的赔偿

1. 向被平反人赔偿财产损害包括:

(1)由于刑事追究而失去的工资、养老金、补助金和其他资金;

(2)根据法院的刑事判决或处理财产的裁判没收或收归国家所有的财产;

(3)作为执行刑事判决对他科处的罚金和追缴的诉讼费用;

(4)由他支付的法律帮助的费用;

(5)其他开支。

2. 在《俄罗斯联邦民法典》规定的时效期内,自收到本法典第 134 条第 1 款规定的文书副本和赔偿损害程序的通知之日起,被平反人有权向作出刑事判决和(或)裁定、终止刑事案件的裁决、撤销或变更非法的或没有根据的决定的机关,或者向被平反人居住地的法院,或者向作出终止刑事案件的裁决、撤销或变更非法的或没有根据的决定的机关所在地的法院提出赔偿财产损害的要求。如果刑事案件已经终止或刑事判决已经由上级法院变更,则赔偿损害的要求应送交原判法院或被平反人居住地的法院。

3. 赔偿财产损害的要求可以由被平反人的法定代理人提出。

4. 自收到赔偿财产损害的要求之日起的最迟 1 个月内,法官应确定赔偿的数额并作出赔付决定。赔偿还应考虑通货膨胀的水平。

5. 赔偿财产损害的要求由法官依照本法典第 399 条规定的程序进行,以解决因执行刑事判决产生的问题。

6. 决定的副本应交给或送达被平反人,被平反人死亡的,则发给本法典第 134 条第 2 款所列人员。

第 136 条　精神损害的赔偿

1. 检察长以国家的名义对被平反人造成的损害向被平反人表示正式道歉。

2. 关于以金钱赔偿精神损害的诉讼按民事诉讼程序提出。

3. 如果关于被平反人拘捕、羁押、停职、适用医疗性强制措施的材料以及关于对被平反人判刑和适用其他非法行为的材料曾在报刊公布,在广播、电视或其他信息媒体传播,则根据被平反人的要求,而被平反人死亡时根据其近亲属或亲属的要求,或者根据法院、检察长、侦查机关领导人、侦查员、调查人员的书面指示,相应信息媒体必须在 30 日内进行关于平反的报道。

4. 根据被平反人的要求,而在他死亡时根据其近亲属或亲属的要求,法院、检察长、侦查员、调查人员必须最迟在 14 日内将宣告公民无罪的决定书面通知其工作、学习单位或住所地。

第 137 条　对赔付决定的申诉

对法官关于赔付和退还财产的决定,可以依照本法典第四十五·一章和第四十七·一章规定的程序提出申诉。

第 138 条　恢复被平反人的其他权利

1. 恢复被平反人的劳动权、领取赡养金权、住房权和其他权利,依照本法典第 399 条规定的程序进行,以解决因执行刑事判决而产生的问题。如果法院驳回赔偿损害的要求或者被平反人不同意法院的裁判,则被平反人有权依照民事诉讼程序向法院提出请求。

2. 对根据法院裁判被剥夺专门称号、军衔、荣誉称号和职衔以及国家奖励的被平反人,应恢复有关的称号、职衔和国家奖励。

第 139 条　向法人赔偿损害

法院、检察长、侦查员、调查机关、调查机关首长、调查部门首长、调查人员的非法行为(不作为)和决定给法人造成的损害,依照本章规定的程序和期限由国家全额赔偿。

第十九章　提起刑事案件的事由和根据

第 140 条　提起刑事案件的事由和根据

1. 提起刑事案件的事由有：

（1）犯罪举报；

（2）自首；

（3）从其他来源得到的关于已经实施或正在预备的犯罪的举报；

（4）检察长关于将材料移送审前调查机关解决刑事追究问题的决定。

1-1.（失效）

（2018 年 12 月 27 日第 530 号联邦法律删除）

1-2.（失效）

（2018 年 12 月 27 日第 530 号联邦法律删除）

2. 提起刑事案件的根据是存在说明犯罪要件的足够材料。

第 141 条　犯罪举报

1. 犯罪举报可以用口头或书面形式进行。

2. 书面形式的犯罪举报应该有举报人的签字。

3. 对口头犯罪举报要制作笔录,举报人和接受举报的人员应在笔录上签字。笔录应包括关于举报人的材料以及证明举报人身份的证件内容。

4. 如果口头犯罪举报是在侦查行为实施时或法庭审理过程中进行的,则应分别记入侦查行为笔录或庭审笔录。

5. 如果制作笔录时举报人不能亲自到场,则他的检举应按本法典第 143 条规定的程序办理手续。

6. 应向举报人说明如果诬告应依照《俄罗斯联邦刑法典》第 306 条承担刑事责任,笔录中应载明已经作过此种说明,举报人应签字予以证明。

7. 匿名犯罪举报不能成为提起刑事案件的事由。

第 142 条　自首

1. 自首是犯罪人自愿报告自己所实施的犯罪。

2. 自首可以用书面形式，也可以用口头形式进行。在受理口头自首时应按本法典第 141 条规定的程序制作笔录。

第 143 条　关于发现犯罪要件的报告

从不同于本法典第 141 条和第 142 条的来源得到的关于已经实施或正在预备的犯罪举报，由收到举报的人员受理，对此应制作关于发现犯罪要件报告书。

第 144 条　审查犯罪举报的程序

1. 调查人员、调查机关、侦查员和侦查机关领导人必须受理、审查任何关于已经实施或正在预备的犯罪的举报，并在本法典规定的职权范围内在收到举报之日起的 3 日内对举报作出决定。在审查犯罪举报时，调查人员、调查机关、侦查员和侦查机关领导人有权得到解释，取得进行对比的样本，调取文件和物品并依照本法典规定的程序予以收缴，指定司法鉴定，参加鉴定的进行并在合理期限内取得鉴定结论，进行现场、文件、物品、尸体的勘验，并聘请专家参加上述行为，有权向调查机关发出具有强制力的进行侦缉活动的书面委托。

1-1. 应该向审查犯罪举报时参加诉讼行为的人说明本法典规定的权利和义务，并保证他们有可能在所进行的诉讼行为和所作出的诉讼决定涉及其利益的部分实现这些权利，包括不作对自己、自己的配偶和本法典第 5 条第（4）项所规定范围的近亲属不利的证明的权利，利用律师服务的权利，以及依照本法典第十六章规定的程序对调查人员、调查部门首长、调查机关首长、调查机关、侦查员和侦查机关领导人的行为（不作为）和决定提出申诉的权利。对参加犯罪举报审查的人可以依照本法典第 161 条规定的程序事先告知不得泄露审前调查的信息材料。必要时，包括在接受犯罪举报时，还要依照本法典第 166 条第 9 款规定的程序保障审前调查参加人的安全。

1-2. 在遵守本法典第 75 条和第 89 条规定的条件下，审查犯罪举报过程中所得到的信息材料可以用作证据。如果在提起刑事案件以后辩方或被害人申请进行补充司法鉴定或再次司法鉴定，则应该满足该申请。

2. 对信息媒体传播的犯罪报道，由检察长委托调查机关或侦查机关领导人委托侦查员进行审查。相应媒体的编辑部、主编必须根据检察长、侦查员或调查机关的要求交出相应媒体所掌握的证明犯罪报道的文件和材料,还应提交关于提供上述信息的人员的材料,但提供信息的人员要求对信息来源保密的情形除外。

3. 侦查机关领导人、调查机关首长有权分别根据侦查员、调查人员的申请将本条第 1 款规定的期限延长到 10 日,而出于审查和检察文书、司法鉴定、物品或尸体勘验的必需以及为了进行侦缉活动,侦查机关领导人根据侦查员的申请,而检察长根据调查人员的申请有权将此期限延长到 30 日,同时必须指出作为延长理由的具体事实情节。

4. 受理犯罪举报的,应将受理文书发给检举人,文书上应有受理举报的人员的情况、受理的日期和时间。

5. 犯罪举报不予受理的,可以依照本法典第 124 条和第 125 条规定的程序向检察长或法院提出申诉。

6. 自诉案件被害人或其法定代理人向法院提出的举报,由法官依照本法典第 318 条进行审查。在本法典第 147 条第 4 款规定的情况下,对犯罪举报的审查依照本条的规则进行。

7. 侦查员在从调查机关收到《俄罗斯联邦刑法典》第 198 条至第 199-1 条所规定犯罪的举报时,如果没有根据在收到犯罪举报之时起的 3 昼夜之内拒绝提起刑事案件,则应将犯罪举报的复印件连同预计所欠税款、费用和(或)保险费的单证一并送交下列机关:纳税人(代扣代交人、交费人、保险费交纳人)进行税务登记的税务机关的上级税务机关;或者在收到调查机关发来的犯罪举报涉及《俄罗斯联邦刑法典》第 199-3 条和第 199-4 条规定的犯罪,而有义务向国家预算外基金交纳强制社会保险费和生产事故与职业病保险费的投保人是自然人或组织时,投保人在哪个承保组织进行登记,就应将上述材料和单证送交该承保组织的地区机关。

8. 税务机关或承保组织地区机关依照本条第 7 款规定的程序审查侦查员发来的材料后,根据审查结果,应在收到上述材料之时起的 15 天内:

(1)向侦查员送交关于违反俄罗斯联邦税费立法和(或)俄罗斯联邦交纳强制社会保险费和生产事故与职业病强制保险费的结论,如果犯罪举报所指出的事实是曾经进行的税务检查对象或者是正确计税和及时、足额交纳(划拨)强制社会保险费和生产事故与职业病保险费检查的对象,税务机关或承保组织地区机关并根据检查结果作出决定而且决定已经生效,还要向侦查员提交对上述决定提出申诉或中止执行该决定的信息;

(2)通知侦查员以下信息:对纳税人(代扣代交人、交费人、保险费交纳人)或投保人进行税务检查或关于是否及时、足额交纳强制社会保险费和生产事故与职业病保险费的检查,根据检查结果尚未作出决定或决定尚未生效;

(3)如果犯罪举报中指出的情况不是进行税务检查或是否及时、足额交纳(划拨)强制社会保险费和生产事故与职业病保险费检查的对象,则通知侦查员不存在违反俄罗斯联邦税费立法和(或)俄罗斯联邦强制社会保险费和生产事故与职业病保险立法材料的结论。

9. 在收到税务机关或承保组织地区机关的结论后,根据对该结论的审查,侦查员应在收到犯罪举报之日起的 30 日内作出诉讼决定。《俄罗斯联邦刑法典》第 198 条至第 199-1 条、第 199-3 条、第 199-4 条规定的犯罪,只要有理由和足够的材料说明存在犯罪要件,侦查员可以在收到税务机关、承保组织地区机关的结论或本条第 8 款所列信息之前提起刑事案件。

第 145 条 就犯罪举报审查结果所作的决定

1. 根据对犯罪举报审查的结果,调查机关、调查人员、侦查员或侦查机关领导人应作出以下决定之一:

(1)依照本法典第 146 条规定的程序提起刑事案件;

(2)拒绝提起刑事案件;

(3)根据本法典第 151 条侦查管辖的规定移送检举材料,而自诉案件材料则依照本法典第 20 条第 2 款移送法院。

2. 关于所作出的决定应通知举报人。同时向举报人说明他对所作决定提出申诉的权利和申诉的程序。

3. 在作出本条第 1 款第(3)项所规定的决定时,调查机关、调查人员、侦查员或侦查机关领导人应采取措施保护犯罪痕迹。

第二十章　提起刑事案件的程序

第 146 条　公诉案件的提起

1. 如果存在本法典第 140 条规定的事由和根据,调查机关、调查人员、侦查机关领导人或侦查员在本法典规定的权限范围内提起刑事案件,对此应作出相应的决定。

2. 在提起刑事案件的决定中应指出:

(1)作出决定的日期、时间和地点;

(2)作出决定的人员;

(3)提起刑事案件的事由和根据;

(4)提起刑事案件所依据的《俄罗斯联邦刑法典》的条、款、项。

3. 如果刑事案件移送检察长以确定侦查管辖,则在提起刑事案件的决定中应作相应说明。

4. 侦查机关领导人、侦查员、调查人员关于提起刑事案件的决定应立即送交检察长。正在进行长途航行的海洋和内河船舶的船长、远离调查机关所在地的地质勘探队或越冬地的领导人、俄罗斯联邦外交代表机构和领事机构的负责人在提起刑事案件时,上述人员应立即将已经开始的调查情况报告检察长。在这种情况下,一旦有了现实的可能,应立即将提起刑事案件的材料移送检察长。如果检察长认为提起刑事案件的决定非法或者根据不足,他有权在收到作为提起刑事案件根据的材料之时起的 24 小时内撤销提起刑事案件的决定,对此应制作说明理由的决定,决定的副本应送交提起刑事案件的公职人员。侦查机关领导人、侦查员、调查人员应将作出的决定立即通知检举人和被提起刑事案件的人。

第 147 条　自诉——公诉案件的提起

1. 本法典第 20 条第 2 款规定的刑事犯罪案件,只能根据被害人或其法定代理人的举报提起。提起的程序:

（1）对具体人——依照本法典第 318 条第 1 款和第 2 款规定的程序；

（2）对本法典第 447 条所列人员——依照本法典第 448 条规定的程序提起。

2. 如果被害人不知悉被举报人的材料，则和解法官应拒绝受理并将举报材料送交侦查机关领导人或调查机关首长，以解决提起刑事案件的问题，对此应通知举报人。

3. 本法典第 20 条第 3 款所列刑事犯罪案件，只能根据被受害人或他的法定代理人的举报提起。此类案件按一般程序办理。

4. 侦查机关领导人、侦查员以及调查人员经检察长同意可提起本法典第 20 条第 2 款和第 3 款所列刑事犯罪案件，在本法典第 20 条第 4 款规定的情况下，没有被害人或其法定代理人的举报也可以提起刑事案件。

第 148 条　拒绝提起刑事案件

1. 如果不存在提起刑事案件的根据，侦查机关领导人、侦查员、调查机关或调查人员应作出拒绝提起刑事案件的决定。只有对具体的人才允许依照本法典第 24 条第 1 款第（2）项规定的根据拒绝提起刑事案件。

1-1. 由于检察长作出关于将有关材料移送审前调查机关并说明理由的决定以解决根据检察长查明的违反刑事立法的事实进行刑事追究的问题，只能经侦查机关领导人同意才能根据本法典第 37 条第 2 款第（2）项作出拒绝提起刑事案件的决定。

2. 对具体一人或数人涉嫌实施犯罪的检举进行审查后，侦查机关领导人、侦查员、调查机关在根据审查结果作出拒绝提起刑事案件的决定时，还必须审议对虚假举报犯罪或散布犯罪谣言的人提起虚假举报犯罪的刑事案件的问题。

3. 根据对信息媒体传播的犯罪报道进行审查的结果拒绝提起刑事案件的，拒绝提起刑事案件的信息必须予以公布。

4. 拒绝提起刑事案件的决定的副本应在作出决定之时起的 24 小时内送交检举人和检察长。同时向检举人说明他对该决定提出申诉的权利和申诉的程序。

4-1. 在《俄罗斯联邦刑法典》第 198 条至第 199-4 条规定的犯罪案件中，拒绝提起刑事案件决定的副本应在决定作出之时起的 24 小时内送交依照俄罗斯联邦税费立法和（或）俄罗斯联邦强制社会保险与生产事故和职业病强制保险立法提交提起刑事案件材料的税务机关或承保组织的地区机关。

5. 对拒绝提起刑事案件的决定可以依照本法典第 124 条和第 125 条规

定的程序向检察长、侦查机关领导人或法院提出申诉。

6. 检察长在认定调查机关、调查人员拒绝提起刑事案件为非法或没有根据之后，应撤销关于拒绝提起刑事案件的决定并将相应决定和自己的指示一并送交调查机关首长，同时规定执行的期限。检察长在认定侦查机关领导人、侦查员拒绝提起刑事案件为非法或没有根据之后，应在收到审查犯罪举报材料之时起的 5 日内撤销拒绝提起刑事案件的决定，对此应作出说明理由的决定，叙述应进行补充审理的具体案情，决定应与上述材料一并立即送交侦查机关领导人。有关侦查机关领导人在认定侦查机关领导人、侦查员拒绝提起刑事案件为非法或没有根据之后，应撤销该决定或将材料发还进行补充审查，同时发出指示，规定执行的期限。

7. 法官如果认定拒绝提起刑事案件非法或没有根据，则作出相应裁决，并将裁决送交侦查机关领导人或调查机关首长执行并将此情况通知举报人。

第 149 条　刑事案件的移送

在依照本法典第 146 条规定的程序作出提起刑事案件的决定后：

（1）检察长应移送刑事案件进行侦查；

（2）侦查员着手进行侦查；

（3）调查机关实施紧急侦查行为并将刑事案件移送侦查机关领导人，而对本法典第 150 条第 3 款规定的刑事案件，则进行调查。

第二十一章　审前调查的一般条件

第 150 条　审前调查的形式

1. 审前调查以侦查或调查的形式进行。

1-1. 调查按一般程序或简化形式进行。

2. 对所有刑事案件均必须进行侦查，但本条第 3 款所列犯罪案件除外。

3. 对《俄罗斯联邦刑法典》下列条款所列犯罪案件进行调查：

（1）第 112 条、第 115 条、第 116 条、第 116-1 条、第 117 条第 1 款、第 118 条、第 119 条、第 121 条、第 122 条第 1 款和第 2 款、第 123 条第 1 款、第 125 条、第 127 条第 1 款、第 128-1 条、第 150 条第 1 款、第 151 条第 1 款、第 151-1 条、第 153 条至第 157 条、第 158 条第 1 款、第 158-1 条、第 159 条第 1 款、第 159-1 条第 1 款、第 159-2 条第 1 款、第 159-3 条第 1 款、第 159-5 条第 1 款、第 159-6 条第 1 款、第 160 条第 1 款、第 161 条第 1 款、第 163 条第 1 款、第 165 条第 1 款、第 166 条第 1 款、第 167 条第 1 款、第 168 条、第 170 条、第 170-2 条、第 171 条第 1 款、第 171-1 条第 1 款、第 3 款和第 5 款、第 175 条第 1 款和第 2 款、第 177 条、第 180 条第 1 款和第 2 款、第 181 条第 1 款、第 191-1 条第 1 款和第 2 款、第 191 条第 1 款和第 2 款、第 200-1 条第 1 款、第 200-3 条第 1 款、第 203 条、第 204 条、第 207 条第 1 款、第 213 条第 1 款、第 214 条、第 215-3 条第 1 款、第 215-4 条第 1 款、第 218 条、第 219 条第 1 款、第 220 条第 1 款、第 221 条第 1 款、第 222 条第 1 款和第 4 款、第 222-1 条第 1 款、第 223 条第 1 款和第 4 款、第 224 条、第 228 条第 1 款、第 228-2 条、第 228-3 条、第 230 条第 1 款、第 230-1 条第 1 款和第 2 款、第 231 条第 1 款、第 232 条第 1 款、第 233 条、第 234 条第 1 款和第 4 款、第 234-1 条第 1 款、第 240 条第 1 款、第 241 条第 1 款、第 242 条、第 243 条第 1 款、第 243 条、第 243-1 条、第 243-2 条第 1 款和第 2 款、第 243-3 条第 1 款、第 244 条、第 245 条第 1 款、第 250 条第 1 款、

第 251 条第 1 款、第 252 条第 1 款、第 253 条、第 254 条第 1 款、第 256 条至第 258 条、第 258-1 条第 1 款和第 1-1 款、第 260 条第 1 款、第 261 条第 1 款和第 2 款、第 262 条、第 264-1 条、第 266 条第 1 款、第 268 条第 1 款、第 291-2 条、第 294 条第 1 款、第 297 条、第 311 条第 1 款、第 312 条、第 313 条第 1 款、第 314 条、第 314-1 条、第 315 条、第 319 条、第 322 条第 1 款和第 2 款、第 322-1 条第 1 款、第 322-2 条、第 322-3 条、第 323 条第 1 款、第 324 条、第 325 条、第 325-1 条、第 326 条、第 327 条第 1 款至第 3 款和第 5 款、第 327-1 条第 1 款、第 329 条和第 330 条第 1 款；

（2）其他轻罪案件和中等严重犯罪案件应根据检察长的书面指示进行调查。

4. 本条第 3 款第（1）项所列刑事案件，可以根据检察长的书面指示移送侦查。

第 151 条　侦查管辖

1. 审前调查由侦查员和调查人员进行。

2. 侦查：

（1）由俄罗斯联邦侦查委员会的侦查员进行侦查的案件有：

a.《俄罗斯联邦刑法典》以下条款规定的犯罪案件：第 105 条至第 110-2 条、第 111 条第 4 款、第 120 条、第 126 条、第 127 条第 2 款和第 3 款、第 127-1 条第 2 款和第 3 款、第 127-2 条第 2 款和第 3 款、第 128 条、第 131 条至第 149 条、第 151-2 条、第 169 条、第 170-1 条、第 171-2 条、第 172-1 条、第 172-3 条、第 185 条至第 185-6 条、第 194 条第 3 款和第 4 款、第 198 条至第 199-4 条、第 201 条、第 201-1 条、第 204 条、第 204-1 条、第 205 条至第 205-5 条、第 208 条至第 212-1 条、第 215 条、第 215-1 条、第 215-3 条第 2 款至第 5 款、第 216 条至第 217-2 条、第 227 条、第 235-1 条、第 237 条、第 238 条、第 238-1 条、第 239 条、第 240-1 条、第 242-1 条、第 242-2 条、第 246 条至第 249 条、第 250 条第 2 款和第 3 款、第 251 条第 2 款和第 3 款、第 252 条第 2 款和第 3 款、第 254 条第 2 款和第 3 款、第 255 条、第 258-1 条第 2 款和第 2-1 款、第 3 款和第 3-1 款、第 263 条、第 263-1 条、第 270 条、第 271 条、第 271-1 条、第 279 条、第 282 条至第 282-3 条、第 284-1 条、第 285 条至第 291-1 条、第 292 条至第 293 条、第 294 条第 2 款和第 3 款、第 295 条、第 296 条、第 298-1 条至第 305 条、第 317 条、第 318 条、第 320 条、第 321 条、第 328 条、第 330-1 条、第 332 条至第 354-1 条和第 356 条至第 360 条；

b. 本法典第 447 条所列人员实施的犯罪案件，但本条第 3 款第（7）项规

定的情形除外;以及因上述人员的职务活动而对他们实施的犯罪案件;

c. 俄罗斯联邦侦查委员会、联邦安全局机关、俄罗斯联邦对外情报局机关、俄罗斯联邦保卫局机关、俄罗斯联邦内务部机关、俄罗斯联邦刑事执行系统机构和机关、麻醉品和精神药物流通管制机关、俄罗斯联邦海关机关的公职人员实施的犯罪案件;军人,参加军事集训的公民,俄罗斯联邦武装力量、其他部队、军事组织和机关中的文职人员因履行其职务实施的以及在部队、军团、机构、卫戍区驻地内实施的犯罪案件,但本条第 3 款第(7)项规定的情形除外;以及因其履行职务而对上述人员实施的犯罪案件;

d. 未成年人实施的以及对未成年人实施的严重犯罪和特别严重犯罪案件;

(2)由国家安全局机关的侦查员进行侦查的有《俄罗斯联邦刑法典》以下条款规定的犯罪案件:第 189 条、第 200-1 条第 1 款、第 205 条、第 205-1 条至第 205-5 条、第 208 条、第 211 条、第 215-4 条第 2 款第 b 项、第 217-1 条、第 226-1 条、第 229-1 条、第 275 条至第 281 条、第 283 条、第 283-1 条、第 284 条、第 322 条第 3 款、第 322-1 条第 2 款、第 323 条第 2 款、第 355 条、第 359 条和第 361 条;

(3)由俄罗斯联邦内务部机关的侦查员进行侦查的有《俄罗斯联邦刑法典》以下条款规定的犯罪案件:第 111 条第 1 款至第 3 款、第 113 条、第 114 条、第 117 条第 2 款和第 3 款、第 122 条第 3 款和第 4 款、第 123 条第 3 款、第 124 条、第 124-1 条、第 127-1 条、第 127-2 条、第 150 条第 2 款和第 3 款、第 151 条第 2 款和第 3 款、第 158 条第 2 款至第 4 款、第 159 条第 2 款至第 4 款、第 159-1 条第 2 款至第 4 款、第 159-2 条第 2 款至第 4 款、第 159-3 条第 2 款至第 4 款、第 159-5 条第 2 款至第 4 款、第 159-6 条第 2 款至第 4 款、第 160 条第 2 款至第 4 款、第 161 条第 2 款和第 3 款、第 162 条、第 163 条第 2 款和第 3 款、第 164 条、第 165 条第 2 款、第 166 条第 2 款至第 4 款、第 167 条第 2 款、第 171 条第 2 款、第 171-1 条第 1-1 款、第 2 款、第 4 款和第 6 款、第 171-3 条、第 172 条、第 172-2 条、第 173-1 条、第 173-2 条、第 174 条、第 174-1 条、第 175 条第 3 款、第 176 条、第 178 条、第 179 条、第 180 条第 3 款和第 4 款、第 181 条第 2 款、第 183 条、第 184 条、第 186 条、第 187 条、第 191 条、第 191-1 条、第 191-1 条第 3 款、第 192 条、第 193 条、第 193-1 条、第 195 条至第 197 条、第 200-1 条第 2 款、第 201 条、第 202 条、第 205 条、第 206 条、第 207 条第 2 款、第 3 款和第 4 款、第 208 条至第 210-1 条、第 212-1 条、第 213 条第 2 款和第 3 款、第 215-2 条、第 217-1 条、第 219 条第 2 款和第 3 款、第 220 条第 2 款和第

3 款、第 221 条第 2 款和第 3 款、第 222 条第 2 款和第 3 款、第 223 条第 2 款和第 3 款、第 223-1 条、第 225 条至第 227 条、第 228 条第 2 款和第 3 款、第 228-1 条、第 228-4 条、第 229 条、第 229-1 条、第 230 条第 2 款和第 3 款、第 230-1 条第 3 款、第 230-2 条第 2 款、第 231 条第 1 款、第 232 条第 2 款和第 3 款、第 234 条第 2 款和第 3 款、第 234-1 条第 2 款和第 3 款、第 235 条、第 236 条、第 240 条第 2 款和第 3 款、第 241 条第 2 款和第 3 款、第 243 条第 2 款、第 243-2 条第 3 款、第 243-3 条第 2 款、第 245 条第 2 款、第 259 条、第 260 条第 2 款和第 3 款、第 261 条第 3 款和第 4 款、第 264 条、第 266 条第 2 款和第 3 款、第 267 条、第 267-1 条、第 268 条第 2 款和第 3 款、第 272 条至第 274 条、第 304 条、第 313 条第 2 款和第 3 款、第 322-1 条第 2 款、第 327 条第 4 款、第 327-1 条第 2 款至第 6 款和第 330 条第 2 款;

(4)(失效)

(2007 年 6 月 5 日第 87 号联邦法律删除)

(5)(失效)

(2007 年 6 月 5 日第 87 号联邦法律删除)

3. 调查:

(1)由俄罗斯联邦内务部机关的调查人员进行调查的案件:本法典第 150 条第 3 款所规定的所有刑事案件,但本款第(3)项至第(6)项和第(9)项所列案件除外;

(2)(失效)

(本项由 2003 年 6 月 30 日第 86 号联邦法律删除)

(3)俄罗斯联邦边防机关的调查人员进行《俄罗斯联邦刑法典》以下条款规定的犯罪案件的调查:第 253 条和第 256 条和第 258 条第 1 款和第 1-1 款(涉及俄罗斯联邦安全局发现犯罪的部分)、第 322 条第 1 款和第 2 款、第 323 条第 1 款;

(4)联邦法警局机关的调查人员进行《俄罗斯联邦刑法典》以下条款规定的犯罪案件的调查:第 157 条和第 177 条、第 294 条第 1 款、第 297 条、第 311 条第 1 款、第 312 条和第 315 条;

(5)(失效)

(本项由 2011 年 12 月 7 日第 420 号联邦法律删除)

(6)联邦国家消防机关的调查人员进行《俄罗斯联邦刑法典》第 168 条、第 219 条第 1 款、第 261 条第 1 款和第 2 款规定的犯罪案件的调查;

(7)俄罗斯联邦侦查委员会的侦查员进行本法典第 150 条第 3 款规定

的,由本条第 2 款第(1)项第 b 小项和第 c 小项所列人员实施的犯罪案件的调查;

(8)(失效)

(本项由 2011 年 12 月 7 日第 420 号联邦法律删除)

(9)俄罗斯联邦海关的调查人员调查《俄罗斯联邦刑法典》第 194 条第 1 款和第 2 款、第 200-1 条第 1 款规定的犯罪案件。

4. 在《俄罗斯联邦刑法典》第 215-4 条第 2 款第(2)项、第 275 条、第 276 条、第 283 条、第 283-1 条和第 284 条规定的犯罪案件中,如被指控实施犯罪的人是本条第 2 款第(1)项第 c 小项所列人员,则侦查由联邦安全局机关的侦查员进行侦查。

5. 在《俄罗斯联邦刑法典》规定的犯罪案件中,也可由发现这些犯罪的机关的侦查员进行侦查:第 146 条、第 158 条第 3 款和第 4 款、第 159 条第 2 款至第 7 款、第 159-1 条第 2 款至第 4 款、第 159-2 条第 2 款至第 4 款、第 159-3 条第 2 款至第 4 款、第 159-4 条第 2 款和第 3 款、第 159-5 条第 2 款至第 4 款、第 159-6 条第 2 款至第 4 款、第 160 条第 2 款至第 4 款、第 161 条第 2 款和第 3 款、第 162 条、第 171 条第 2 款、第 171-1 条第 1 款、第 2 款、第 4 款和第 6 款、第 172 条、第 172-2 条、第 173-1 条、第 173-2 条、第 174 条、第 174-1 条、第 176 条、第 183 条、第 187 条、第 190 条、第 191 条、第 192 条、第 193 条、第 193-1 条、第 194 条第 1 款和第 2 款、第 195 条、第 197 条、第 200-1 条、第 200-2 条、第 201 条、第 202 条、第 205-4 条、第 205-5 条、第 206 条、第 207 条第 3 款和第 4 款、第 208 条至第 210-1 条、第 215-4 条第 2 款第 a 项、第 222 条第 2 款和第 3 款、第 222-1 条第 2 款和第 3 款、第 223 条第 2 款和第 3 款、第 223-1 条、第 226 条第 2 款至第 4 款、第 226-1 条、第 228 条第 2 款和第 3 款、第 228-1 条、第 228-4 条、第 229-1 条、第 234-1 条第 2 款和第 3 款、第 239 条、第 243 条第 2 款、第 243-2 条第 3 款、第 243-3 条第 2 款、第 263-1 条、第 272 条至第 274-1 条、第 282-1 条至第 282-3 条、第 284-1 条、第 285-4 条、第 286 条、第 308 条、第 310 条、第 327 条第 4 款、第 327-1 条第 2 款和第 4 款。

6. 在《俄罗斯联邦刑法典》第 150 条、第 205-6 条、第 285-1 条、第 285-2 条、第 286 条、第 306 条至第 310 条、第 311 条第 2 款、第 316 条和第 320 条规定的犯罪案件中,哪个机关有权侦查管辖并提起刑事案件,就由哪个机关的侦查员进行侦查。

7. 由不同机关侦查管辖的不同刑事案件合并一案时,侦查管辖由检察长按本条的侦查管辖规则确定。

8. 不允许刑事案件的侦查管辖争议。

第 152 条　进行审前调查的地点

1. 审前调查在含有犯罪构成的行为的实施地进行,但本条规定的情形除外。如果必须在其他地点实施侦查或侦缉行为,侦查员有权亲自或委托侦查员或调查机关实施这些行为,侦查员有权亲自或委托调查人员或调查机关实施这些行为。委托应该在 10 日内执行。

2. 如果犯罪在一地开始,而在另一地结束,则刑事案件在犯罪结束地进行调查。

3. 如果犯罪在不同地点实施,则根据上级侦查机关领导人的决定在大多数犯罪的实施地或最严重犯罪的实施地进行调查。

4. 审前调查可以在刑事被告人或大多数证人所在地进行,以保证调查的全面、客观和遵守诉讼期限。

4-1. 如果犯罪在俄罗斯联邦境外实施,则刑事案件的审前调查按照《俄罗斯联邦刑法典》第 12 条规定的理由依照本法典第 459 条在俄罗斯联邦境内被害人的居住地或居留地进行,或者在多数证人所在地进行,或者在被害人在俄罗斯联邦境外居住或居留的情况下在俄罗斯联邦境内被告人的居住地或居留地进行。

5. 侦查员、调查人员在确定刑事案件不属于他管辖之后,应实施紧急侦查行为,然后侦查员应将刑事案件移送侦查机关领导人,调查人员应将案件移送检察长,以便按侦查管辖移送侦查。

6. 根据上级侦查机关领导人说明理由的决定,刑事案件可以移送到上级侦查机关进行侦查,同时应将作出的决定书面通知检察长。

第 153 条　刑事案件的合并

1. 在以下情况下刑事案件可以合并进行:

(1)几人共同实施同一犯罪或几个犯罪;

(2)一人实施几个犯罪;

(3)一人被指控实施事先未经通谋的包庇犯罪,而对这些犯罪正在进行调查。

2. 当一个人应该作为刑事被告人被追究时,如果虽未确定,但有足够的理由认为几次犯罪均为一人或一个团伙所实施,也允许将几个刑事案件合并进行。

3. 由侦查员办理的刑事案件根据侦查机关领导人的决定进行合并。调查人员办理的刑事案件根据检察长的决定进行合并。依照本法典第 150 条和第 151 条由不同审前调查机关管辖的刑事案件,应由侦查机关根据检察长关于确定侦查管辖的决定再作出并案侦查的决定。如果案件的审前调查是由调查人员进行的,则上述并案决定由检察长作出。

4. 在刑事案件合并时,其诉讼期限按其中审前调查期限最长的刑事案件确定。在这种情况下,其余刑事案件的诉讼期限被最长期限吸收而不再额外计算。

第 154 条 刑事案件的分出

1. 有以下情形之一的,调查人员、侦查员有权从一个刑事案件中分出另一刑事案件单独办理:

(1)本法典第 208 条第 1 款第(1)项至第(4)项规定的情况下,共同实施几个犯罪的不同犯罪嫌疑人或刑事被告人;

(2)未成年犯罪嫌疑人或刑事被告人与成年刑事被告人一起被追究刑事责任;

(3)如果在审前调查中确定,其他犯罪嫌疑人或刑事被告人涉嫌或被指控的犯罪与正在被调查的犯罪无关;

(4)犯罪嫌疑人或刑事被告人,同检察长签订审前合作协议的。在对犯罪嫌疑人或刑事被告人的安全发生威胁的情况下,确定其身份的刑事案件材料应从提起的刑事案件中调取出来,附于对犯罪嫌疑人或刑事被告人分出单独办理的刑事案卷中。

2. 出于刑事案件工作量大或事实情节众多,如果不影响审前调查的全面和客观以及影响刑事案件的解决,为了完成审前调查也允许分出一个刑事案件另案处理。

3. 刑事案件的分出按侦查员或调查人员的决定进行。如果分出刑事案件另案处理是为了调查新的犯罪或新的犯罪人,决定中应该包括关于依照本法典第 146 条规定的程序提起刑事案件的决定。

4. 被分出另案处理的刑事案件中,应该包含对该案有意义的诉讼文书的原件或经侦查员或调查人员签字证明无误的诉讼文书的副本。

5. 被分出另案处理的刑事案件的材料,允许作为原刑事案件的证据采信。

6. 被分出另案处理的刑事案件的审前调查期限,如果是对新的犯罪和新的被告人,则自作出相应决定之时起计算。在其余情况下,该期限自没有分出另案的原刑事案件提起之时起计算。

第 155 条　刑事案件的材料分出单独处理

1. 如果在审前调查的过程中知悉其他人实施与正在调查的刑事案件无关的犯罪，调查人员、侦查员应作出决定，将含有关于新犯罪的信息材料从原刑事案件中分出，并依照本法典第 144 条和第 145 条，侦查员送交侦查机关领导人，而调查人员送交调查机关首长。

1-1. 将刑事案件材料分出另案处理的决定的副本，应送交检察长。

2. 并从刑事案件中分出另案处理的关于新犯罪的材料，允许作为原刑事案件的证据予以采信。

第 156 条　审前调查的开始

1. 审前调查自提起刑事案件之时开始，对此侦查员、调查人员、调查机关应作出相应的决定。在决定中，侦查员、调查人员还应说明由他们受理刑事案件。

2. 如果侦查员或调查人员接受委托办理已经提起的刑事案件，则他应该作出关于受理刑事案件的决定，决定的副本应在自决定作出之时起的 24 小时内送交检察长。

第 157 条　紧急侦查行为的实施

1. 如果存在必须进行侦查的犯罪要件，调查机关应依照本法典第 146 条规定的程序提起刑事案件并实施紧急侦查行为。

2. 在下列情况下，分别由以下机关实施紧急侦查行为：

（1）本法典第 151 条第 3 款第（1）项至第（8）项规定的调查机关，对所有的刑事案件和实施紧急侦查行为，但本条第 2 款第（2）项至第（6）项规定的刑事案件以及《俄罗斯联邦刑法典》第 198 条至第 199-4 条规定的犯罪案件除外；

（2）本法典第 151 条第 2 款第（2）项所列刑事犯罪案件，由联邦安全局机关进行；

（3）《俄罗斯联邦刑法典》第 173-1 条、第 173-2 条、第 174 条、第 174-1 条、第 189 条、第 190 条、第 193 条、第 193-1 条、第 194 条第 3 款和第 4 款、第 200-1 条第 2 款、第 200-2 条、第 226-1 条、第 229-1 条所列刑事案件，由海关机关实施紧急侦查行为；

（4）军人，参加军事集训的公民以及俄罗斯联邦武装力量、其他部队、军事组织和机关中的文职人员因履行其职务或在部队、军团、机构、卫戍区驻地内实施的犯罪案件，由军人服兵役的俄罗斯联邦武装力量军事警察机关的首长、部队和军团的指挥员、军事机构和卫戍区的指挥员负责实施紧急侦查行为；

（5）刑事执行系统机构和机关的工作人员实施的违反规定的服务程序的犯罪案件，以及其他人在上述机构和机关驻地内实施的犯罪案件，由上述机构和机关的首长实施；

（6）依照本法典第40条享有调查机关权限的其他公职人员也可以实施紧急侦查行为。

3. 在实施紧急侦查行为后，调查机关最迟应在10日内依照本法典第149条第（3）项的规定将刑事案件移送检察长。

4. 在将刑事案件移送侦查机关领导人后，调查机关只有根据侦查员的委托才可以对案件实施侦查行为和采取侦缉措施。如果移送侦查机关领导人的刑事案件中尚未确定犯罪人，则调查机关必须进行侦缉活动确定犯罪人，同时将结果通知侦查员。

第 158 条　审前调查的终结

1. 审前调查的终结：

（1）必须进行侦查的刑事案件，依照本法典第二十九章至第三十一章规定的程序；

（2）其余刑事案件，依照本法典第三十二章规定的程序。

2. 如果在刑事案件的审前程序过程中发现促成犯罪的情况，调查人员、侦查机关领导人、侦查员有权向有关组织和有关公职人员提出报告，要求采取措施消除上述情况或其他违法现象。有关组织和公职人员应该对报告进行审议并必须在1个月内将所采取的措施报告侦查机关领导人、调查人员或侦查员。

第 158-1 条　刑事案件的恢复

1. 恢复已经遗失的刑事案件材料根据侦查机关领导人、调查机关首长的决定进行，而如果刑事案件材料的遗失发生在法庭审理过程中，则根据法院的决定进行。决定应送交侦查机关领导人、调查机关首长执行。

2. 恢复刑事案件根据保存下来的刑事案件材料复印件进行，这些材料可以依照本法典规定的程序被认定为证据，刑事案件的恢复也通过实施诉讼行为进行。

3. 在恢复刑事案件时，调查、侦查和羁押的期限按照本法典第109条、第162条和第223条规定的办法计算。

4. 如果已经销案的刑事案件中羁押期已经届满,则刑事被告人应立即释放。

第 159 条　审议申请的职责

1. 侦查员、调查人员必须依照本法典第十五章规定的程序审议刑事案件中提出的每一项申请。

2. 同时,犯罪嫌疑人或刑事被告人、他们的辩护人,以及被害人、附带民事诉讼原告人、附带民事诉讼被告人以及他们的代理人要求询问证人、进行司法鉴定和其他侦查行为的,只要他们申请确定的情况对该刑事案件有意义,不得予以驳回。

2-1. 根据辩护人的申请、犯罪嫌疑人或刑事被告人的申请实施的侦查行为,不得拒绝辩护人参加,但本法典第 11 条第 3 款规定的情形除外。辩护人已经及时得到进行侦查行为的地点和时间的通知而不到场的,不妨碍侦查行为的进行。

2-2. 对本条第 2 款所列人员,如果他们申请确定的情况对该刑事案件有意义,而且被这些证据所证实,则不得驳回他们要求将包括专家结论在内的证据附于刑事案件材料的申请。

3. 完全或部分驳回申请时,侦查员、调查人员应作出决定。

4. 对驳回申请的决定,可以依照本法典第十六章规定的程序提出申诉。

第 160 条　犯罪嫌疑人或刑事被告人的子女及受供养人的保护措施和犯罪嫌疑人或刑事被告人财产的保护措施

1. 如果被拘捕的或被羁押的犯罪嫌疑人或刑事被告人留有未成年子女和其他受供养人无人照管和帮助,以及有需要旁人照料的年迈父母,则侦查员、调查人员应采取措施将他们交付其近亲属、亲属或其他人保护,或者将他们安置到相应的儿童机构或社会机构。

2. 侦查员、调查人员应采取措施保证被拘捕的或被羁押的犯罪嫌疑人或刑事被告人的财产和住房的完好。

3. 侦查员、调查人员应将所采取的措施告知犯罪嫌疑人或刑事被告人。

第 160-1 条　附带民事诉讼保全、没收财产和其他财产处罚的措施

1. 如果确定犯罪对财产造成损害,以及可能依照《俄罗斯联邦刑法典》第 104-1 条适用没收财产或者对犯罪规定了罚金或其他财产处罚,则侦查员、调查人员必须立即采取措施确定犯罪嫌疑人、刑事被告人应予没收的财产或与应没收财产等值的财产或者与该物品的价值具有可比性的财产,以及

确定犯罪嫌疑人、刑事被告人或依照俄罗斯联邦立法应对犯罪嫌疑人、刑事被告人所造成的损害承担责任的人的财产,财产的价值应保证赔偿所造成的物质损害、追索罚金以及其他财产处罚,并采取措施对这些财产进行扣押。

2. 如果有材料说明本条第 1 款所列财产在外国境内,侦查员、调查人员应依照本法典第五十三章规定的程序,按照俄罗斯联邦签署的国际条约、国际协定或者根据对等原则向外国的主管机关和公职人员提出进行相应诉讼行为请求。

第 161 条　不允许泄露审前调查的材料

1. 审前调查的材料不得泄露,但本条第 2 款、第 4 款和第 6 款规定的情形除外。

2. 只有经侦查员或调查人员的许可才允许公开审前调查材料,而且公开的数量应该是以不违背审前调查利益而且不侵犯刑事诉讼参加人权利、自由和合法利益为限。

3. 侦查员或调查人员应事先向刑事诉讼参加人说明:不经相应许可不得泄露审前调查材料,对此应该具结,否则将承担《俄罗斯联邦刑法典》第310 条规定的责任。

4. 禁止泄露审前调查材料,不及于以下材料:

(1)国家权力机关及其公职人员违反法律的材料;

(2)侦查员、调查人员或检察长已经在大众信息媒体或互联网上以及以其他公开方式披露的材料;

(3)公开审判庭宣读过的材料。

5. 不允许不经本人同意泄露刑事诉讼参加人私生活材料以及不允许不经法定代理人的同意泄露不满 14 岁的未成年被害人私生活材料。

6. 以下行为不是泄露审前调查材料:

(1)在本案中的申请、请求、申诉以及本案的其他诉讼文件中以及在向保护人权和自由的国家机关和跨国机关递交的申请和其他文件中叙述刑事案件的材料;

(2)向本案中的专家提交刑事案件材料,条件是专家书面保证不经侦查员或调查人员许可不得泄露上述材料。

第二十二章　侦查

第 162 条　侦查的期限

1. 刑事案件的侦查应在自提起刑事案件之日起的 2 个月内终结。

2. 侦查期限包括自提起刑事案件之日起直至刑事案件连同起诉书或关于将刑事案件移送法院审议采取医疗性强制措施的决定一并送交检察长之日的时间或自提起刑事案件直至关于终止刑事案件的决定之日起的时间。

3. 侦查的期限不包括在本法典第 221 条第 2 款规定的情况下对侦查员提起刑事案件的决定进行申诉的时间,也不包括依照本法典规定的根据中止侦查的时间。

4. 本条第 1 款规定的侦查期限可以由相应侦查机关领导人延长到 3 个月。

5. 特别复杂的刑事案件,侦查期限可以由俄罗斯联邦主体侦查机关领导人或同级侦查机关领导人以及他们的副职延长到 12 个月。只有在特殊情况下,侦查的期限才能由俄罗斯联邦侦查委员会主席、相应联邦行政机关的侦查机关领导人或副职再予以延长。

6. 在对已经中止或终止了的刑事案件恢复侦查时,以及在将刑事案件发还进行补充侦查时,办理刑事案件的侦查机关领导人有权确定侦查的期限为侦查员收到刑事案件之日起的 1 个月,而不论此前刑事案件多少次恢复、终止或发还进行补充侦查,也不论侦查期限的总时间是多少。再延长侦查期限依照一般根据按本条第 4 款、第 5 款和第 7 款规定的程序进行。

6-1. 如果检察长由于法院发现本法典第 237 条第 1 款和第 1-2 款规定的情况而将刑事案件发还侦查员,则进行侦查行为或其他诉讼行为的期限不得超过案件发还侦查员之日起的 1 个月。再延长侦查期限应依照本条第 4 款、第 5 款和第 7 款规定的程序按一般根据进行。

6-2. 在法院依照本法典第 446-5 条规定的程序将刑事案件退回侦查机

关的同时撤销关于终止刑事案件或中止刑事追究的决定的情况下,进行侦查行为和其他诉讼行为的期限不得超过自侦查员收到刑事案件之时起的 1 个月。再延长侦查时间应根据一般理由依照本条第 4 款、第 5 款和第 7 款规定的程序进行。

7. 如果必须延长侦查的期限,侦查员应作出相应的决定并至少在侦查期限届满之前 5 日将决定送交侦查机关领导人。

8. 侦查员应以书面形式将延长侦查期限的事宜通知刑事被告人及其辩护人以及被害人和其代理人。

第 163 条　由侦查组进行侦查

1. 如果刑事案件复杂或工作量大,可以委托侦查组进行侦查,对此应作出单独决定或在提起刑事案件的决定中说明。

2. 关于由侦查组进行侦查的决定以及变更侦查组人员的决定由侦查机关领导人作出。决定中应该列举被委托进行侦查的所有侦查员,并指出任命哪一位侦查员担任侦查组长。可以吸收侦缉活动机关的公职人员参加侦查组的工作。侦查组的人员构成应向犯罪嫌疑人、刑事被告人、被害人宣布。

3. 侦查组长受理刑事案件,组织侦查组的工作,指导其他侦查员的行为,撰写起诉书或作出将刑事案件移送法院以解决对犯罪嫌疑人适用医疗性强制措施问题的决定,并将该决定连同刑事案件一并送交检察长。

4. 侦查组长就以下问题作出决定:

(1)依照本法典第 153 条至第 155 条规定的程序将刑事案件分出另案处理;

(2)完全或部分终止刑事案件;

(3)中止或恢复刑事案件的诉讼;

(4)确定刑事被告人和对刑事被告人提出指控的范围;

(5)将刑事被告人安置到提供医疗帮助的医疗住院机构或提供精神病学帮助的医疗住院机构分别进行法医学鉴定或司法精神病学鉴定,但本法典第29 条第 2 款第(3)项规定的情形除外;

(6)向侦查机关领导人提出关于延长侦查期限的申请;

(7)向法院提出关于选择强制处分以及实施本法典第 29 条第 2 款规定的侦查行为和其他诉讼行为的申请。

5. 侦查组长和侦查组成员有权参加其他侦查员实施的侦查行为,亲自实施侦查行为并依照本法典规定的程序对刑事案件作出决定。

第 164 条　实施侦查行为的一般规则

1. 本法典第 178 条第 3 款、第 179 条、第 182 条和第 183 条规定的侦查行为,根据侦查员的决定实施。

2. 在本法典第 29 条第 2 款第(4)项至第(9)项、第(11)项和第(12)项规定的情况下,侦查行为根据法院的决定实施。

3. 不允许夜间实施侦查行为,但紧急情况除外。

4. 在实施侦查行为时不允许使用暴力、威胁和其他的非法措施,也不允许对参加侦查行为的人构成生命和健康危险的行为。

4-1. 在对《俄罗斯联邦刑法典》第 159 条第 1 款至第 4 款、第 159-1 条至第 159-3 条、第 159-5 条、第 159-6 条、第 160 条、第 165 条规定的,在经营活动领域实施犯罪案件进行侦查时,以及对《俄罗斯联邦刑法典》第 159 条第 5 款至第 7 款、第 171 条、第 171-1 条、第 171-3 条至第 172-2 条、第 173-1 条至第 174-1 条、第 176 条至第 178 条、第 180 条、第 181 条、第 183 条、第 185 条至第 185-4 条和第 190 条至第 199-4 条规定的犯罪案件时,除本法典第 164-1 条规定的情形外,不允许没有根据地适用可能导致法人或个体经营者合法经营活动中止的措施,不允许没有根据地没收电子信息载体。

5. 侦查员在吸收本法典第六章至第八章规定的刑事诉讼参加人参加侦查行为时,应证实他们的身份,向他们说明其权利和责任,以及实施有关侦查行为的程序。如果被害人、证人、专家、鉴定人或翻译人员参加侦查行为,还必须事先向他们说明《俄罗斯联邦刑法典》第 307 条和第 308 条规定的责任。如果在刑事案件与共同犯罪人因订立审前合作协议而其刑事案件分出另案审理,则在该共同犯罪人参加侦查行为时,还应向他说明本法典第四十·一章规定的不遵守审判合作协议所规定的条件或不履行该协议所规定义务的后果,包括故意提供虚假信息或故意隐瞒重要信息的责任。

6. 在实施侦查行为时,可以采用技术手段和方式发现、固定和提取犯罪痕迹和物证。在开始侦查行为前,侦查员应向参加侦查行为的人说明要采取技术手段。

7. 侦查员有权吸收进行侦缉活动机关的公职人员参加侦查行为,对此应在笔录中作相应的说明。

8. 在实施侦查行为的过程中应依照本法典第 166 条的规定制作笔录。

第 164-1 条　关于进行侦查行为时收缴信息载体和从电子信息载体上复制信息的特别规定

1. 在办理本法典第 164 条第 4-1 款规定的刑事案件时,不允许收缴电子

信息载体,但下列情形除外:

(1)对电子信息载体已经作出了指定司法鉴定的决定;

(2)根据法院的决定收缴电子信息载体;

(3)电子信息载体上保存的信息是电子信息载体占有人无权保管和使用的,或者信息可能用来实施新的犯罪,或者根据专家的申请,信息复制可能导致信息遗失或变异的。

2. 在实施侦查行为过程中,电子信息载体的收缴应有专家参加。根据被收缴电子信息载体合法占有人的申请或载体中信息持有人的申请,参加侦查行为的专家在见证人在场的情况下从被收缴的电子信息载体上复制信息。信息复制到被收缴电子信息载体合法占有人或载体上信息的持有人所提供的其他电子载体上。如果存在本条第 1 款第(3)项所列情况,则不得复制信息。承载被复制信息的电子信息载体应交给被收缴电子信息载体的合法占有人或其中信息的持有人。关于复制信息、将承载被复制信息的电子信息载体交给被收缴电子信息载体的合法占有人或其中信息的持有人等事项,侦查员应在笔录中进行记载。

3. 在进行侦查行为的过程中,侦查员有权复制电子信息载体中的信息。在侦查行为笔录中应该指出使用何种技术手段进行信息复制、复制的程序、对哪些电子信息载体使用了这些手段以及得到的结果。侦查行为笔录应该附具含在侦查过程中从其他电子信息载体所复制信息的电子信息载体。

第 165 条　取得实施侦查行为许可的司法程序

1. 在本法典第 29 条第 2 款第(4)项至第(9)项、第(11)项和第(12)项规定的情况下,侦查员经侦查机关领导人同意、调查人员经检察长同意向法院提出实施侦查行为的申请,并对此应作出决定。

2. 实施侦查行为的申请应该由侦查地或侦查行为实施地的区法院或同级军事法院的法官自收到申请之时起的 24 小时内独任审理,但本条第 3-1 款规定的情形除外。

3. 检察长、侦查员和调查人员有权出庭参加审理。

3-1. 在审理进行侦查行为的申请时,如果申请涉及拍卖、利用或销毁本法典第 82 条第 2 款第(1)项、第(2)项(易坏商品和产品除外)、第(3)项(长期保存会危及人的生命和健康以及危害环境的物品除外)、第(6)项至第(8)项所列物证,以及涉及依照本法典第 82 条第 2 款第(9)项第 c、d 小项无偿移交或拍卖物证的,法官应在法院收到申请之日起的 5 日内进行审理。如果审理进行侦查行为的申请涉及拍卖、利用或销毁易坏商品和产品以及长期保存会危及人的生命和健康以及危害环境的物品,则法官应考虑它们的特点,在法院收到申请之时起的 24 小时内进行审理。在法庭审理上述申请时,犯罪嫌疑人、刑事被告人、他们的辩护人和(或)法定代理人、作为刑事案件物证的物品的所有权人或其他法定占有人均有权出庭参加。上述人员已经及时收到申请审理时间通知而不到庭,或者被认定为刑事案件物证的物品未确定其所有权人或其他合法占有人,不妨碍申请的审理。

4. 法官在审议相关申请后作出裁决许可实施侦查行为或者驳回申请,并指出驳回的理由。

5. 在特殊情况下,如果对住宅的勘验、在住宅内进行搜查和提取、人身搜查,以及提取在当铺质押或保管的物品、扣押《俄罗斯联邦刑法典》第 104-1 条所列财产等事项刻不容缓,上述侦查行为可以根据侦查员或调查人员的决定实施,而无需得到法院的决定。在这种情况下,侦查员或调查人员应在自开始侦查行为之时起的 3 日内向法官和检察长报告实施侦查行为的事宜。报告应附上实施侦查行为决定的副本和侦查行为的笔录,以备检查侦查行为决定的合法性。在收到上述报告之后,法官在本条第 2 款规定的期限内检查实施侦查行为的合法性并作出侦查行为合法或不合法的决定。如果认为实施的侦查行为不合法,则侦查行为过程中所取得的所有证据均依照本法典第 75 条不予采信。

第 166 条 侦查行为的笔录

1. 侦查行为的笔录应在侦查行为实施过程中制作或侦查行为终结后立即制作。

2. 笔录可以手写或利用技术手段制作。在实施侦查行为时,还可以使用速记、照相、电影拍摄、录音和摄像。速记记录、照相底片和照片、电影胶片、录音带和录像带均在刑事案件的案卷中保存。

3. 笔录中应该载明:

(1)实施侦查行为的地点和时间,侦查行为开始和终结的时间(准确到分钟);

(2)笔录制作人的职务、姓名;

(3)参加侦查行为的每个人的姓名,而在必要时写明他们的住址和其他个人情况。

4. 笔录中应按侦查行为实施的顺序记述侦查行为的内容,在实施侦查行为时所发现的对于刑事案件有重大意义的情况,以及叙述参加侦查行为的人所作的声明。

5. 笔录中还应该说明实施侦查行为所采取的技术手段、采用它们的条件和程序、被采取这些技术手段的客体以及得到的结果。笔录中应该指出，参加侦查行为的人已经事先被告知在实施侦查行为时将采取技术手段。

6. 笔录应提交所有参加侦查行为的人了解。同时应向这些人说明他们有权在笔录中提出关于补充和修改笔录的意见。关于补充和修改笔录的意见均应由这些人签字予以说明和证明。

7. 笔录应由侦查员和参加侦查行为的人签字。

8. 笔录应附上在实施侦查行为时制作的摄影底片和照片、电影胶片、幻灯片、询问录音带、电视摄像带、图纸、计划、图表、模制品和痕迹模印以及在侦查行为过程中获得的电子信息载体。

9. 在必须保障被害人、被害人的代理人、证人、他们的近亲属、亲属和亲近的人的安全时，侦查员、调查人员有权在有被害人、被害人的代理人或证人参加的侦查行为的笔录中不记录这些人的个人情况。在这种情况下，侦查员经侦查机关领导人同意或调查人员经调查机关首长同意作出决定，叙述决定对这些人情况保密的原因，指出侦查行为参加人在侦查行为笔录中将使用的化名和签字式样。此决定装入信封，封口归入刑事案件材料。在紧急的情况下，上述侦查行为可以根据侦查员或调查人员关于对侦查行为参加人身份保密的决定进行，而无须得到侦查机关领导人或调查机关首长的同意。在这种情况下，一旦有现实可能，侦查员的决定应立即送交侦查机关领导人、调查人员的决定应立即交给调查机关首长以便审查其是否合法有据。

10. 笔录还应记载关于依照本法典已向侦查行为参加人说明其权利、义务、责任和侦查行为实施程序的事项，对此应由侦查行为参加人签字予以证明。

第 167 条　证明对侦查行为笔录拒绝签字或不能签字的事实

1. 如果犯罪嫌疑人、刑事被告人、被害人或其他参加侦查行为的人拒绝在侦查行为笔录上签字，侦查员应在笔录中作相应的记载，此项记载亦应由侦查员以及参加侦查行为的辩护人、法定代理人、代理人或见证人签字予以证明。

2. 应该让拒绝在笔录上签字的人有机会解释拒绝的原因，其解释亦应记入笔录。

3. 如果犯罪嫌疑人、刑事被告人、被害人或证人由于生理缺陷或健康原因不能在笔录上签字，则应该在辩护人、法定代理人、代理人或见证人在场的情况下让该人了解笔录的内容，辩护人、法定代理人、代理人或见证人应在笔录上签字证实笔录的内容和犯罪嫌疑人、刑事被告人、被害人或证人等不能签字的事实。

第 168 条 专家的参加

1. 侦查员有权依照本法典第 164 条第 5 款的规定聘请专家参加侦查行为。

2. 在有专家参加的侦查行为开始前,侦查员应查实专家的资格,查明他与犯罪嫌疑人、刑事被告人和被害人的关系,向专家说明本法典第 58 条所规定的权利和责任。

第 169 条 翻译人员的参加

1. 在本法典第 18 条第 2 款规定的情况下,侦查员依照本法典第 164 条第 5 款的规定聘请翻译人员参加侦查行为。

2. 在侦查行为开始前,侦查员应查实翻译人员的资格,向翻译人员说明本法典第 59 条所规定的权利和责任。

第 170 条 见证人的参加

1. 在本法典第 115 条、第 177 条、第 178 条、第 181 条至第 184 条、第 185 条第 5 款、第 186 条第 7 款、第 193 条和第 194 条规定的情况下,侦查行为的实施至少应有两名见证人参加,传唤见证人是为了证明实施侦查行为的事实、侦查行为的过程和结果,但本条第 3 款规定的情形除外。

1-1. 在本法典第 115 条、第 177 条、第 181 条、第 183 条(该条第 3 款除外)、第 185 条第 5 款、第 186 条第 7 款和第 194 条规定的情况下,见证人根据侦查员的裁量参加侦查行为。如果在上述情况下根据侦查员的决定见证人不参加侦查行为,则必须采取技术手段固定侦查行为的过程和结果。如果在侦查过程中不可能采取技术手段,则侦查员应在笔录中进行相应的记载。

2. 在其他情况下,侦查行为在没有见证人参加的情况下进行,但侦查员根据刑事诉讼参加人的申请或主动作出不同决定的除外。

3. 在难以到达的地区,如果没有适当的交通工具,以及在侦查行为的实施可能对人的生命或健康构成危险的情况下,则本条第 1 款规定的侦查行为可以在没有见证人参加的情况下实施,对此在侦查行为笔录中应做相应的记载。在没有见证人参加的情况下实施侦查行为时,应使用技术手段记录侦查行为的过程和结果。如果在侦查行为过程中不可能采用技术手段,则侦查员应在笔录中作相应的记载。

4. 如果有见证人参加,则在侦查行为开始前,侦查员应依照本法典第 164 条第 5 款向见证人说明侦查行为的目的、本法典第 60 条规定的见证人的权利和责任。

第二十三章 确定刑事被告人 提出指控

第 171 条 确定刑事被告人的程序

1. 如果有足够的证据说明有根据指控一个人实施犯罪,侦查员应作出将该人作为刑事被告人进行追究的决定。

2. 决定应说明:

(1)作出决定的日期和地点;

(2)作出决定的人员;

(3)被作为刑事被告人追究的人的姓名以及出生年、月、日和出生地;

(4)对犯罪进行描述并指出实施犯罪的时间、地点,以及其他依照本法典第 73 条应该证明的情况;

(5)《俄罗斯联邦刑法典》对该犯罪规定责任的条、款、项;

(6)确定该人为正在进行调查的刑事案件中的刑事被告人。

3. 在指控一人实施《俄罗斯联邦刑法典》不同条、款、项规定的几个犯罪时,在确定刑事被告人的决定中应该说明,根据刑事法律的每一规范应该予以归罪的行为。

4. 在一个刑事案件中确定几名刑事被告人时,应对每个人单独作出决定。

第 172 条 提出指控的程序

1. 指控应在作出确定刑事被告人的决定之时起的 3 日内提起,如果有辩护人参加刑事案件,应在辩护人在场时提起。

2. 侦查员应通知刑事被告人提出指控的日期并同时向他说明自行聘请辩护人的权利或者依照本法典第 50 条规定的程序保证辩护人参加案件的权利。

3. 对羁押中的刑事被告人,应通过羁押场所的行政通知提出指控的日期。

4. 对未被羁押的刑事被告人,应依照本法典第 188 条规定的程序通知提出指控的日期。

5. 侦查员在证实刑事被告人的身份以后,应向他宣布确定他为刑事被告人的决定,在有辩护人参加刑事案件时,还要向辩护人宣布。同时侦查员应向刑事被告人说明所提出指控的实质,以及本法典第 47 条规定的刑事被告人的权利,对此应由刑事被告人及其辩护人和侦查员在决定上签字证明,并说明提出指控的日期和时间。

6. 如果刑事被告人及其辩护人未在侦查员指定的期限到案,以及刑事被告人下落不明,则指控在刑事被告人实际到案之日提出,或在侦查员保证辩护人参加的条件下对刑事被告人进行拘传之日提出。

7. 如果刑事被告人拒绝在决定上签字,侦查员应在决定上作相应的记载。

8. 侦查员应将确定刑事被告人的决定的副本发给刑事被告人及其辩护人。

9. 确定刑事被告人的决定的副本应送交检察长。

第 173 条 询问刑事被告人

1. 侦查员应在提出指控之后立即询问刑事被告人,并遵守本法典第 47 条第 4 款第(9)项和第 50 条第 3 款的要求。

2. 在询问开始时,侦查员应问明刑事被告人是否承认自己有罪,是否希望就指控的实质作陈述和用何种语言进行陈述。如果刑事被告人拒绝作陈述,则侦查员应在询问笔录中作相应的记载。

3. 除本条规定的例外情况,询问依照本法典第 189 条规定的程序进行。

4. 如果刑事被告人在第一次询问时拒绝作陈述,只有根据刑事被告人本人的请求才能对同一刑事被告人再次进行询问。

第 174 条 刑事被告人询问笔录

1. 在每次对刑事被告人进行询问时侦查员均应制作笔录,同时遵守本法典第 190 条的要求。

2. 在第一次询问的笔录中应该说明关于刑事被告人的以下个人情况:

(1)姓名;

(2)出生日期和出生地;

(3)国籍;

(4)文化程度;

（5）家庭状况、家庭成员；

（6）工作或学习地点、所从事职业的种类或职务；

（7）住所地；

（8）是否有前科；

（9）对刑事案件有意义的其他情况。

3．在以后的询问笔录中，如果刑事被告人的个人情况没有变化，则只记录姓名。

第 175 条　指控的变更和补充　刑事追究的部分终止

1．如果在侦查过程中发现有根据变更已经提出的指控，则侦查员依照本法典第 171 条作出新的关于确定刑事被告人的决定和依照本法典第 172 条的规定向刑事被告人出示决定。

2．如果在侦查过程中已经提起的指控的某一部分没有得到证实，则侦查员应作出决定终止相应部分的刑事追究，并将此情况通知刑事被告人、他的辩护人以及检察长。

第二十四章　勘验　检验　侦查试验

第 176 条　进行勘验的根据

1. 对现场、区域、住房、其他房舍、物品和文件的勘验是为了发现犯罪痕迹,查明对刑事案件有意义的情况。

2. 现场勘验以及文件和物品的勘验可以在提起刑事案件之前进行。

第 177 条　进行勘验的程序

1.(失效)

(本款由 2013 年 3 月 4 日第 23 号联邦法律删除)

2. 犯罪痕迹和其他已发现物品的勘验在侦查行为实施地进行,但本条第 3 款规定的情形除外。

3. 如果勘验需要持续的时间或者就地勘验有困难,则物品可以在勘验现场提取、包装、加封并由侦查员签字证明。只能提取与刑事案件有关的物品,同时勘验笔录中应尽可能地说明被提取物品的个别特征和特点。

4. 在勘验时发现和提取的所有物品均应向见证人和勘验的参加人出示。

5. 住房的勘验只能经居住人的同意或根据法院的决定进行。如果居住人反对勘验,则侦查员可以依照本法典第 165 条向法院提出进行勘验的申请。

6. 对单位房舍的勘验在有关单位行政代表在场的情况下进行。如果不能保证他参加勘验,则必须在勘验笔录中记载。

第 178 条　尸体勘验　掘尸勘验

1. 侦查员在法医鉴定人参加下进行尸体勘验,而在法医鉴定人不可能参加时,必须有医生参加。如果出于勘验尸体的必要,还可以聘请其他专家参加。

2. 无名尸体必须进行拍照和指纹鉴定。无名尸体不允许火化。

3. 在必须从埋葬地点挖掘尸体时,侦查员应该作出关于掘尸勘验的决定并将此情况通知死者的近亲属或亲属。掘尸勘验的决定对于有关埋葬场所的行政具有强制力。如果死者的近亲属或亲属反对掘尸勘验,进行掘尸勘验的许可须由法院发出。

4. 掘尸和尸体勘验必须在本条第 1 款所列人员参加下进行。必要时尸体勘验可以在提起刑事案件之前进行。

5. 因掘尸勘验和之后埋葬尸体而发生的费用应依照本法典第 131 条规定的程序向死者的亲属进行补偿。

第 179 条　检验

1. 为了发现人体上的特殊标志、犯罪痕迹、身体伤害,查明醉酒状态或其他对于刑事案件有意义的性质和特征,如果为此不需要进行司法鉴定,则可以对犯罪嫌疑人、刑事被告人、被害人进行检验,对证人进行检验须经本人同意,但为了评价其陈述的真实性而必须进行检验的情形除外。在刻不容缓的情况下,检验可以在提起刑事案件之前进行。

2. 关于检验的进行,侦查员须作出决定,此决定对于被检验人具有强制力。

3. 检验由侦查员进行。必要时侦查员可以聘请医生或其他专家参加检验。

4. 在检验不同性别的人时,如果检验要暴露被检验人的身体,则侦查员不得在场。在这种情况下检验由医生进行。

5. 在本条第 4 款规定的情况下,照相、摄像和电影摄影须经得到检验人同意方可进行。

第 180 条　勘验和检验的笔录

1. 勘验和检验均应依照本条和本法典第 166 条和第 167 条的要求制作笔录。

2. 笔录要描述侦查员的所有行为,按勘验和检验进行的先后顺序描述所有发现的物品,以及在勘验和检验时被发现物品的形状。笔录应列举和描述勘验和(或)检验时提取的所有物品。

3. 笔录还应该指出:在何时、何种气候和照明条件下进行勘验或检验;采取了哪些技术手段和得到什么样的结果;哪些物品被提取和加封,用何种印鉴加封;勘验后尸体或对刑事案件有意义的物品运往何处。

第 181 条　侦查试验

　　为了审查和确认对刑事案件有意义的材料,侦查员有权通过模拟行为以及再现一定事件的环境或其他情况而进行侦查试验。在这种情况下检查是否能够对某些事实的存在、一定行为的实施、某种事件的发生进行认识,以及查明已发生事件的先后顺序和形成痕迹的机制。如果对侦查试验的参加人不构成健康危险,则允许进行侦查试验。

第二十五章 搜查 提取 邮件电报的扣押 谈话的监听和录音 获得用户和（或）用户装置间联系的信息

第 182 条 进行搜查的根据和程序

1. 进行搜查的根据是有足够的材料认为在某一地点或某个人处可能存有犯罪工具、设备或其他犯罪手段、对刑事案件可能有意义的物品、文件和贵重物品。

2. 搜查根据侦查员的决定进行。

3. 搜查住房根据法院依照本法典第 165 条规定的程序作出的决定进行。

4. 在搜查开始前，侦查员应出示进行搜查的决定，而在本条第 3 款规定的情况下，还要出示法院准许进行搜查的决定。

5. 搜查开始前，侦查员应建议自愿交出应予提取的对刑事案件可能有意义的物品、文件和贵重物品。如果自愿交出并且没有理由担心隐藏了上述物品，则侦查员有权不进行搜查。

6. 如果占有人拒绝自愿开门，在进行搜查时可以打开任何房舍。这种情况下不允许不必要的财产损坏。

7. 侦查员应采取措施，使搜查过程中在被搜查人房舍中发现的有关其私生活情况、他的个人秘密和（或）家庭隐私以及其他人的私生活情况不被泄露。

8. 侦查员有权禁止搜查地点的人员在搜查结束之前离开搜查地点，以及禁止他们相互交谈和与他人进行交往。

9. 在进行搜查时，禁止流通的物品和文件在任何情况下均应收缴。

9-1.（失效）

（本款由 2018 年 12 月 27 日第 533 号联邦法律删除）

10. 被收缴的物品、文件和贵重物品应向见证人和搜查时在场的人出示，必要时在搜查地点进行包装和加封,对此应由上述人等签字证明。

11. 在进行搜查时,被搜查房舍的占有人或他的成年家庭成员应在场。在进行搜查时,辩护人以及被搜查房舍占有人的律师有权在场。

12. 在进行搜查时应依照本法典第166条和第167条的规定制作笔录。

13. 笔录中应该指出:在什么地点、什么情况下发现物品、文件或贵重物品,它们是自愿交出的还是强制收缴的。对所有收缴的物品、文件和贵重物品,均应一一列举,准确地说明数量、尺寸、重量、个别特征以及尽可能说明其价值。

14. 如果搜查过程中有人企图销毁或藏匿应该收缴的物品、文件或贵重物品,则笔录中应作相应的记载并指出采取了什么措施。

15. 笔录的副本应交给被搜查房舍的占有人或者其成年家庭成员。如果搜查在单位的房舍内进行,则笔录的副本交给该单位行政的代表,后者应出具凭证收条。

16. 为了发现被侦缉人员和发现尸体也可以进行搜查。

第183条　进行提取的根据和程序

1. 在必须收缴对刑事案件有意义的一定物品和文件时,如果确切知道它们所在的地点或持有人,则进行提取。

2. 除本条规定的例外,依照本法典第182条规定的程序进行提取。

3. 如果提取的物品和文件含有国家机密或其他受联邦法律保护的秘密,提取含有公民的银行和其他信贷机构存款或账户信息的物品或文件,以及提取在当铺抵押或保管的物品,应根据依照本法典第165条规定的程序作出的法院决定进行。

3-1.(失效)

(本款由2018年12月27日第533号联邦法律删除)

4.(失效)

(本款由2007年6月5日第87号联邦法律删除)

5. 开始提取之前,侦查员应建议持有人交出应该提取的物品和文件,如果持有人拒绝交出,则强制进行提取。

6. 提取在当铺抵押或保管的物品时,应将有关情况在3日期限内通知抵押人或寄售人。

第184条　人身搜查

1. 如果存在本法典第182条第1款和第3款规定的根据并且依照上述

条款规定的程序,为了发现和收缴对刑事案件有意义的物品和文件,可以对犯罪嫌疑人、刑事被告人进行人身搜查。

2. 在实施拘捕或羁押时,以及有足够的理由认为处在被搜查的房舍或其他地点的人随身藏匿了对于刑事案件可能有意义的物品或文件时,可以在不作出相应决定的情况下进行人身搜查。

3. 人身搜查只能由与被搜查人同性别的人进行,如果有见证人和专家参加该侦查行为,见证人和专家也应与被搜查人同性别。

第 185 条　扣押、检查和提取邮件电报

1. 如果有足够的理由认为对于刑事案件有意义的物品、文件或信息材料可能包含在印刷邮件、包裹或其他邮件、电报或无线电报中,则可以对它们进行扣押。

2. 在邮电机构扣押、检查和提取邮件、电报等,根据法院依照本法典第 165 条规定的程序作出的决定进行。

3. 在侦查员请求扣押、检查和提取邮件、电报的申请书中应该说明:

(1)应扣押的邮件电报收件人的姓名和住址;

(2)扣押、检查和提取的理由;

(3)应予扣押的邮件、电报的种类;

(4)有义务扣押有关邮件电报的邮电机构的名称。

4. 如果法院作出扣押邮件电报的决定,则决定的副本应送交有关邮电机构,邮电机构接受委托进行扣押并将情况立即通知侦查员。

5. 检查、提取和复印被扣押的邮件、电报由侦查员在有关邮电机构进行。必要时,侦查员有权聘请专家及翻译人员参加检查和提取邮件、电报。在每次检查邮件、电报时均应制作笔录,笔录中应说明:何人对何种邮件、电报进行了检查、复印,是否照发给收件人或者进行了扣押。

6. 如果没有必要再采取这种措施,侦查员应撤销对邮件、电报的扣押,并必须将此情况通知作出扣押决定的法院和检察长,但必须在该刑事案件审前调查终结之前。

7. 如果有足够的理由认为,对刑事案件有意义的材料可能包含在电子邮件或其他通过电信网络传输的邮件中,侦查员根据法院的决定可以对它们进行勘验和提取。

第 186 条　谈话的监听和录音

1. 如果有足够的理由认为犯罪嫌疑人、刑事被告人和其他人的电话及谈话可能含有对刑事案件有意义的信息材料,则在中等严重犯罪、严重犯罪和特别严重犯罪案件中允许监听和录音,监听和录音根据法院依照本法典第165条作出的决定进行。

2. 如果存在对被害人、证人或他们的近亲属、亲属、亲近的人实施暴力、勒索和其他犯罪行为的威胁,则电话和其他谈话的监听和录音允许根据上述人员的书面申请进行,在没有书面申请的情况下,则根据法院的决定进行。

3. 侦查员要求进行电话和其他谈话的监听和录音的申请书应该说明:

(1)必须采取该措施的刑事案件;

(2)实施该侦查行为的理由;

(3)被进行监听和录音的通话人或谈话人的姓名;

(4)实行监听和录音的期限;

(5)受托采取技术手段进行监听和录音的机关的名称。

4. 关于对电话和其他谈话进行监听和录音的决定,侦查员应送交有关机关执行。

5. 进行电话和其他谈话监听和录音的期限可以规定为6个月以下。如果没有必要再采取这项措施,则可以根据侦查员的决定撤销,但必须是在该刑事案件的审前调查终结之前。

6. 在进行电话和其他谈话监听和录音的整个期间,侦查员均有权在任何时间向进行监听和录音的机关调取录音进行检查和放听。录音应加封送交侦查员,并附信说明开始录音和结束录音的日期和时间,并简要说明所使用的技术手段。

7. 关于对电话和其他谈话的录音进行检查和放听的结果,侦查员应在专家以及被监听人参加下制作笔录,笔录应该逐字逐句叙述侦查员认为录音中与刑事案件有关的部分。参加检查和放听的人员有权在同一笔录中或者单独叙述对笔录的意见。

8. 全部录音应根据侦查员的决定作为物证加封归入刑事案件材料,保管的条件应排除他人放听和复制的可能性,保证其完好和技术上适于重复播放,包括在法庭上重复播放。

第186-1条　获取关于用户和(或)用户装置间联系的信息

1. 如果有足够的理由认为关于用户和(或)用户装置间联系的信息对刑事案件有意义,允许侦查员根据法院依照本法典第165条作出的决定获取上述信息。

2. 在侦查员获取用户和(或)用户装置间联系的信息的申请中应指出下

列各项：

（1）需要进行该侦查行为的刑事案件；

（2）进行该侦查行为的理由；

（3）必须获取相关信息的期限和（或）进行该侦查行为的期限；

（4）从哪个组织获得相关信息。

3. 在法院作出获得用户和（或）用户装置间联系的信息的决定时，侦查员应将决定的副本送交提供相关通信服务的组织，该组织的领导人必须提供用任何物质载体固定下来的上述信息。上述信息以加封的形式提供，并附有说明提供到何期限以及用户和（或）装置的号码。

4. 侦查员获取用户和（或）用户装置间联系的信息的限期可以规定为6个月。提供相关报务的组织在进行侦查行为的整个期限内必须向侦查员送交上述信息，随到随交，但至少每周一次。

5. 侦查员（必要时）在专家的参加下查看含有用户和（或）用户装置间联系的信息，对此应制作笔录，笔录应说明侦查员认为哪部分信息与刑事案件有关［用户和（或）用户装置间联系的日期、时间、持续时间、用户和（或）用户装置的号码和其他情况］。制作笔录时在场的人员有权在同一笔录中或单独说明自己的意见。

6. 含有用户和（或）用户装置间联系信息的文件，应根据侦查员的决定作为物证全部附在刑事案件的材料中，在排除外人了解并保证完好的条件下封存。

7. 如果进行该侦查行为的必要性不复存在，则根据侦查员的决定最迟在刑事案件审前调查终结前终止该侦查行为。

第二十六章 询问 当面对质 辨认 核对陈述

第 187 条 询问的地点和时间

1. 询问在侦查行为实施地进行。侦查员在认为必要时,有权在被询问人所在地进行。

2. 一次询问的时间不得连续超过 4 小时。

3. 至少间隔 1 小时休息和用餐后才允许继续询问,而且一天内询问的总时间不得超过 8 小时。

4. 如果有诊断证明,则询问时间的长短根据医生的诊断书确定。

第 188 条 传唤进行询问的程序

1. 证人、被害人的传唤使用传票。传票中应说明何人以何种身份被传唤,传唤到何处何人那里,到案接受询问的日期和时间,以及无正当理由不到案的后果。

2. 传票应交给被传唤人签收,或者通过通信手段进行传唤。如果被传唤人临时不在,传票可以交给他的一个成年家庭成员,或者交给其工作单位的行政,或者根据侦查员的委托交给其他个人或组织转交,这些个人或组织必须将传票转交给被传唤人。

3. 被传唤人必须在指定的期限内到案,或者事先通知侦查员不能到案的原因。如被传唤接受询问的人无正当理由不到案,则可以对他进行拘传或者对他采取本法典第 111 条规定的其他诉讼强制措施。

4. 对不满 16 岁的人应通过其法定代理人或通过其工作或学习地点的行政进行传唤。只有因案情的需要才允许采用其他的传唤程序。

5. 对军人应通过部队指挥机关传唤进行询问。

第 189 条 进行询问的一般规则

1. 询问前侦查员应完成本法典第 164 条第 5 款规定的要求。如果侦查员怀疑被询问人是否通晓刑事诉讼使用的语言则应该查明被询问人希望用何种语言进行陈述。

2. 禁止提出诱导性的问题。在其他情况下侦查员有选择询问策略的自由。

3. 被询问人有权利用文件和记录。

4. 在询问过程中,由侦查员主动提出或根据被询问人的请求可以进行拍照、录音和(或)摄像、电影拍摄,照片、录音和(或)摄像、电影片等材料应归入案卷并在侦查终结后封存。

5. 如果证人到案接受询问时有他聘请来提供法律帮助的律师一同前来,则询问时律师应在场并享有本法典第53条第2款规定的权利。在询问结束后,律师有权提出关于侵犯证人权利和合法利益的声明。上述声明应记入询问笔录。

第190条　询问笔录

1. 询问的过程和结果均应在依照本法典第166条和第167条制作的笔录中予以反映。

2. 被询问人的陈述用第一人称,并尽可能逐字逐句地记录。问题和对问题的回答应按询问过程中的先后顺序记录。笔录应记录所有的问题,包括侦查员引开的问题和被询问人拒绝回答的问题,同时还要指出引开或拒绝回答的理由。

3. 如果在询问过程中向被询问人出示物证和文件,宣读其他侦查行为的笔录,重放录音和(或)录像、电影拍摄,则这些事项均应记入笔录。笔录中还应该反映被询问人对之所作的陈述。

4. 如果询问过程中进行了照相、录音和(或)摄像、电影拍摄,则笔录还应包括以下内容:

(1)关于照相、录音和(或)摄像、电影拍摄情况的记录;

(2)进行照相、录音和(或)摄像、电影拍摄所使用技术手段的情况、照相、录音和(或)摄像、电影拍摄的条件,以及中止拍照、录音和(或)摄像、电影拍摄的事实、原因和中止时间的长短;

(3)被询问人对进行照相、录音和(或)摄像、电影拍摄所做的声明;

(4)被询问人和侦查员证明笔录正确性的签字。

5. 被询问人在询问过程中可以制作图表、图纸、图画、示图,它们应归入笔录,对此应在笔录中作相应的记载。

6. 询问结束后,应交给被询问人阅读或根据他的请求由证人宣读,对此应在笔录中作相应的记载。被询问人关于补充和修改笔录的请求必须予以满足。

7. 笔录中应写明所有参加询问的人。每个参加询问的人均必须在笔录上和对笔录所作的所有补充和修改上签字。

8. 被询问人对已经了解陈述内容的事实和记录的正确性在笔录的末尾签字予以证实。被询问人还应在笔录的每一页上签字。

9. 参加询问的人拒绝在笔录上签字或者不能签字,应依照本法典第167条的规定进行证明。

第 191 条　关于有未成年人参加的询问、当面对质、辨认和陈述核对的特别规定

1. 在进行询问、当面对质、辨认和陈述核对时,如果参加的被害人或证人不满 16 岁,或者虽年满 16 岁,但患有精神病或心理发育滞后的,则教师和心理医生必须在场。在进行上述侦查行为时,如果有年满 16 岁的未成年人参加,教师和心理医生是否参加,则由侦查员裁量。上述侦查行为,如果有不满 7 岁的未成年被害人或证人参加,则持续时间不得超过 30 分钟,而总时间不得超过 1 小时;如果有年满 7 岁不满 14 岁的未成年人参加,则持续时间 1 天不得超过 1 小时,总时间不得超过 2 小时;如果有年满 14 岁的未成年人参加,则持续时间不得超过 2 小时,而总时间 1 天不得超过 4 小时。在进行上述侦查行为时,未成年被害人或证人的法定代理人有权在场。

2. 对不满 16 岁的被害人和证人不警告拒绝作陈述或作虚假陈述的责任。在向上述被害人和证人说明本法典第 42 条和第 56 条规定的诉讼权利时,应向他们指出必须说实话。

3. 在询问未成年被害人或证人时,侦查员有权不允许其法定代理人或代理人参加,只要这不违背未成年被害人或证人的利益。在这种情况下侦查员应保证未成年被害人或证人的另一法定代理人参加询问。

4. 在进行询问、当面对质、辨认和陈述核对时,如果参加的被害人或证人不满 16 岁,或者虽满 16 岁,但患有精神病或心理发育滞后的,刑事案件涉及对未成年人的性侵害的,则心理医生必须参加。

5. 在本条规定的有未成年被害人或证人参加的侦查行为过程中,必须使用录像或电影拍摄,但未成年被害人或证人或其法定代理人反对的除外。录像带和电影胶片随刑事案卷保存。

第 192 条　当面对质

1. 如果以前被询问的几个人的陈述中存在重大矛盾,则侦查员有权让

他们当面对质。当面对质依照本法典第 164 条进行。

2. 侦查员应查明要进行当面对质的人是否相互认识,他们的关系如何。应依次提出让被询问人就当面对质要查明的情况进行陈述。在陈述之后,侦查员可以向每个被询问人提问。进行当面对质的人经侦查员允许可以相互提问。

3. 在当面对质的过程中,侦查员有权出示物证和文件。

4. 只有在上述人进行陈述或拒绝在当面对质时进行陈述以后,才允许宣读以前询问笔录中所记载的被询问人的陈述以及播放这些陈述的录音和(或)摄像、电影片。

5. 在当面对质的笔录中,被询问人陈述应按陈述的先后顺序记录。每个被询问人均应对自己的陈述签字,并在笔录的每一页上和整个笔录上签字。

6. 如果证人原来参加当面对质时与他聘请来提供法律帮助的律师一同前来,则当面对质时律师应在场并享有本法典第 53 条第 2 款所规定的权利。

第 193 条　提供辨认

1. 侦查员可以将人或物品提供给证人、被害人、犯罪嫌疑人或刑事被告人辨认。尸体也可以提供辨认。

2. 对辨认人应事先询问他们看见所提供辨认的人或物品时的情况,以及他们据以作出辨认的特征和特点。

3. 同一个人或物品不得重复提供给相同的人辨认相同的特征。

4. 被辨认人应与其他外表尽可能相似的人一起提供辨认。被提供辨认的人总数不得少于 3 人。这一规则不适用于尸体的辨认。在开始辨认前,应建议被辨认人在一同提供被辨认的人中占据任意一个位置,对此应在辨认笔录中作相应的记载。

5. 在不可能将本人提供进行辨认时,可以将他的照片与外表相似的其他人的照片一并提供辨认。照片的数量不得少于 3 张。

6. 物品辨认时也应将物品与一组同类物品一并提供辨认,同类物品不得少于 3 件。不能提供物品进行辨认时,物品的辨认依照本条第 5 款规定的程序进行。

7. 如果辨认人指认提供给他辨认的人中的一个人或物品中的一件物品,则应该让辨认人解释他根据何种特征或特点指认该人或该物品。不得提出诱导性的问题。

8. 为了保证辨认人的安全,根据侦查员的决定,对人的辨认可以在被辨认人看不见辨认人的条件下进行。在这种情况下,应该将见证人与辨认人安排在一处。

9. 在辨认结束后,应依照本法典第166条和第167条制作笔录。笔录中应该说明进行辨认的条件和结果,并尽可能逐字逐句地叙述辨认人的解释。如果对人的辨认是在被辨认人看不见辨认人的条件中进行的,则在笔录中还应作相应的说明。

第194条　对陈述进行就地核对

1. 为了确定对刑事案件有意义的新情况,对于犯罪嫌疑人、刑事被告人以及被害人或证人以前所作的陈述,可以在与所调查的事件有关的场所进行就地核对或就地查实。

2. 对陈述进行就地核对就是由以前被询问的人就地模仿所调查事件的环境和情节,指出对刑事案件有意义的物品、文件、痕迹,演示一定的行为。不允许对核对过程进行任何干涉,也不允许提出诱导性问题。

3. 不允许同时就地核对几个人的陈述。

4. 核对开始时建议被询问人提出核对其陈述的地点。在他自由讲述和进行行为演示后,可以向被核对陈述的人进行提问。

第二十七章　司法鉴定的进行

第 195 条　指定司法鉴定的程序

1. 如果侦查员认为有必要指定司法鉴定,则应作出有关决定,而在本法典第 29 条第 2 款第(3)项规定的情况下,应向法院提出申请。申请的内容如下:

(1)指定司法鉴定的理由;

(2)鉴定人的姓名或应该进行司法鉴定的鉴定机构名称;

(3)向鉴定人提出的问题;

(4)提供给鉴定人使用的材料。

2. 司法鉴定由国家司法鉴定人或者由具有专门知识的人员中的其他鉴定人进行。

3. 侦查员应让犯罪嫌疑人、刑事被告人、他们的辩护人、被害人及其代理人了解指定司法鉴定的决定,并向他们说明本法典第 198 条规定的权利。对此应制作笔录,笔录应由侦查员和了解鉴定决定的人签字。

4. 除本法典第 196 条第(2)项、第(4)项和第(5)项规定的情形外,对被害人的司法鉴定,以及对证人的司法鉴定须经本人同意或其法定代理人的书面同意方能进行。司法鉴定可以在提起刑事案件之前指定和进行。

第 196 条　强制指定司法鉴定

有下列情形之一的,司法鉴定的指定是强制性的:

(1)为了确定死亡原因;

(2)为了确定健康损害的性质和程度;

(3)当对犯罪嫌疑人、刑事被告人的刑事责任能力或在刑事诉讼中独立维护自己权利和合法利益的能力产生怀疑时,为了确定犯罪嫌疑人、刑事被告人的心理状态或身体状况;

(3-1)当年满 18 岁以上的犯罪嫌疑人、刑事被告人对不满 14 岁未成年

人实施性侵害,为了确定犯罪嫌疑人、刑事被告人的心理状态,以确认他是否患有恋童癖;

(3-2)如果有理由认为犯罪嫌疑人、刑事被告人吸毒成瘾,必须确定其心理状态或身体状况;

(4)如果对被害人正确理解对刑事案件有意义的情况的能力和提供陈述的能力产生怀疑,为了确定被害人的心理状况或身体状况;

(5)当犯罪嫌疑人、刑事被告人、被害人的年龄对刑事案件有意义,而又没有证实其年龄的文件或对这种文件引起怀疑时,为了确定其年龄。

第 197 条 进行司法鉴定时侦查员在场

1. 在进行司法鉴定时,侦查员有权在场,并有权要求鉴定人就所进行的行为进行说明。

2. 进行司法鉴定时侦查员在场的事实应在鉴定结论中有所反映。

第 198 条 在指定和进行司法鉴定时犯罪嫌疑人、刑事被告人、被害人、证人的权利

1. 在指定和进行司法鉴定时,犯罪嫌疑人、刑事被告人、他们的辩护人、被害人、代理人有权:

(1)了解指定司法鉴定的决定;

(2)申请鉴定人回避或申请在另一鉴定机构进行司法鉴定;

(3)申请吸收他们指定的其他人作为鉴定人或者申请在某一具体的鉴定机构进行司法鉴定;

(4)申请在指定司法鉴定的决定上增加向鉴定人提出的问题;

(5)经侦查员许可在进行司法鉴定时在场并对鉴定人进行解释;

(6)了解鉴定结论或关于不能作出结论的报告,以及了解询问鉴定人的笔录。

2. 接受司法鉴定的证人和被害人有权了解鉴定结论。

被害人还享有本条第 1 款第(1)项和第(2)项规定的权利。

第 199 条 送交刑事案件材料进行司法鉴定的程序

1. 在鉴定机构进行司法鉴定时,侦查员应向相应鉴定机构的领导人送交指定司法鉴定的决定和进行鉴定所必需的材料。

2. 鉴定机构的领导人在收到决定后应委托该机构工作人员中的具体一名或几名鉴定人进行鉴定并将此情况通知侦查员。同时,鉴定机构的领导人,除国家司法鉴定机构的领导人外,应向鉴定人说明本法典第 57 条规定的

权利和责任。

3. 如果鉴定机构没有具体专业的鉴定人或进行研究的专门条件,则鉴定机构的领导人有权将指定司法鉴定的决定和提供进行鉴定的材料退回不予执行,同时说明退回的理由。

4. 如果司法鉴定在鉴定机构外进行,侦查员应将指定鉴定的决定和必需的材料一并交给鉴定人并向鉴定人说明本法典第 57 条规定的权利和责任。

5. 如果提供的材料不足以进行鉴定或者鉴定人认为自己不具备进行鉴定的专业知识,则鉴定人有权退回决定不予执行并说明退回的理由。

第 200 条 集体司法鉴定

1. 集体司法鉴定至少由同专业的两名鉴定人进行。是否进行集体鉴定由侦查员或接受委托进行司法鉴定的机构领导人决定。

2. 如果根据研究的结果鉴定人在提出的问题上意见一致,则由他们制作统一的鉴定结论。如果发生意见分歧,则每位参加司法鉴定的鉴定人对有分歧的问题提出单独的鉴定结论。

第 201 条 综合性司法鉴定

1. 不同专业的鉴定人参加的司法鉴定是综合性司法鉴定。

2. 在参加综合性司法鉴定的鉴定人的结论中应该指出:每位鉴定人进行了何种研究,研究的量有多大,他确认了哪些事实和得出了何种结论。参加综合性司法鉴定的每位鉴定人均应在描述他所进行的研究的那部分鉴定结论上签字并对该部分负责。

第 202 条 取得进行比对的样本

1. 如果有必要检查在一定的地点或在物证上是否有犯罪嫌疑人、刑事被告人以及证人或被害人留下的痕迹,侦查员有权向其取得笔迹样本或进行比对的其他样本,以及依照本法典第 144 条第 1 款向其他自然人或法人的代表取得上述样本,并依照本法典第 166 条和第 167 条的规定制作笔录,但要求有见证人参加的情形除外。取得比对的样本可以在提起刑事案件之前进行。

2. 在取得比对的样本时,不得采用危及人员生命或健康或有损其名誉或人格的方法。

3. 关于取得比对样本的事项,侦查员应作出决定。在必要时,取得比对样本应在专家参加下进行。

4. 如果取得比对的样本是司法鉴定的一部分,则由鉴定人进行。在这种情况下,鉴定人应在其结论中反映进行上述行为的情况。

第 203 条　安置到提供医疗帮助的医疗住院机构或提供精神病学帮助的医疗住院机构进行司法鉴定

1. 如果在指定或进行司法医学鉴定或司法精神病学鉴定时发现有必要对犯罪嫌疑人、刑事被告人进行住院观察,则可以将犯罪嫌疑人、刑事被告人安置到提供医疗帮助的医疗住院机构或提供精神病学帮助的医疗住院机构。

2. 对未被羁押的犯罪嫌疑人、刑事被告人,应根据依照本法典第 165 条规定的程序作出的法院决定安置其到提供医疗帮助的医疗住院机构或提供精神病学帮助的医疗住院机构接受司法医学鉴定或司法精神病学鉴定。

3. 在将犯罪嫌疑人安置到提供精神病学帮助的医疗住院机构进行司法精神病学鉴定时,依照本法典第 172 条应该将对他提起指控的期限中断到取得鉴定结论之时。

第 204 条　鉴定结论

1. 鉴定结论应说明:

(1)进行司法鉴定的日期、时间和地点;

(2)进行司法鉴定的理由;

(3)指定司法鉴定的公职人员;

(4)关于鉴定机构的材料,以及鉴定人的姓名、文化程度、专业、工龄、学位和(或)学衔、所担任的职务;

(5)关于事先向鉴定人说明故意提供虚假鉴定结论的责任的情况;

(6)向鉴定人提出的问题;

(7)研究客体和提供进行司法鉴定的材料;

(8)关于进行司法鉴定时在场人员的情况;

(9)研究的内容和结果,同时指出所采用的方法;

(10)就向鉴定人提出的问题得出的结论以及对结论进行论证。

2. 如果在进行司法鉴定时鉴定人确认了对刑事案件有意义的情况,但对该情况并未提出问题,则鉴定人有权在自己的鉴定结论中指出有关情况。

3. 直观说明鉴定结论的材料(照片、图表、示图等),应作为鉴定结论的组成部分附于鉴定结论。

第 205 条　询问鉴定人

1. 侦查员有权主动地或根据本法典第 206 条第 1 款所列人员的申请询

问鉴定人,要求鉴定人对他提出的鉴定结论进行说明。在鉴定人提出鉴定结论之前不允许询问鉴定人。

2. 鉴定人因进行司法鉴定而知悉的信息材料如果与该司法鉴定的对象无关,则不得就这些材料询问鉴定人。

3. 询问鉴定人应依照本法典第166条和第167条的规定制作笔录。

第206条　提交鉴定结论

1. 鉴定结论或鉴定人关于不能提供司法鉴定的报告以及询问鉴定人的笔录,侦查员均应提交给被害人及其代理人、犯罪嫌疑人、刑事被告人、他们的辩护人,同时向他们说明申请进行补充司法鉴定或重新进行司法鉴定的权利。

2. 如果司法鉴定是根据被害人的请求进行的,或者是对被害人和(或)证人进行的,则还应向他们提交鉴定结论。

第207条　补充鉴定和重新鉴定

1. 如果鉴定结论不够明确或全面,以及对此前进行过研究的刑事案件情况产生了新的问题,可以指定进行补充鉴定,补充鉴定可委托同一鉴定人或其他鉴定人进行。

2. 如果对鉴定结论的可靠性产生了怀疑,或者在相同问题上一位或几位鉴定人的结论有矛盾,则可以进行重新鉴定,重新鉴定应委托另外的鉴定人进行。

3. 补充鉴定和重新鉴定的指定与进行依本法典第195条至第205条的规定。

第二十八章　侦查的中止和恢复

第 208 条　中止侦查的根据、程序和期限

1. 有下列情形之一的,应中止侦查:

(1)应该作为刑事被告人受到追究的人没有确定;

(2)犯罪嫌疑人或刑事被告人躲避侦查或因其他原因下落不明;

(3)犯罪嫌疑人或刑事被告人所在地明确,但他没有现实的可能参加刑事诉讼;

(4)有医生证明犯罪嫌疑人或刑事被告人临时患有严重疾病,因而不能参加侦查行为或其他诉讼行为。

2. 关于中止侦查的事宜,侦查员应作出决定,决定的副本应送交检察长。

3. 如果一个刑事案件中有两名以上刑事被告人,而并不是所有刑事被告人均存在中止侦查的理由,则侦查员有权决定对刑事被告人单独进行侦查或中止刑事案件。

4. 只有在侦查期限届满后才可以按照本条第 1 款和第 2 款所规定的根据中止侦查。而按照本条第 3 款和第 4 款规定的根据也可以在侦查期限届满前中止侦查。

5. 在中止侦查前,侦查员应完成所有在刑事被告人不在的情况下可能实施的侦查行为,并采取措施侦缉犯罪人或确定犯罪人。

6. 如果在刑事案件中依照本法典第 115 条第 3 款进行了财产扣押,则侦查员在中止侦查以前必须确定证明被扣押财产系犯罪嫌疑人、刑事被告人实施犯罪行为所得或者是用作实施犯罪的工具、设备或其他犯罪手段,或者是为了资助恐怖主义、极端主义活动(极端主义)、有组织集团、非法武装队伍,以及审议是否可能变更与被扣押财产的占有、使用和处分有关的限制,或者撤销对财产的扣押等问题。

7. 如果没有根据继续对犯罪嫌疑人、刑事被告人或对犯罪嫌疑人、刑事

被告人行为依法负有物质责任的人以外的人的财产进行扣押,侦查员经相应侦查机关领导人的同意或调查人员经检察长同意依照本法典第 115-1 条规定的程序向法院提出有关的申请。

8. 如果在刑事案件中曾作出过在进行国家保卫时适用安全措施的决定,而俄罗斯联邦立法规定的根据不复存在,则侦查员经侦查机关领导人的同意,根据从适用安全措施的机关得到的信息或者根据适用安全措施机关的申请,或者根据 2004 年 8 月 20 日第 119 号联邦法律《被害人、证人或刑事诉讼其他参加人的国家保护法》所列人员的书面申请,在中止侦查的同时作出继续适用或者完全或部分撤销安全措施的决定,这些决定应在规定期限内进行审理。作出的决定应通知适用安全措施的机关以及被作出此种决定的人员。

第 209 条 侦查员在侦查中止后的行为

1. 在中止侦查后,侦查员应将此情况通知被害人、他的代理人、附带民事诉讼原告人、附带民事诉讼被告人或其代理人,并同时向他们说明对该决定提出申诉的程序。关于中止侦查的事宜,还应通知其他不是犯罪嫌疑人、刑事被告人以及对其行为依法负有物质责任但其财产被扣押的人。在依照本法典第 208 条第 1 款第(3)项和第(4)项规定的根据中止侦查的情况下,关于中止的决定还应通知犯罪嫌疑人、刑事被告人和他的辩护人。

2. 在中止侦查后,侦查员应该:

(1)在本法典第 208 条第 1 款第(1)项规定的情况下,采取措施查明应该受到追究的犯罪嫌疑人或刑事被告人;

(2)在本法典第 208 条第 1 款第(2)项规定的情况下,确定刑事被告人的下落,如果刑事被告人躲避侦查,则应对他采取侦缉措施。

3. 中止侦查后,不允许实施侦查行为。

第 210 条 侦缉犯罪嫌疑人、刑事被告人

1. 如果刑事被告人下落不明,则侦查员应委托调查机关对他进行侦缉,对此应在关于中止侦查的决定中说明或单独作出决定。

2. 侦缉犯罪嫌疑人、刑事被告人可以在实施侦查行为时,也可以在中止侦查的同时宣布。

3. 如果发现犯罪嫌疑人、刑事被告人,则对他可以依照本法典第十二章规定的程序实施拘捕。

4. 如果存在本法典第 97 条规定的根据,对被侦缉的刑事被告人可以选

择强制处分。在本法典第 108 条规定的情况下，可以选择羁押作为强制处分。

第 211 条　侦查的恢复

1. 有下列情形之一的，侦查员应恢复侦查：

（1）中止的根据不复存在；

（2）在必要情况下，可以进行在犯罪嫌疑人、刑事被告人缺席的情况下实施的侦查行为。

1-1. 检察长如果认定侦查机关领导人或侦查员中止侦查行为的决定非法或没有根据，应在收到刑事案件材料之时起的 14 日内撤销该决定，对此应作出说明理由的决定，叙述应该进行补充侦查的具体情节，该决定应同刑事案件材料一并立即送交侦查机关领导人。

2. 已经中止的侦查行为也可以因侦查员的有关决定被撤销而根据侦查机关领导人的决定予以恢复。

3. 关于恢复侦查的事项应通知犯罪嫌疑人、刑事被告人及其辩护人、被害人及其代理人、附带民事诉讼原告人、附带民事诉讼被告人或他们的代理人，还应通知检察长。

第二十九章　刑事案件的终止

第 212 条　终止刑事案件和终止刑事追究的根据

1. 如果存在本法典第 24 条至第 28-1 条规定的根据,应终止刑事案件和刑事追究。

2. 在依照本法典第 24 条第 1 款第(1)项和第(2)项及第 27 条第 1 款第(1)项规定的根据终止刑事案件时,侦查员或检察长应采取本法典第十八章规定的措施为当事人平反。

3. 如果在调查过程中确定存在本法典第 25-1 条规定的根据,侦查员或调查人员应采取本法典第 51-1 条规定的措施,将向法院提出申请,终止刑事或刑事追究并对犯罪嫌疑人或刑事被告人处以诉讼罚金这一刑法性质的措施。

第 213 条　终止刑事案件和刑事追究的决定

1. 刑事案件根据侦查员的决定终止,决定的副本应送交检察长,但本法典第 25-1 条规定的情形除外。

2. 在终止刑事案件的决定中应指出:

(1)作出决定的日期和地点;

(2)作出决定的人员的职务、姓名;

(3)作为提起刑事案件事由和根据的情况;

(4)提起刑事案件所根据的《俄罗斯联邦刑法典》中规定的犯罪要件的条、款、项;

(5)侦查的结果以及受到刑事追究的人的情节;

(6)曾适用过的强制处分;

(7)终止刑事案件和(或)刑事追究所依据的本法典的条、款、项;

(8)关于撤销强制处分、扣押财产和邮件、停职、谈话监听和录音等的决定;

（9）关于处理物证的决定；

（10）对该决定进行申诉的程序。

3. 如果依照本法典的规定只有经刑事被告人或被害人本人的同意才允许终止刑事案件，则决定应反映刑事被告人或被害人已经表示同意。

4. 侦查员应将终止刑事案件决定的副本递送给被终止刑事追究的人、被害人、附带民事诉讼原告人和附带民事诉讼被告人。在这种情况下，如果刑事案件是依照本法典第 24 条第 1 款第（2）项至第（6）项、第 25 条、第 27 条第 1 款第（2）项至第（6）项和第 28 条终止的，则应向被害人、附带民事诉讼原告人说明他们依照民事诉讼程序提起民事诉讼的权利。

在《俄罗斯联邦刑法典》第 198 条至第 199-4 条规定的犯罪案件中，侦查员应将终止刑事案件决定的副本送交曾经依照俄罗斯联邦税费立法和（或）俄罗斯联邦强制社会保险和生产事故和职业病强制保险立法提交过作出提起刑事案件决定材料的税务机关和承保人地区机关。

5. 如果终止刑事案件的根据并不涉及本案的所有犯罪嫌疑人或刑事被告人，则侦查员应依照本法典第 27 条作出关于对具体人终止刑事追究的决定，而在这种情况下刑事案件继续进行。

6. 如果在刑事案件中此前曾作出过在进行国家保护时适用安全措施的决定，如果俄罗斯联邦立法规定的适用保护措施的根据已经不复存在，则侦查员经侦查机关领导人同意，或者根据 2004 年 8 月 20 日第 119 号联邦法律《刑事诉讼被害人、证人和其他参加人国家保护法》第 16 条第 2 款规定的人员的书面申请，申请应在规定期限内进行审议，在终止刑事案件或终止刑事追究的同时还应作出决定继续实行保护措施或者是完全或部分撤销保护措施。关于作出的决定应通知实施保护措施的机关以及被作出决定的人员。

第 214 条 撤销关于终止刑事案件或刑事追究的决定

1. 检察长如果认定侦查机关领导人或侦查员关于终止刑事案件或刑事追究（自诉案件除外）的决定非法或没有根据，则应在收到刑事案件材料之时起的 14 日内撤销该决定，对此应作出说明理由的决定，并叙述应进行补充调查的具体情节，该决定连同刑事案件材料应立即送交侦查机关领导人。在自诉案件中，只有利害关系人提出申诉时检察长才能撤销终止刑事案件的决定。检察长在认定调查人员终止刑事案件或刑事追究的决定非法或没有根据后，应撤销该决定并恢复刑事案件。侦查机关领导人在认定侦查员终止刑事案件或刑事追究的决定非法或没有根据后，应撤销该决定并恢复刑事案件。

1-1. 在终止刑事案件或刑事追究的决定作出之日起过了 1 年以后，允许依照本法典第 125 条、第 125-1 条和第 214-1 条规定的程序作出的法院决定撤销该决定。

如果刑事案件或刑事追究不止一次被终止,则本款规定的期限自第一次作出有关决定之时起计算。

2. 如果法院认定侦查机关领导人、侦查员关于终止刑事案件或刑事追究的决定非法或没有根据,则法院依照本法典第 125 条和第 125-1 条规定的程序作出相应决定并将决定送交侦查机关领导人执行。如果法院认定检察长、调查人员关于终止刑事案件或刑事追究的决定非法或没有根据,则法院依照本法典第 125 条和第 125-1 条规定的程序作出相应决定并将决定送交检察长执行。

3. 只有在追究刑事责任的时效期届满之前,以前终止的刑事案件的诉讼才可以恢复。

4. 关于恢复刑事案件的决定应通知本法典第 211 条第 3 款所列人员。

第 214-1 条 获得撤销终止刑事案件或刑事追究决定许可的司法程序

1. 在本法典第 214 条第 1-1 款规定的情况下,检察长、侦查机关领导人向法院提出关于撤销终止刑事案件或刑事追究的决定的申请(在本条中下称申请),对此应作出相应的决定。有提出申请的决定中,应该叙述具体的事实情节,包括应该进行补充调查的新材料。决定应附具证明申请理由的充分材料。

2. 在法院收到材料之日起的 14 天内,申请由审前调查进行地的区法院或同级军事法院的法官独任审理,提出上述申请的人必须参加。检察长以及被终止刑事案件中或刑事追究的人、其辩护人和(或)法定代理人、被害人及其法定代理人和(或)代理人有权出庭。上述人员收到申请审理时间的通知而不到庭,不妨碍法院对申请的审理。

3. 在开庭时法官应宣布审理的是什么申请,向出庭的人说明他们的权利和义务。然后申请人解释申请的理由,之后审查材料和听取其他出庭人员的意见。

4. 审理申请后,法官作出以下裁决之一:

(1)准予撤销终止刑事案件或刑事追究的决定;

(2)驳回要求准许撤销刑事案件或刑事追究的决定的申请。

5. 法官裁定的副本应发给申请人、检察长以及被终止刑事案件或刑事追究的人、被害人。

6. 对法官的裁定可以依照本法典第四十五·一章和第四十七·一章规定的程序提出申诉。

第三十章 刑事案件和起诉书一并送交检察长

第 215 条 侦查终结与起诉书

1. 侦查员如果确认刑事案件的所有侦查行为均已实施,而且已经搜集到的证据足以制作起诉书,则侦查员应将此情况通知刑事被告人并向他说明本法典第 217 条规定的亲自或通过其辩护人、法定代理人了解刑事案件材料的权利,对此应依照本法典第 166 条和第 167 条制作笔录。

2. 如果刑事被告人的辩护人、法定代理人参加刑事案件的诉讼,则侦查员应将侦查终结的事宜通知刑事被告人的辩护人、法定代理人,还应通知被害人以及附带民事诉讼原告人、附带民事诉讼被告人及其代理人。

3. 如果刑事被告人的辩护人、法定代理人或被害人、附带民事诉讼原告人、附带民事诉讼被告人的代理人因正当理由不能在指定的时间到案了解刑事案件材料,则侦查员应将他们了解刑事案件材料的时间推迟,但推迟的时间不超过 5 日。

4. 如果刑事被告人所选择的辩护人不能到案了解刑事案件材料,则侦查员在 5 日期限届满后有权建议刑事被告人选择另一位辩护人或者在刑事被告人提出申请时采取措施让另一位辩护人到案。如果刑事被告人拒绝指定的辩护人,则侦查员应将刑事案件材料提交给刑事被告人在没有辩护人参加的情况下了解,但依照本法典第 51 条辩护人必须参加刑事案件的情形除外。

5. 如果未被羁押的刑事被告人没有正当理由不到案了解刑事案件材料,则在自宣布侦查行为终结之日起或者在自本条第 2 款所列刑事诉讼其他参加人终止了解刑事案件材料之日起的 5 日期限届满后,侦查员可以制作起诉书并将刑事案件材料送交检察长。

第 216 条 被害人、附带民事诉讼原告人、附带民事诉讼被告人及其代理人了解刑事案件材料

1. 根据被害人、附带民事诉讼原告人、附带民事诉讼被告人以及他们的

代理人的申请,侦查员应让这些人了解刑事案件的全部或部分材料,但本法典第317-4条第2款规定的材料除外。附带民事诉讼原告人、附带民事诉讼被告人及其代理人了解刑事案件中与附带民事诉讼有关的那部分材料。

2. 了解刑事案件材料依照本法典第217条和第218条规定的程序进行。

第217条 刑事被告人及其辩护人了解刑事案件材料

1. 在完成本法典第216条的要求后,侦查员应将装订成册并编注页码的刑事案件材料提交给刑事被告人及其辩护人,但本法典第166条第9款规定的情形除外。物证也应一并提交,根据刑事被告人及其辩护人的请求还要提交照片、录音和(或)摄像资料、电影胶片以及其他侦查行为笔录的附件。如果不可能提交物证,侦查员应作出相应的决定。根据刑事被告人及其辩护人的申请,侦查员应使他们有可能分别了解刑事案件材料。如果刑事案件中有几名刑事被告人,则向他们及其辩护人提交刑事案件材料的先后顺序由侦查员决定。

2. 在了解若干卷的刑事案件材料的过程中,刑事被告人及其辩护人有权重复翻阅任何一卷,摘抄任何材料的任何部分,复制文件,包括使用技术手段制作复印件。刑事案件材料含有国家机密或受联邦法律保护的其他秘密的,文件的复印件和摘抄件应随刑事案卷保存并在法庭审理时提交给刑事被告人及其辩护人。

3. 刑事被告人及其辩护人了解刑事案件材料所必需的时间不受限制。如果刑事被告人和他的辩护人故意拖延了解刑事案件材料的时间,则法院依照本法典第125条规定的程序作出决定,对了解刑事案件材料确定一定的期限。如果刑事被告人和他的辩护人没有正当原因不在法院规定的期限内了解完毕刑事案件材料,则侦查员有权作出终结实施该诉讼行为的决定,并在刑事被告人和他的辩护人了解刑事案件材料的笔录中进行相应的记载。

4. 刑事被告人及其辩护人了解刑事案件材料完毕后,侦查员应查明他们有何申请或其他声明。同时,还要向刑事被告人及其代理人问明哪些证人、鉴定人、专家应传唤到法庭进行询问和证明辩方的立场。

5. 侦查员应向刑事被告人说明他们有权提出以下各种申请:

(1)在本法典第30条第2款第(2)项和第(2-1)项规定的情况下,请求陪审法庭审理其刑事案件。在这种情况下,侦查员应说明这种法庭审理刑事案件的特点、刑事被告人在法庭审理时的权利和对法院决定提出申诉的权利。如果一名或几名刑事被告人拒绝陪审法庭,则由侦查员解决分立刑事案件并对这些刑事被告人单独审理的问题。在刑事案件不可能分立单独审理时,整

个刑事案件仍由陪审法庭审理;

（1-1）在本法典第 30 条第 2 款第（3）项规定的情况下,请求由联邦普通法院 3 名法官组成合议庭审理刑事案件;

（2）在本法典第 314 条规定的情况下,请求适用法庭审理的特别程序;

（3）在本法典第 229 条规定的情况下,请求进行庭前听证。

第 218 条　了解刑事案件材料的笔录

1. 在刑事被告人及其辩护人了解刑事案件材料完毕后,侦查员应依照本法典第 166 条和第 167 条制作笔录。笔录中应指出刑事案件材料开始了解和终结了解的日期,刑事被告人及其辩护人提出的申请或其他声明。

2. 笔录应记载向刑事被告人说明本法典第 217 条第 5 款所规定的权利的事项,并反映刑事被告人利用此项权利或放弃此项权利的愿望。

第 219 条　申请的审议

1. 在一名刑事诉讼参加人提出的申请被满足的情况下,侦查员应补充刑事案件材料,这不妨碍其他参加人继续了解刑事案件材料。

2. 在补充侦查行为终结后,侦查员应将此情况通知本法典第 216 条第 1 款和第 217 条第 1 款所列人员,并为他们提供了解刑事案件的补充材料的可能性。

3. 如果申请被完全或部分驳回,则侦查员应对此作出决定,并将决定通知申请人。在这种情况下应向申请人说明对该决定提出申诉的程序。

4. 如果在本法典第 314 条规定的情况下刑事被告人申请适用法庭审理的特别程序,则侦查员应将该通知告知被害人,并向被害人说明他有权向法院提出异议(在刑事案件移送法院之后)。

第 220 条　起诉书

1. 侦查员应在起诉书中指出:

（1）每个刑事被告人的姓名;

（2）关于每个刑事被告人个人情况的材料;

（3）指控的实质,实施犯罪的地点和时间,实施犯罪的方式、动机、目的、后果和其他对该刑事案件有意义的情节;

（4）叙述提出的指控,并指出《俄罗斯联邦刑法典》中规定该犯罪行为责任的条、款、项;

（5）列举证实指控的证据,简要叙述其内容;

（6）列举控辩双方所援引的证据,简要叙述其内容;

（7）减轻和加重刑罚的情节；

（8）关于被害人的情况，犯罪对他所造成损害的性质和大小；

（9）关于附带民事诉讼原告人和附带民事诉讼被告人的情况。

2. 起诉书应该说明援引刑事案卷的哪一卷、哪一页。

3. 侦查员应在起诉书上签字，并说明制作的地点和日期。

4. 起诉书应附具控辩双方应传唤出庭的人员名单，并说明其住所地和（或）所在地。

5. 起诉书还应附具关于侦查期限、所选择的强制处分并说明羁押、监视居住和本法典第 105-1 条第 6 款第（1）项所规定的禁止一定行为的时间、物证、附带民事诉讼、为保证罚金刑的执行以及保证附带民事诉讼和可能的没收财产所采取的措施、诉讼费用等证明材料，而在刑事被告人、被害人有被供养人时，还应附上关于所采取的保障其权利的措施的材料。在证明材料中均应注明刑事案卷相应的页数。

5-1. 如果刑事被告人被指控实施的犯罪可能被判处罚金，在起诉书所附说明书里应指出依照俄罗斯联邦国家付款体系立法规定的结算单证填写规则划拨罚金所必需的信息。

6. 侦查员在起诉书上签字以后，经侦查机关领导人同意，刑事案件立即送交检察长。在本法典第 18 条规定的情况下，侦查员应保障起诉书的翻译。

第三十一章　检察长对附有起诉书的刑事案件实施的行为和决定

第 221 条　检察长对刑事案件的决定

1. 检察长对侦查员移送来的附有起诉书的刑事案件进行审查,并在 10 日内对它作出下列决定之一:

（1）批准起诉书并将刑事案件移送法院;

（2）将案件退回侦查员进行补充侦查、变更指控的范围或对刑事被告人行为的定罪,或重新制作起诉书和修改起诉书中已经发现的缺点;

（3）在刑事案件归上级法院管辖时,将刑事案件移送上级检察长批准起诉书。

1-1. 如果刑事案件复杂、范围大,本条第 2 款规定的期限可以根据说明理由的申请延长到 30 日。

2. 如果确认侦查员违反本法典第 109 条第 5 款的规定,而最长羁押期已经届满,则检察长有权撤销该强制处分。

2-1. 在确定本法典第 105-1 条第 6 款第（1）项规定的禁止一定行为的期限、监视居住的期限或羁押的期限不足以依照本条规定的程序作出决定,或者法院不足以完成法典第 227 条第 3 款的要求后,检察长在有根据时向法院提出延长上述强制处分期限。

3. 在本条第 1 款第（2）项和第（3）项规定的情况下,检察长应作出说明理由的决定。

4. 对检察长关于将刑事案件退回侦查员进行补充侦查的决定,侦查员可以在收到刑事案件之时起的 72 小时内经侦查机关领导人同意向上级检察长提出申诉,如果不同意上级检察长的决定,则可以经俄罗斯联邦侦查委员会主席的同意或相应俄罗斯联邦行政机关侦查机关领导人的同意向俄罗斯联邦总检察长提出申诉。上级检察长应在收到相关材料之时起的 10 日内作出以下决定之一：

（1）驳回侦查员的申诉；

（2）撤销下级检察长的决定。在这种情况下上级检察长应批准起诉书并将刑事案件移送法院。

5. 依照本条第 4 款规定的程序对本条第 1 款第（2）项中检察长的决定提出申诉，不中止决定的执行。

第 222 条　刑事案件移送法院

1. 检察长在批准起诉书后，应将刑事案件移送法院。此事项应通知刑事被告人、他的辩护人、被害人、附带民事诉讼原告人、附带民事诉讼被告人和（或）他们的代理人，并向他们说明依照本法典第十五章规定的程序申请参加庭前听证的权利。

2. 检察长应将起诉书及附件的副本发给刑事被告人。如果辩护人和被害人要求，还要将起诉书的副本发给辩护人和被害人。

3. 如果刑事被告人已经被羁押，则起诉书及附件的副本应由羁押场所的行政根据检察长的委托发给刑事被告人，并由刑事被告人签收，收条应提交法院并说明发给起诉书副本的日期和时间。

4. 如果刑事被告人拒绝领取起诉书副本或者传唤不到或以其他方式逃避领取起诉书副本，则检察长应将案件移送法院，并指出起诉书副本未发给刑事被告人的原因。

第三十二章 调查

第 223 条 调查的程序和期限

1. 以调查形式进行的审前调查,除本章规定的例外,依照本法典第二十一章、第二十二章和第二十四章至第二十九章规定的程序进行。

2. 对本法典第 150 条第 3 款所列刑事案件,应进行调查。

3. 调查应在提起刑事案件之日起的 30 日内进行。这个期限可以由检察长延长 30 日。

3-1. 在本法典第 221 条规定的情况下,中止的调查可以根据检察长或调查机关首长的决定予以恢复。

3-2. 在认定中止刑事案件调查的决定为非法或没有根据后,检察长应在收到刑事案件材料之时起的 5 日内撤销该决定,对此应作出说明理由的决定,阐述应该调查的具体情节,该决定应立即与刑事案件材料一并送交调查机关首长。同时,如果调查期限已经届满,检察长应规定不超过 10 天的补充调查期限。再延长调查期限则依照本条第 3 款、第 4 款和第 5 款规定的程序按一定根据进行。

3-3. 在认定中止刑事案件调查的决定没有根据后,调查部门首长作出说明理由的决定,撤销该决定并恢复调查,而如果发生了本法典第 211 条第 1 款第(1)项和第(2)项规定的根据,则作出恢复调查的决定。在必要时,由检察长根据调查部门首长的申请规定 10 日以下的补充调查期限。再延长调查期限则依照本条第 3 款、第 4 款和第 5 款规定的程序按一定根据进行。

4. 在必要时,包括因为司法鉴定的进行,本条第 3 款规定的调查期限可以由区、市检察长或同级的军事检察长或他们的副职延长到 6 个月。

5. 在执行依照本法典第 453 条规定的程序发出司法协助请求的特殊情况下,调查期限可以由俄罗斯联邦主体检察长或同级的军事检察长延长到 12 个月。

6. 对俄罗斯联邦侦查委员会的侦查员办理的刑事案件,要由俄罗斯联邦侦查委员会相关领导人依照本条第 3 款至第 5 款规定的程序恢复中止的调查或者延长调查期限。

第 223-1 条　关于犯罪嫌疑的通知

1. 如果刑事案件根据犯罪事实提起并在调查过程中获得足够的材料说明有理由怀疑某人实施了犯罪,侦查员应制作关于犯罪嫌疑的书面通知,通知的副本发给犯罪嫌疑人并向他说明本法典第 46 条规定的犯罪嫌疑人的权利,对此要制作笔录,并注明已经送达通知的副本。在向犯罪嫌疑人送达犯罪嫌疑通知副本之时起的 3 日内,调查人员应就嫌疑的实质内容询问犯罪嫌疑人。

2. 关于犯罪嫌疑的通知应指出:

(1)制作的日期和地点;

(2)制作人的姓名;

(3)犯罪嫌疑人的姓名,出生年、月、日;

(4)对犯罪的描述,并指出实施的地点、时间,以及依照本法典第 73 条第 1 款第(1)项和第(4)项应该证明的其他情节;

(5)《俄罗斯联邦刑法典》中对该犯罪规定刑事责任的条、款、项。

3. 如果有材料说明有理由怀疑某人实施了《俄罗斯联邦刑法典》不同条、款、项规定的几项犯罪,则在犯罪嫌疑通知中还应该指出依照刑事法律的每个规范该人有实施哪些犯罪的嫌疑。

4. 如果确定一项犯罪有几名嫌疑人,则应向每名犯罪嫌疑人送达犯罪嫌疑通知;

5. 犯罪嫌疑通知的副本应送交检察长。

第 223-2 条　调查人员小组进行调查

1. 在刑事案件复杂、工作量大的情况下,可以委托调查人员小组进行调查,对此应作出单独决定或在提起刑事案件的决定中予以说明。

2. 关于由调查人员小组进行调查、变更调查人员小组成员的决定由调查机关首长作出。决定中应该列出被委托进行调查的所有调查人员,包括哪一位调查人员担任调查人员小组的组长。可以吸收侦缉活动机关的公职人员参加调查人员小组的工作。调查人员小组的构成应向犯罪嫌疑人、刑事被告人宣布。

3. 调查人员小组的组长受理刑事案件,组织小组的工作,领导其他调查人员的行为,制作起诉书。

4. 下列决定由调查人员小组的组长作出:

(1)依照本法典第 153 条至第 155 条规定的程序将刑事案件分出另案办理;

(2)完全或部分终止刑事案件;

(3)中止或恢复刑事案件的办理;

(4)书面进行犯罪嫌疑的通知;

(5)对一个人作为刑事被告人进行追究或决定对他提出指控的范围;

(6)将刑事被告人送往提供医疗帮助的医疗住院机构或提供精神病学帮助的医疗住院机构进行相应的法医鉴定或司法精神病学鉴定,但本法典第 29 条第 2 款第(3)项规定的情形除外;

(7)向检察长提出延长调查期限的申请;

(8)经检察长同意向法院提出选择强制处分的申请,以及进行本法典第 29 条第 2 款规定的侦查行为或其他诉讼行为的申请。

5. 调查人员小组的组长和其他成员有权参加其他调查人员进行的侦查行为,亲自进行侦查行为和依照本法典规定的程序对刑事案件作出决定。

第 224 条 选择羁押作为强制处分的特别规定

1. 对涉嫌实施犯罪的人员,调查人员有权经检察长同意后向法院申请依照本法典第 108 条规定的程序选择羁押作为强制处分。

2. 如果对犯罪嫌疑人已经选择了羁押作为强制处分,则自犯罪嫌疑人被羁押之日起的 10 日内应制作起诉书。

3. 如果不可能在本条第 2 款规定的期限内制作起诉书,则应依照本法典第二十三章规定的程序对犯罪嫌疑人提出指控,或者撤销该强制处分。

4. 如果不可能在 30 日的期限内完成调查又没有理由撤销或变更羁押这一强制处分,则区法院的法官可以依照本法典第 108 条第 3 款规定的程序,根据调查人员经区、市检察长或同级军事检察长的同意,将期限延长到 6 个月。

第 225 条 起诉书

1. 调查终结后,调查人员应制作起诉书,起诉书的内容如下:

(1)制作的日期和地点;

(2)制作人的姓名;

(3)被追究刑事责任人的情况;

（4）实施犯罪的地点和时间、方式、动机、目的、后果和对刑事案件有意义的其他情节；

（5）提出的指控，并指出《俄罗斯联邦刑法典》中相关的条、款、项；

（6）列举证明指控的证据，简要叙述其内容，以及列举控辩双方所援引的证据并简要叙述其内容；

（7）减轻和加重刑罚的情节；

（8）关于被害人的情况，犯罪对他所造成损害的性质和大小；

（9）应该传唤出庭的人员名单。

2. 应该让刑事被告人、他的辩护人了解刑事案件材料，有关事项应在了解起诉书和刑事案件材料的笔录中记载。

3. 被害人或其代理人可以申请了解起诉书和刑事案件材料，程序与本条第 2 款对刑事被告人及其辩护人的规定相同。

3-1. 起诉书应附上关于调查期限，选择强制处分并说明羁押、监视居住或本法典第 105-1 条所规定的禁止一定行为的时间，物证、附带民事诉讼、为可能的没收财产所采取的保全措施、诉讼费用等证明材料，而在刑事被告人、被害人有被供养人时，还应附上关于所采取的保障其权利的措施的材料，在证明材料中均应注明刑事案卷相应的页数。

3-2. 如果刑事被告人被指控实施的犯罪可能判处罚金，在起诉书所附说明书里应指出依照俄罗斯联邦国家付款体系立法规定的结算单证填写规则划拨罚金所必需的信息。

4. 调查人员制作的起诉书，应由调查机关的首长批准。刑事案件材料应与起诉书一起送交检察长。

第 226 条　检察长对附有起诉书的刑事案件的决定

1. 检察长审查与起诉书一并移送来的刑事案卷，并在 2 日内对它作出以下决定之一：

（1）批准起诉书并将刑事案件移送法院；

（2）在起诉书不符合本法典第 225 条的要求时，以书面指示的形式将刑事案件退回补充调查或重新制作起诉书。在这种情况下检察长可以规定补充调查的期限，但不得超过 10 日，为重新制作起诉书所延长的期限不得超过 3 日。再延长调查期限则依照本法典第 223 条第 3 款至第 5 款规定的程序按一般根据进行；

（3）依照本法典第 24 条至第 28 条规定的根据终止刑事案件；

（4）移送刑事案件进行侦查。

2. 在批准起诉书时,检察长有权作出决定从指控中删除具体内容,重新提出较轻的指控。

2-1.(失效)

(本款由 2018 年 2 月 19 日第 27 号联邦法律删除)

3. 起诉书的副本应按照本法典第 222 条规定的程序发给刑事被告人、他的辩护人和被害人。

4. 对检察长关于将刑事案件发还调查人员进行补充调查的决定或重新制作起诉书的决定,调查人员经调查机关首长同意可以在调查人员收到刑事案件之时起的 48 小时内向上级检察长提出申诉。上级检察长在收到相应材料之时起的 3 日内作出以下决定之一:

(1)驳回调查人员的申诉;

(2)撤销下级检察长的决定。在这种情况下上级检察长批准起诉书并将案件移送法院。

5. 依照本条第 4 款对本条第 1 款第(2)项所列检察长的决定提出申诉时,中止该决定以及与检察长对该决定有关指示的执行。

第三十二·一章　简易调查

第 226-1 条　进行简易调查的根据

1. 除本章规定的例外,简易调查依照本法典第三十二章规定的程序进行。

2. 在同时具备下列条件时,简易调查根据犯罪嫌疑人要求对刑事案件进行简易调查的申请进行:

（1）根据本法典第 150 条第 3 款第（1）项规定的一个或几个犯罪的要件对具体人提起刑事案件;

（2）犯罪嫌疑人认罪,承认犯罪所造成损害的性质和数额,以及对提起刑事案件决定对行为性质的法律定性没有争议;

（3）不存在本法典第 226-2 条规定的排除简易调查的情况。

第 262-2 条　排除简易调查的情况

1. 有下列情形之一的,不得适用简易形式进行调查:

（1）犯罪嫌疑人是未成年人;

（2）有根据依照本法典第五十一章规定的程序适用强制措施;

（3）犯罪嫌疑人属于本法典第五十二章规定的适用特别刑事诉讼程序的人;

（4）犯罪嫌疑人有两项以上犯罪的嫌疑,而其中有任何一项属于本法典第 150 条第 3 款第（1）项所列犯罪;

（5）犯罪嫌疑人不通晓刑事诉讼语言;

（6）被害人反对简易调查。

2. 如果在作出进行简易调查的决定之后而在将刑事案件送交检察长审批起诉书之前得知或发生本条第 1 款规定的情形,办理刑事案件的人员应作出按照一般程序进行调查的决定。如果本条第 1 款规定的情况在刑事案件送交检察长审批起诉书之后而在移送法院之前得知或发生,则由检察长作出决定,将刑事案件发还调查人员按一般程序进行调查。如果本条第 1 款规定的情况是在法庭审理过程中而在退入评议室作刑事判决之前得知或发生,则法官将刑事案件发还检察长以便依照侦查管辖移送案件并按一般程序进行调查。

第 226-3 条 进行简易调查时刑事诉讼参加人的权利和义务

1. 对刑事案件进行简易调查时,除本条规定的例外,诉讼参加人与适用一般程序进行调查的刑事案件参加人的权利和义务相同。

2.(失效)

(本款由 2013 年 12 月 28 日第 432 号联邦法律删除)

3. 犯罪嫌疑人、刑事被告人、被害人或其代理人有权在法庭退入评议室作出刑事判决之前的任何时候申请终止简易调查而继续按一般程序进行调查。办理该刑事案件的人员应该满足该申请。

第 226-4 条 要求进行简易调查的申请

1. 如果存在本章规定进行简易调查的条件,则调查人员在开始第一次询问之前应向犯罪嫌疑人说明他有权申请简易调查和进行简易调查的法律后果,对此应在犯罪嫌疑人询问笔录上进行相应的记载。

2. 犯罪嫌疑人有权在向他说明提出简易调查申请权利之日起的 2 日内提出进行简易调查的申请。进行简易调查的申请以书面形式提出,应由犯罪嫌疑人及其辩护人签字。

3. 收到犯罪嫌疑人要求进行简易调查的申请书后,调查人员应在收到申请之时起的 24 小时内进行审议。调查人员根据审议结果作出以下决定之一:

(1)同意申请并按简易调查进行调查;

(2)存在不得进行简易程序调查的情况时驳回申请。

4. 对同意简易调查申请和进行简易调查的决定或者驳回有关申请的决定均可依照本法典第十六章规定的程序提出申诉。

5. 关于批准犯罪嫌疑人的申请和按照简易调查程序进行调查的通知应在作出相关决定之时起的 24 小时内通知检察长以及被害人。在给被害人的通知中应说明简易调查的程序和法律后果,以及对进行简易调查提出异议的程序。

第 226-5 条 关于简易调查中证明的特别规定

1. 刑事案件中搜集证据的数量应足以确定犯罪行为和所造成损失的数

额,以及行为人实施犯罪的有罪性质,同时应考虑本条的特别规定。

2. 调查人员只能实施那些不可挽回地丧失犯罪痕迹或其他证据的侦查行为和其他诉讼行为。

3. 根据刑事案件的具体情节,调查人员有权:

(1)在犯罪嫌疑人、他的辩护人、被害人或其代理人对证据没有争议的情况下不审查证据;

(2)对在审查犯罪举报过程中作出过解释的人不再进行询问,但下列情形除外:必须确定对刑事案件有意义的补充事实情节,而审查犯罪举报的材料中不包含关于这些情节的材料,在犯罪嫌疑人、其辩护人、被害人或其代理人对证据的可靠性提出异议时则必须审查证据;

(3)根据审查犯罪举报时进行的审查作出的专家结论已经有答案的问题不再指定司法鉴定,但下列情形除外:

a. 必须确定对刑事案件有意义的补充事实情节;

b. 在犯罪嫌疑人、他的辩护人、被害人或其代理人质疑专家结论的可靠性时必须审查专家结论;

c. 存在本法典第 196 条规定的必须指定司法鉴定的根据;

d. 不进行其他旨在确定犯罪举报材料中已经存在的事实情节的侦查行为和诉讼行为,只要这些材料符合本法典对证据提出的要求。

第 226-6 条　简易调查的期限

1. 简易调查应该在作出进行简易调查决定之日起的 15 日内终结。该期限包括自作出简易调查决定之日起直至将刑事案件连同起诉书一并送交检察长之日的时间。

2. 在本法典第 226-7 条第 9 款规定的情况下,本条第 1 款规定的调查期限可以由检察长延长到 20 天。延长简易期限的决定最迟应该在本条第 1 款规定的期限届满之前 24 小时内送交检察长。

3. 关于延长简易调查期限的事宜,调查人员应以书面形式通知犯罪嫌疑人、他的辩护人、被害人和他的代理人。

4. 如果终止简易调查而刑事案件的调查按一般程序继续进行,则进行简易调查的时间计入调查的总期限。

第 226-7 条　简易调查的终结

1. 如果确认必要的侦查行为均已经进行,而搜集到的证据总量已经足够得出犯罪嫌疑人实施犯罪的结论,则调查人员应制作起诉书。起诉书中应指出本法典第 225 条第 1 款第(1)项至第(8)项所列举的情况,以及援引刑事案卷的页码。

2. 起诉书由调查人员签字并由调查机关首长批准。

3. 起诉书应该在简易调查决定作出之日起的 10 日内作出。如果由于本法典第 226-5 条规定的证明特点而进行的侦查行为和其他诉讼行为量大而无法在该期限内制作起诉书,但又必须制作起诉书,则在该期限届满后按一般程序进行调查,对此调查人员应作出相应的决定。

4. 自制作起诉书之日起的 3 日内,应该让刑事被告人和他的辩护人了解起诉书和刑事案件材料,对此应在刑事诉讼参加人了解刑事案件材料笔录中进行相应的记载。如果被害人和(或)其代理人提出申请,则应让他们在相同期限内了解起诉书和刑事案件材料,对此也应在刑事诉讼参加人了解刑事案件材料笔录中进行相应的记载。

5. 如果刑事被告人、他的辩护人、被害人和(或)其代理人不能在本条第 4 款规定的期限内了解完起诉书和刑事案件材料,则调查应根据调查人员的决定按一般程序继续进行。

6. 刑事被告人、他的辩护人、被害人和(或)其代理人在了解起诉书和刑事案件材料之后,有权提出下列申请:

(1)要求认定起诉书中提出的证据由于在取得该证据时违反法律而不可采信;

(2)进行补充侦查行为和其他诉讼行为,以弥补刑事案件已有证据的空白,以便有理有据地证明关于犯罪行为、性质和所造成损害的数量以及刑事被告人实施犯罪有罪等结论;

(3)进行补充侦查行为和其他诉讼行为,以便审查那些可信度引起怀疑、从而可能影响法院对刑事案件的最后裁决合法性的证据;

(4)如果起诉书不符合本条第 1 款的要求,则重新制作起诉书。

7. 如果在了解起诉书和刑事案件材料的期限届满之前没有从刑事被告人、他的辩护人、被害人和(或)其代理人那里收到本条第 6 款所列申请,或者收到的申请已经被驳回,则刑事案卷连同起诉书应立即送交检察长。

8. 如果本条第 6 款第(4)项规定的申请得到批准,则调查人员应在刑事被告人、他的辩护人、被害人和(或)其代理人了解完毕起诉书和刑事案件材料之日起的 2 日内重新制作起诉书,并让上述人有可能了解重新制作的起诉书,并将调查机关首长批准的起诉书连同刑事案件材料一并送交检察长。

9. 在本条第 6 款第(1)项至第(3)项规定的任何一项申请被批准的情况

下,调查人员应在刑事被告人、他的辩护人、被害人和(或)其代理人了解完毕起诉书和刑事案件材料之日起的 2 日内进行必要的侦查行为和其他诉讼行为,考虑新的证据重新制作起诉书,并让上述人员有可能了解重新制作的起诉书和刑事案件的补充材料,并将刑事案件材料与调查机关首长批准的起诉书一并送交检察长。如果由于侦查行为或其他诉讼行为量大而不可能在此期间内重新制作起诉书并送交检察长,则调查期限可以依照本法典第 226-6 条延长到 20 日。如果在这个期限内仍无法完成简易调查,调查人员应按一般程序继续进行调查。对此应作出相应的决定。

10. 起诉书应附具的材料:应该传唤到庭的人员的住所地或所在地;所选择的强制处分;如果对刑事被告人选择了羁押、监视居住和本法典第 105-1 条规定的禁止一定行为等强制处分中的一种,则应包含这些强制处分的时间、物证、简易调查的期限,而在刑事被告人、被害人有被供养人时,还应包括采取了哪些措施保障其权利。材料还应指出刑事案卷中的页码。

11. 如果刑事被告人被指控实施的犯罪可能判处罚金,在起诉书所附说明书里应指出依照俄罗斯联邦国家支付系统立法规定的划拨金钱处罚金额的结算单证填写规则所必需的信息。

第 226-8 条　检察长对收到的附起诉书的刑事案卷所作的决定

1. 检察长在审查收到附起诉书的刑事案件后,应在 3 日内对之作出下列决定之一:

(1)批准起诉书并将刑事案件移送法院;

(2)在起诉书不符合本法典第 226-7 条规定的要求时将刑事案件退回重新制作起诉书,并为此规定 2 天以内的期限;

(3)有下列情形之一的,将刑事案件退回调查人员以便按一般程序进行调查:

a. 存在本法典第 226-2 条第 1 款规定的情形;

b. 办理刑事案件时严重违反本法典的要求,侵害了刑事诉讼参加人的权利和合法利益;

c. 所搜集的证据总和不足以证明犯罪事件、犯罪所造成损害的性质和数额以及当事人是否有罪;

d. 有足够的理由认为刑事被告人提供了假口供。

(4)根据本法典第 24 条、第 25 条、第 27 条、第 28 条和第 28-1 条规定的根据终止调查人员移送的刑事案件。

2. 检察长在批准起诉书时,有权作出自己的决定,从起诉书中删除起诉的某些罪名或者将起诉改为更轻的指控。

3. 起诉书的副本及附件应依照本法典第 222 条规定的程序提交给刑事被告人、他的辩护人、被害人和(或)他的代理人。检察长在提交起诉书后应将刑事案件移送法院,对此应通知刑事被告人、他的辩护人、被害人和(或)他的代理人。

4. 对检察长关于将刑事案件退还调查人员重新制作起诉书或将刑事案件送交调查人员按一般程序进行调查的决定,调查人员经调查机关首长同意可以在收到刑事案件材料之时起的 24 小时之内向上级检察长提出申诉。上级检察长在收到相应材料之时起的 2 日内作出以下决定之一:

(1)驳回调查人员的申请;

(2)撤销下级检察长的决定。在这种情况下上级检察长应批准起诉书并将刑事案件移送法院。

5. 对本条第 4 款对本条第 1 款第(2)项和第(3)项所列检察长决定进行申诉时,中止这些决定的执行,也中止检察长有关上述决定的指示的执行。

第 226-9 条　关于简易调查刑事案件法院诉讼程序的特别规定

1. 除本条规定的例外,在简易调查的刑事案件中,法院诉讼程序均依照本法典第 316 条和第 317 条规定的程序进行。

2. 刑事判决仅根据对起诉书中证据的审查和评定以及依照本条第 3 款提出的关于刑事被告人个人身份的补充材料进行的审查和评定作出。

3. 根据辩方的申请,法官有权在决定刑罚时将关于受审人个人身份的补充材料、包括他有被供养人的事实,可以作为减轻刑罚的情况加以考虑以及将其他材料附于刑事案卷并在量刑时予以认真考虑。

4. 在收到控辩双方中的任何一方对通过简易调查办理并适用法庭审理特别程序的刑事案件的进一步诉讼提出异议时,或者在确定存在妨碍作出合法、有据和公正的刑事判决的情况下,包括在有足够的理由认为受审人提供假口供时,法官主动地作出裁决,将刑事案件退回检察长,以使再按照侦查管辖进行移送并按一般程序进行调查。

5. 本法典第 316 条第 6 款的规定不适用于简易调查的刑事案件。

6. 在对通过简易调查的刑事案件作出有罪判决时,对受审人判处的刑罚不得高于对所实施犯罪规定的最重刑种最高刑期或最大数额的 1/2。

第三十三章 预备开庭的一般程序

第 227 条 法官对移送到法院的刑事案件的权限

1. 对移送到法院的刑事案件,法官有权作出下列裁判之一:

(1)按照审判管辖移送刑事案件;

(2)指定庭前听证;

(3)决定开庭审判。

2. 法官以裁决方式作出裁判。裁决中应说明:

(1)作出裁决的日期和地点;

(2)法院名称,作出裁决的法官的姓名;

(3)作出裁判的根据。

3. 裁判应在自法院收到刑事案件之日起的 30 日内作出。如果法院收到的刑事案件中刑事被告人已被羁押,则法官应在法院自收到刑事案件之日起的 14 日内作出裁判。根据控辩一方的请求,法院有权向该方提供补充了解刑事案件材料的可能。

3-1. 如果随刑事案件一并送达的还有关于对刑事案件参加人身份信息保密的决定,则法官应采取措施,排除刑事诉讼其他参加人了解该决定的可能性。

4. 法官裁决的副本应送交刑事被告人、被害人和检察长。

第 228 条 对移送到法院的刑事案件应该查明的问题

1. 对移送到法院的刑事案件,法官应该对每个刑事被告人查明以下情况:

(1)该刑事案件是否属于本法院管辖;

（2）起诉书的副本是否已经送达有关人员；

（3）是否应该选择、撤销或变更强制处分，以及是否延长本法典第105-1条规定的禁止一定行为的期限、监视居住期限或羁押期限；

（4）是否应该满足已经提出的申请和申诉；

（4-1）是否采取了执行罚金这种刑罚的保全措施；

（5）是否已经采取措施保障赔偿犯罪所造成损害和可能进行的没收财产，以及是否应该延长依照本法典第115条第3款规定的扣押财产的期限；

（6）是否存在根据进行本法典第229条第2款规定的庭前听证。

2. 关于选择禁止一定行为、交纳保证金（物）、监视居住或羁押作为强制处分或关于延长禁止一定行为期限、监视居住期限和羁押期限的问题，由法官根据检察长的申请或由法官主动进行，依照本法典第108条规定的程序开庭审议，刑事被告人、他的辩护人（如果辩护人参加诉讼）、未成年刑事被告人的法定代理人和检察长应依照本法典第105-1条和第108条规定的程序到庭，或者在有本法典第229条第2款规定的根据时举行庭前听证进行审议。至少在开庭前3日应将开庭的地点、日期和时间通知控辩双方。

3. 关于延长对本法典第115条第3款所规定人员的扣押财产问题，根据检察长的申请由一名法官开庭审理或者法官自己主动审理，或者在存在本法典第229条规定的根据时考虑本法典第115-1条的特别规定在庭前听证时审理。

第 229 条　进行庭前听证的根据

1. 在具有本条第2款规定的根据时，法院根据控辩一方的申请或者主动地依照本法典第三十四章规定的程序进行庭前听证。

2. 在下列情况下进行庭前听证：

（1）一方依照本条第3款提出排除证据的申请；

（2）在本法典第237条规定的情况下有根据将刑事案件退回检察长；

（3）存在中止或终止刑事案件的根据；

（4）（失效）

（本项由2003年7月4日第92号联邦法律删除）

（4-1）如果一方依照本法典第247条第5款规定的程序申请进行法庭审理；

（5）为了解决刑事案件由陪审法庭审理的问题；

（6）如果对已经移送法院的刑事案件中的刑事被告人因实施前罪尚有未生效的判处缓刑的刑事判决；

（7）有根据将刑事案件分立；

（8）在本法典规定的情况下一方申请合并刑事案件。

3. 关于进行庭前听证的申请,可以由一方在了解刑事案件材料后或在刑事案件与起诉书一并移送法院后在自收到起诉书副本之日起的 3 日内提出。

第 230 条　执行罚金刑、附带民事诉讼和可能进行的没收财产的保全措施

1. 法官根据检察长的申请有权作出裁决,采取执行罚金刑的保全措施。

2. 法官根据被害人、附带民事诉讼原告人或其代理人、检察长的申请,有权作出裁决,采取犯罪所造成损害赔偿或可能的没收财产的保全措施。

3. 上述裁决由法警执行员负责执行。

第 231 条　决定开庭审判

1. 如果没有根据作出本法典第 227 条第 1 款第（1）项和第（2）项规定的裁判,则法官应作出开庭审判而不进行庭前听证的裁决。

2. 在裁决中,除了本法典第 227 条规定的事项外,还应决定：

（1）开庭的地点、日期和时间问题；

（2）刑事案件由法官独任审理还是合议庭审理的问题；

（3）在本法典第 51 条第 1 款第（2）项至第（7）项规定的情况下指定辩护人的问题；

（4）根据控辩双方提出的名单传唤人员出庭的问题；

（5）在本法典第 241 条规定的情况下案件不公开审理的问题；

（6）关于强制处分的问题,但选择交纳保证金（物）、本法典第 105-1 条第 6 款第（1）项规定的禁止一定行为、监视居住或羁押作为强制处分以及延长本法典第 105-1 条第 6 款第（1）项规定的禁止一定行为、监视居住期限或羁押期限的情形除外。

3. 裁决还应该包含关于开庭审判的决定,指出每个刑事被告人的姓名和被指控实施何种犯罪,以及关于强制处分的问题。

4. 至迟应在开庭前 5 日将开庭的地点、日期和时间通知控辩双方。

5. 在决定开庭后,受审人无权提出以下申请：

（1）要求陪审法庭审理刑事案件；

（2）进行庭前听证；

（3）由 3 名法官组成合议庭审理刑事案件。

第 232 条　传唤人员到审判庭

法官应下达传唤其裁决中所列人员到庭的指令,以及采取其他措施预备

开庭。

第 233 条　开始法庭审理的期限

1. 刑事案件的法庭审理应该在自法官作出关于开庭审判的裁决之日起的 14 日内开始,而由陪审法庭审理的刑事案件,则应在自该日期起的 30 日内开始。

2. 自起诉书送交刑事被告人之日起,至少应过 7 日才得开始刑事案件的法庭审理。

第三十四章　庭前听证

第 234 条　进行庭前听证的程序

1. 庭前听证由法官在不公开审判庭独任进行,除本条规定的例外,控辩双方依照本法典第 33 条、第 35 条和第 36 条的要求参加。

2. 传唤控辩双方出庭的通知至少应在进行庭前听证前 3 日发出。

3. 根据刑事被告人的申请或者在本法典第 247 条第 5 款规定的情况下,或者根据一方的申请,庭前听证可以在他不到庭的情况下进行。

4. 其他已经及时收到通知的诉讼参加人不到庭不妨碍庭前听证的进行。

5. 当一方申请排除证据时,法官应向另一方查明该另一方是否对该申请有异议。在没有异议时,如果不存在进行庭前听证的其他理由,法官应同意申请并作出开庭的决定。

6.（失效）

（本款由 2006 年 6 月 3 日第 72 号联邦法律删除）

7. 辩方要求调取补充证据或物品的申请,如果该证据和物品对刑事案件有意义,则应该予以满足。

8. 根据控辩双方的申请,任何了解侦查行为或提取并归入刑事案卷的文件情况的人均可以作为证人被询问,但享有作证豁免权的人除外。

9. 在庭前听证过程中应制作笔录。

第 235 条　关于排除证据的申请

1. 控辩双方有权申请从法庭出示的证据清单中排除任何证据。在提出申请时,申请的副本应在向法庭提交申请之日提交给另一方。

2. 要求排除证据的申请应包括以下内容:

（1）该方要求排除的证据;

（2）本法典所规定的排除证据的根据以及说明申请理由的情节。

3. 法官有权询问证人并将申请所要求的文件归入案卷中。如果一方反对排除证据,法官有权宣读侦查行为的笔录和其他刑事案卷中现有的和(或)双方提交的其他文件。

4. 如果辩方提出排除证据申请的理由是证据的获得违反了本法典的要求,则在审议时,证明推翻辩方所提理由的责任由检察长承担。在其他情况下,证明责任在提出申请的一方。

5. 如果法院作出了排除证据的裁判,则该证据即失去法律效力,便不得作为刑事判决或其他法院裁判的根据。在法庭审理过程中也不得进行审查和利用。

6. 如果刑事案件由陪审法庭审理,则控辩双方或法庭审理的其他参加人无权告知陪审员存在着法院裁判已经排除的证据。

7. 在对刑事案件进行实质审理时,法院根据一方的申请有权再次审议认定被排除的证据是否可以采信的问题。

第 236 条 法官在庭前听证中所作裁判的种类

1. 根据庭前听证的结果,法官可以作出以下一种裁判:

(1)在本条第 5 款规定的情况下按审判管辖移送刑事案件;

(2)将刑事案件退回检察长;

(3)中止刑事案件的诉讼;

(4)终止刑事案件;

(4-1)依照本法典第 25-1 条终止刑事案件或终止刑事追究以及对刑事被告人判处《俄罗斯联邦刑法典》第 104-4 条规定的诉讼罚金;

(5)决定开庭审判;

(6)由于移送法院的刑事案件中的刑事被告人存在前罪尚未生效的判处缓刑的刑事判决而延期进行法庭审理;

(7)在本法典规定的情况下将刑事案件分出另案办理或不可能分出另案办理并决定开庭审判;

(8)在本法典规定的情况下将几个刑事案件并案审理或不可能并案审理,并决定开庭审判。

2. 法官的裁判依照本法典第 227 条第 2 款的要求以裁决的形式作出。

3. 裁决中应反映申请和申诉的审议结果。

3-1. 在终止刑事案件或刑事追究的同时依照本法典第 25-1 条对刑事被告人科处诉讼罚金这一刑法性质措施的裁决中,还应该指出诉讼罚金的数额和执行该刑法性质措施的期限和程序。

4. 如果法官满足了排除证据的申请并在这种情况下决定开庭审判,则裁决中应指出什么证据被排除、刑事案卷中说明排除该证据理由的什么材料在法庭上不得再进行审查和宣读并不得在证明过程中进行利用。

5. 如果在庭前听证过程中检察长改变指控,则法官也应在裁决中有所反映,并在本法典规定的情况下按审判管辖移送刑事案件。

6. 如果在审议刑事被告人要求给予时间了解刑事案件材料的申请时,法院认为违反了本法典第109条第5款的要求,而侦查过程中羁押刑事被告人的最长期限已经届满,则法院应变更羁押这种强制处分,满足刑事被告人的申请并给他规定了解刑事案件材料的期限。

7. 对法院根据庭前听证结果作出的裁判可以依照本法典第四十五·一章和第四十七·一章规定的程序进行申诉,但有关决定开庭审判解决本法典第231条第2款第(1)项、第(3)项至第(5)项所规定问题的法院裁判除外。

第237条 将刑事案件退回检察长

1. 有以下情形之一的,法官根据一方的申请或主动将刑事案件退回检察长,以排除法院审理刑事案件的障碍:

(1)起诉书的制作违反了本法典的要求,致使法院不可能根据该起诉书作出刑事判决或其他裁判;

(2)起诉书的副本没有交给刑事被告人,但法院认为检察长依照本法典第222条第4款或第226条第3款所作的决定合法有据的情形除外;

(3)对移送法院并附有适用医疗性强制措施决定的刑事案件有必要制作起诉书;

(4)存在本法典第153条规定的合并刑事案件的根据,但本法典第239-2条规定的情形除外;

(5)在刑事被告人了解刑事案件材料时未向他说明本法典第217条第5款规定的权利;

(6)起诉书、将刑事案件移送法院适用医疗性强制措施的决定中所叙述的事实情节,证明有根据对刑事被告人、正在被适用强制措施的人的行为定性为更严重的犯罪、危害社会行为或者在庭前听审过程中或法庭审理过程中确认存在根据对上述人的行为定性为更严重犯罪、危害社会性行为。

1-1. 如果存在本法典第226-2条和第229-9条第4款规定的情节,法官根据一方的申请或者主动将刑事案件发还检察长,以便按侦查管辖移送案件并按一般程序进行调查。

1-2. 有下列情形之一的,法官应根据一方的申请将刑事案件发还检察长,以便排除案件审理的障碍:

（1）在将案件移送法院之后又收到指控刑事被告人的行为具有新的危害社会后果，从而有根据起诉他实施更严重犯罪；

（2）原来作出的法院刑事裁决、裁定或裁决被依照本法典第四十九章撤销，而作为撤销理由的新情节或新发现的情节又成为指控刑事被告人实施更严重犯罪的根据。

1-3. 在依照本条第 1 款第（6）项规定的根据将刑事案件发还检察长时，法院必须指出哪些情节是对刑事被告人和被适用医疗性强制的人的行为定性为更严重的犯罪、危害社会行为的根据。在这种情况下，法院无权指出应该根据《俄罗斯联邦刑法典》的什么条款进行新的定罪，也无权作出以下结论：评定证据、刑事被告人有罪、被适用医疗性强制措施的人实施了危害社会行为等。

2.（失效）

（本款由 2008 年 12 月 2 日第 226 号联邦法律删除）

3. 在将刑事案件退回检察长时，法官应解决对刑事被告人的强制处分问题。在必要时法官可考虑本法典第 109 条规定的期限延长羁押期以进行侦查行为或其他诉讼行为。

4.（失效）

（本款由 2008 年 12 月 2 日第 226 号联邦法律删除）

5.（失效）

（本款由 2008 年 12 月 2 日第 226 号联邦法律删除）

第 238 条　中止刑事案件

1. 有下列情形之一的，法官应作出中止刑事案件的裁决：

（1）刑事被告人躲藏起来下落不明；

（2）有医疗诊断书证明刑事被告人患有严重疾病；

（3）法院向俄罗斯联邦宪法法院发出咨询或俄罗斯联邦宪法法院受理在该刑事案件中适用的或应该适用的法律是否符合《俄罗斯联邦宪法》的申告；

（4）虽然已经知悉刑事被告人的下落，但刑事被告人没有现实的可能参加法庭审理。

2. 在本条第 1 款规定的情况下，法官应中止刑事案件，在被羁押的刑事被告人已经脱逃时将刑事案件退回检察长并委托检察长侦缉刑事被告人；或者在未受羁押的刑事被告人已经躲藏起来时，对刑事被告人选择羁押作为强制处分并委托检察长保证侦缉刑事被告人。

3. 在一方依照本法典第 247 条规定的程序申请进行法庭审理的情况下，

本条第 1 款第（1）项和第（4）项不适用。

第 239 条　终止刑事案件或终止刑事追究

1. 在本法典第 24 条第 1 款第（3）项至第（6）项、第 2 款和第 27 条第 1 款第（3）项至第 6 项规定的情况下，以及在检察长依照本法典第 246 条第 7 款规定的程序拒绝起诉时，法官应作出终止刑事案件的裁决。

2. 如果存在本法典第 25 条和第 28 条规定的根据，法官亦可根据一方的请求终止刑事案件。

3. 终止刑事案件或终止刑事追究的裁决应该：

（1）指出终止刑事案件和（或）终止刑事追究的根据；

（2）解决撤销强制处分、扣押财产、扣押邮件、停职、对谈话进行监听和录音等问题；

（3）解决物证问题。

4. 终止刑事案件裁决的副本应在作出之后的 5 日内送交检察长，并发给被终止刑事追究的人和被害人。

5. 如果在刑事案件中曾经作出过在进行国家保护时适用安全措施的决定，则法官还应在终止刑事案件或刑事追究的同时作出继续适用安全措施的裁决，或者如果俄罗斯联邦立法规定的适用安全保护措施的根据已经不复存在，或者根据 2004 年 8 月 20 日第 119 号联邦法律《对被害人、证人和刑事诉讼其他参加人的国家保护法》第 1 条所列人员的书面申请，法官适用安全措施作出完全或部分撤销安全措施的裁决。对上述人员的申请应在规定期限内审理。关于作出裁决的事宜，应通知实行安全措施的机关以及被作出上述裁决所涉及的人员。

第 239-1 条　刑事案件的分出

对移送到法院的刑事案件，在存在本法典规定根据的情况下，如果不同法院分开审理并不影响案件解决的全面和客观，则法院有权作出决定，将刑事案件分出单独审理并将它依照本法典第 31 条按管辖规则移送。

第 239-2 条　刑事案件的合并

如果在刑事案件移送法院以后出现本法典规定的根据时，根据控方或辩方的申请，法院有权作出将几个刑事案件合并诉讼的决定。

第三十五章 法庭审理的一般条件

第 240 条 直接原则和言词原则

1. 在法庭审理时,刑事案件的所有证据,除本法典第十编规定的情形外,均应进行直接审查。法庭听取受审人、被害人、证人的陈述,听取鉴定结论,检验物证,宣读笔录和其他文件,进行审查证据的其他行为。

2. 只有在本法典第 276 条和第 281 条规定的情况下,才可以宣读在审前调查进行时提供的陈述。

3. 法院的刑事判决只能以经过法庭审查的证据为依据。

4. 法庭可以使用视听设备询问证人和被害人。

第 241 条 公开性原则

1. 除本条规定的情形外,刑事案件在任何情况下均应公开审理。

2. 有下列情形之一的,刑事案件可以根据法院的裁定或裁决在不公开审判庭审理:

(1)刑事案件的审理可能导致泄露国家机密或其他受联邦法律保护的秘密;

(2)审理不满 16 岁的人实施的犯罪案件;

(3)审理侵犯性不受侵犯权和个人性自由的犯罪案件以及其他可能泄露刑事诉讼参加人生活隐私或侮辱其名誉和人格的信息材料的案件;

(4)出于保障刑事诉讼参加人、其近亲属、亲属或亲近的人的安全的需要。

2-1. 在法院关于不公开审理案件的裁定或裁决中应指出法院据以作出该决定的具体事实情况。

3. 刑事案件在不公开审判庭审理时应遵守刑事诉讼的所有规范,并考虑本法典的特别规定。法院关于在不公开审判庭审理的裁定或裁决可以针对整个法庭审理或其相应部分。

4. 通信、电话和其他谈话的录音、电报、邮件或其他材料只有经本人同意才能宣读。否则,上述材料应在不公开审理时进行宣读和审查。这些要求也适用于具有个人性质的照相、录音带和(或)录像带、电影胶片等材料的审查。

5. 公开审判庭的出庭人员有权进行录音和书面记录。照相、摄像和(或)拍摄电影片,电台转播、电视转播或互联网直播须经审判长批准。对审前调查阶段的公开审判庭,不允许进行电台转播、电视转播或互联网直播。

6. 不满 16 岁的人,如果不是刑事诉讼的参加人,须经审判长批准方能进入审判庭。

6-1. 受审人直接出庭参加审理。在特殊情况下,为了保障刑事诉讼参加人的安全,法庭有权在审理《俄罗斯联邦刑法典》第 205 条至第 206 条、第 208 条、第 211 条第 4 款、第 212 条第 1 款、第 275 条、第 276 条、第 279 条和第 281 条规定的犯罪时,根据控辩任何一方的申请作出羁押中的受审人通过视频系统参加庭审的决定。

7. 法院的刑事判决公开宣读,在不公开审判庭审理刑事案件时,或者审理经济领域的刑事案件时,根据法院的裁定或裁决可以仅宣读判决的前言部分或结论部分。

第 242 条　法庭组成人员不变

1. 刑事案件应始终由同一名法官或相同组成人员的法庭审理。

2. 如果某位法官不能继续参加法庭审理,则应由其他法官代替,而刑事案件的法庭审理应从头开始。

第 243 条　审判长

1. 审判长领导审判庭,采取本法典规定的一切措施保障控辩双方的辩论和平等。

2. 审判长应保证法庭秩序,向法庭审理的所有参加人说明其权利和义务及其实现权利和履行义务的程序,还应说明本法典第 257 条规定的法庭规则。

3. 刑事诉讼参加人对审判长行为的任何反对意见均应记入法庭笔录。

第 244 条　控辩双方平等原则

在法庭上,指控方和辩护方在申请回避和提出申请、提交证据、参加证据审查、参加法庭辩论、就本法典第 299 条第 1 款第(1)项至第(6)项所列问题提交书面说明、审议刑事诉讼过程中产生的问题等方面均享有平等权利。

第 244-1 条　助理法官

1. 助理法官协助法官准备和组织法庭审理,以及起草法院裁判文书。助理法官无权行使审判职能。

2. 助理法官根据审判长的委托制作庭审笔录,保证监控技术设备记录审判庭全过程,检查应该出庭的人员的出庭情况,在本法典规定的情况下和依照本法典规定的程序实施其他诉讼行为。

第 245 条　法庭书记员

1. 法庭书记员进行法庭笔录。书记员必须全面、正确地在笔录中叙述法庭的行为和决定,以及刑事诉讼参加人在法庭审理过程中的行为。

2. 法庭书记员检查应该参加法庭审理的人员是否到庭,根据审判长的委托实施本法典规定的其他行为。

第 246 条　公诉人和自诉人参加法庭审理

1. 公诉人或自诉人必须出庭。

2. 在公诉案件和自诉——公诉案件中,以及在由侦查员或调查人员经检察长同意提起的自诉案件中,国家公诉人必须出庭。

3. 在自诉刑事案件中,被害人应该出庭支持指控。

4. 可以有几名检察长出庭支持指控。如果在法庭审理过程中发现检察长不能继续参加,则检察长可以替换。对新参加刑事诉讼的检察长,法院应提供了解刑事案件材料和准备参加法庭审理的时间。检察长的替换不要求重新实施法庭审理过程中此前已经进行过的行为。根据检察长的请求,法院可以再次询问证人、被害人、鉴定人或实施其他诉讼行为。

5. 国家公诉人提交证据和参加证据的审查,就指控的实质以及就法庭审理过程中产生的其他问题陈述自己的意见,向法院提出关于适用刑事法律和对受审人处刑的建议。

6. 如果出于维护公民权利、社会利益或俄罗斯联邦、俄罗斯联邦各主体、地方自治组织、国家和自治地方单一制企业的利益的要求,检察长可以在刑事案件中提出或支持附带民事诉讼。

7. 如果在法庭审理过程中国家公诉人确信,已经提交的证据不支持对受审人提出的指控,则他应该放弃指控并向法庭叙述放弃的理由。国家公诉人在法庭审理过程中完全或部分放弃指控,刑事案件或刑事追究应依照本法典第 24 条第 1 款第(1)项、第(2)项和第 27 条第 1 款第(1)项、第(2)项规定的根据完全终止或相应部分终止。

8. 国家公诉人直到法庭退入评议室作出判决之前均可以用以下方式减轻指控：

（1）从行为的法律定罪中排除加重刑罚的要件；

（2）从指控中排除对《俄罗斯联邦刑法典》某一规范的援引，如果受审人的行为由《俄罗斯联邦刑法典》的另一规范作了规定，而起诉书正是指控他违反了该规范；

（3）依照《俄罗斯联邦刑法典》中规定更轻刑罚的规范对行为重新定罪。

9.（失效）

（本款由 2009 年 10 月 30 日第 244 号联邦法律删除）

10. 由于国家公诉人放弃指控及变更指控而终止刑事案件，不妨碍以后依照民事诉讼程序提起和审理民事诉讼。

第 247 条　受审人参加法庭审理

1. 刑事案件的法庭审理必须在受审人出庭的情况下进行，但本条第 4 款和第 5 款规定的情形除外。

2. 受审人不到庭时，刑事案件的审理应该推迟。

3. 法院有权对没有正当理由不到庭的受审人实行拘传以及对他适用或变更强制处分。

4. 在轻罪或中等严重的犯罪案件中，如果受审人申请缺席审理他的案件，则允许在受审人不出庭时进行法庭审理。

5. 在特殊情况下，在严重犯罪或特别严重犯罪案件的法庭审理中，如果受审人在俄罗斯联邦境外和（或）逃避出庭，而该人在外国未因该刑事案件被追究刑事责任，则可以在受审人缺席的情况下进行审判。

6. 在依照本条第 5 款进行的法庭审理中，辩护人必须出庭。辩护人由受审人聘请。受审人有权聘请几名辩护人。如果受审人未聘请辩护人，则法院采取措施指定辩护人。

7. 如果不存在本条第 5 款规定的情况，在受审人缺席时作出的刑事判决或法院裁定，根据被判刑人或其辩护人的申请应依照本法典第 48 条第 1 款规定的程序予以撤销。在此情况下法庭审理按一般程序进行。

第 248 条　辩护人参加法庭审理

1. 受审人的辩护人参加证据的审查，提出申请，就指控的实质和指控是否得到证明、减轻受审人刑罚或证明受审人无罪的情节、刑罚的轻重以及就法庭审理过程中产生的其他问题陈述自己的意见。

2. 辩护人不到庭又不可能更换时,法庭审理应该推迟。更换辩护人依照本法典第 50 条第 3 款进行。

3. 在更换辩护人时,法院应向新介入刑事案件的辩护人提供了解刑事案件材料和准备出庭的时间。辩护人更换时,法庭此前已经进行的行为不必重新进行。根据辩护人的请求,法庭可以再次询问证人、被害人、鉴定人或实施其他诉讼行为。

第 249 条　被害人参加法庭审理

1. 法庭审理应在被害人和(或)其代理人出庭的情况下进行,但本条第 2 款和第 3 款有不同规定的除外。

2. 在被害人不到庭时,法庭在其缺席的情况下审理刑事案件,但被害人必须到庭的情形除外。

3. 自诉案件中,被害人无正当理由不到庭的,刑事案件根据本法典第 24 条第 1 款第(2)项予以终止。

第 250 条　附带民事诉讼原告人或附带民事诉讼被告人参加法庭审理

1. 附带民事诉讼原告人、附带民事诉讼被告人和(或)他们的代理人应该出庭。

2. 有下列情形之一时,法院有权在附带民事诉讼原告人不到庭的情况下审理民事诉讼:

(1)附带民事诉讼原告人或其代理人申请不到庭;

(2)检察长支持附带民事诉讼;

(3)受审人完全同意附带民事诉讼原告人提出的诉讼请求。

3. 在其他情况下,附带民事诉讼原告人或其代理人不到庭时,有权附带民事诉讼不予审理。在这种情况下附带民事诉讼原告人仍有保留依照民事诉讼程序提起民事诉讼的权利。

第 251 条　专家参加法庭审理

法院传唤的专家依照本法典第 58 条和第 270 条规定的程序出庭。

第 252 条　法庭审理的范围

1. 法庭审理仅对刑事被告人并且仅就对他提出的指控进行。

2. 允许在法庭审理中变更指控,但不得因此恶化受审人的状况,也不得因此侵害他的辩护权。

第 253 条　法庭审理的延期和中止

1. 如果由于某一个被传唤的人不到庭或者由于必须调取新的证据而不可能进行法庭审理时,法院应作出裁定或裁决延期进行法庭审理,同时采取措施传唤或拘传不到庭的人员和调取新的证据。

2. 在恢复法庭审理后,法庭应从前次中止之时继续听审。

3. 如果受审人躲藏,除本条第 4 款规定的情况外,以及如果受审人因精神病或其他严重疾病不能出庭,法庭应中止对他的刑事诉讼,直至将受审人缉拿归案或受审人康复,同时继续对其余受审人的法庭审理。如果分开审理会妨碍刑事案件的审理,则对全案中止诉讼。法院应作出裁定或裁决对躲藏起来的受审人进行侦缉。

4. 如果存在本法典第 247 条规定的理由,根据控辩双方的申请,法庭审理在受审人缺席的情况下进行。关于在受审人缺席的情况下进行法庭审理的事项,法院应作出裁定或裁决。

第 254 条　在审判庭终止刑事案件或刑事追究

法院应在审判庭终止刑事案件,如果:

(1)法庭审理时查明存在本法典第 24 条第 1 款第(3)项至第(6)项、第 2 款和第 27 条第 1 款第(3)项至第(6)项规定的情况;

(2)公诉人或自诉人依照本法典第 246 条第 7 款或第 249 条第 3 款放弃指控;

(3)在本法典第 25 条和第 28 条规定的情况下;

(4)在本法典第 25-1 条规定的情况下,并考虑本法典第 446-3 条规定的要求。

第 255 条　解决强制处分问题

1. 在法庭审理过程中法院有权选择、变更或撤销对受审人的强制处分。

2. 如果选择羁押作为对受审人的强制处分,则自刑事案件移送法院之日起直至作出刑事判决之间的羁押期不得超过 6 个月,但本条第 3 款规定的情形除外。

3. 审理刑事案件的法院,自刑事案件移送法院之日起的 6 个月期限届满后,法院有权延长受审人的羁押期。在这种情况下,只有在严重犯罪和特别严重犯罪案件中才允许延长羁押期,而且每次延长期不超过 3 个月。

4. 对法院延长受审人羁押期的决定可以按上诉程序提出申诉。申诉不中止刑事案件的诉讼。

第 256 条 作出裁定、裁决的程序

1. 法院就正在审判庭解决的问题应作出裁定或裁决,裁定或裁决应在审判庭宣读。

2. 关于依照本法典第 237 条将刑事案件退回检察长,关于终止刑事案件,关于选择、变更或撤销对受审人的强制处分、关于在本法典第 247 条规定的情况下受审人缺席进行法庭审理、延长受审人的羁押期、关于回避(本法典第 62 条第 3 款规定的情形除外)、关于指定司法鉴定等的裁定或裁决应在评议室作出,并以单独诉讼文件的形式进行叙述,文件应由法官签字,如果刑事案件由合议庭审理,则几名法官均应签字。所有其他裁定或裁决根据法庭的裁量在审判庭作出并记入笔录。

第 257 条 审判庭的秩序

1. 当法官进入法庭时,审判庭内全体人员起立。

2. 法庭审理的所有参加人应站立向法庭提出请求,进行陈述和提出申请。经审判长许可,可以不遵守这一规则。

3. 法庭审理的参加人以及所有出席审判庭的人,对法庭均应称呼"尊敬的法庭",对法官称呼"法官大人"。

4. 法警保障审判庭的秩序,执行审判长的指令。法警维持审判庭秩序的要求对于出席审判庭的所有人员均有强制力。

5. 法庭审理的条件应保障法庭的秩序和刑事诉讼参加人的安全。出庭人员的行为以及经法庭允许进行照相、录音和(或)电影拍摄、电台转播、电视转播或互联网直播的人员,不得违反审判庭秩序。法庭可以限制上述行为的时间,而且这些行为应在审判庭中法院指定的位置进行,还应考虑案件参加人的意见。

第 258 条 对扰乱审判庭秩序的处罚措施

1. 对出席审判庭的人员扰乱审判庭秩序,不服从审判长或法警的指令的,应该提出警告,说明其行为是不被允许的,或者勒令退出审判庭,或者依照本法典第 117 条和第 118 条规定的程序处以罚金。

2. 公诉人(自诉人)或辩护人不服从审判长的指令时,如果用其他人代替他们会损害刑事案件的诉讼,则刑事案件的听审可以根据法院的裁定或裁决延期进行。同时将此情况分别通知上级检察长或律师协会。

3. 受审人扰乱审判庭秩序的,可以勒令退出审判庭,直至控辩双方辩论结束。但在这种情况下他仍然有权进行最后陈述。在这种情况下,刑事判决

书应在受审人在场时宣读或在宣读后立即向他宣布,由他本人签收。

第 259 条   审判庭笔录

1. 每一个法庭在审理过程中均应制作笔录。在第一审法院和上诉审法院进行法庭审理的过程中,应制作书面形式的笔录,同时使用录音(摄像)设备。在本法典第 241 条规定的情况下不公开审判庭审理刑事案件时,不允许使用录音设备。

2. 笔录可以手写,或使用打字机或计算机制作。为了保证笔录的全面,在做笔录时可以使用速记或技术手段。

3. 审判庭笔录必须包括以下内容:

(1)开庭的地点和日期,审判庭开始和结束的时间;

(2)审理的是哪一个刑事案件;

(3)法院的名称和法庭组成人员,关于助理法官、书记员、翻译人员、公诉人(自诉人)、辩护人、受审人以及被害人、附带民事诉讼原告人、附带民事诉讼被告人和他们的代理人的情况,以及被传唤到庭的其他人员的情况;

(4)关于受审人身份的材料和对他选择的强制处分;

(5)按法庭审理过程的先后顺序记录法庭的行为;

(6)刑事案件参加人的声明、异议和申请;

(7)法庭未退入评议室时所作的裁定或裁决;

(8)法庭退入评议室后所作的裁定或裁决;

(9)向刑事诉讼参加人说明其权利、义务和责任的情况;

(10)陈述的详细内容;

(11)向被询问人提出的问题和他们的回答;

(12)审判庭进行的勘验和其他审查证据行为的结果;

(13)刑事诉讼参加人要求记入审判庭笔录的情节;

(14)控辩双方在法庭辩论时发言的主要内容和受审人最后陈述的主要内容;

(15)关于宣读刑事判决和说明了解审判庭笔录和对笔录提出意见的程序的事宜;

(16)关于向被宣告无罪的人和被判刑的人说明对刑事判决提出上诉的程序和期限,以及说明其要求参加上诉审法院审理刑事案件的权利的事宜。

4. 笔录还应该记录对扰乱法庭程序的人所采取的处罚措施。

5. 如果在法庭审理过程中进行照相、录音和(或)摄像、电影拍摄,或者进行电台转播、电视转播或互联网直播,则应在庭审笔录中进行相应记载。

在这种情况下照相、录音和（或）摄像材料及电影胶片均应附于刑事案件材料。在进行法庭转播时，还应指出进行转播的大众信息媒体的名称或互联网的网站名称。

6. 审判庭笔录应于审判庭结束之日起的 3 日内制作并由审判长和书记员签字，而如果将进行审判庭笔录的事宜交由助理法官进行，则由审判长和助理法官签字。审判庭笔录可以分部分制作，每个部分以及整个笔录都应由审判长和书记员签字，而如果进行审判庭笔录的事宜交由助理法官进行，则由审判长和助理法官签字。根据控辩双方的申请，可以让他们有可能随着笔录的制作而了解笔录的各个部分。

7. 控辩双方要求了解审判庭笔录和录音的申请应在审判庭结束之日起的 3 日内用书面形式提出。如果由于正当理由而未提出申请，则上述期限可以恢复。如果刑事案件已经移送上诉审或者上诉期届满后刑事案件已经处于执行阶段，则不得再满足申请。审判长应保障双方当事人有可能在收到申请书之日起的 3 日内了解审判庭笔录和录音。审判长也有权根据刑事诉讼的其他参加人的申请让他们了解审判庭笔录和录音中与其陈述有关的部分。如果审判庭笔录由于客观情况在审判庭结束之日起的 3 日期限届满后才制作，则应将笔录签字的日期和可以开始了解笔录和录音时间通知提出申请的法庭审理参加人。了解笔录和录音的时间由审判长根据笔录篇幅的大小规定，但自开始了解之日起不得少于 5 日。在特殊情况下，根据了解笔录和录音的人的申请，审判长可以延长了解审判庭笔录和录音的时间。如果法庭审理的参加人故意拖延了解笔录和录音的时间，则审判长有权作出裁决规定了解笔录和录音的一定期限。

8. 根据法庭审理参加人的书面申请，可以复制审判庭笔录和录音，费用由本人负担。

第 260 条　对审判庭笔录和录音的意见

1. 自了解审判庭笔录之日起的 3 日内，控辩双方可以对笔录提出意见。

2. 审判长应立即审查对笔录和录音的意见，而对录音的意见审判长应在提交后的 2 日内审查。在必要时审判长有权传唤提意见的人核实意见的内容。

3. 审判长根据意见的审查结果作出裁决，或者证明意见正确，或者驳回意见。对笔录和录音的意见和审判长的裁决均应归入审判庭笔录中。

第三十六章 审判庭的预备部分

第 261 条 审判庭开庭

审判长在预定的时间宣布审判庭开庭并宣布审理哪一个刑事案件。

第 262 条 检查到庭情况

助理法官或审判庭书记员报告应出庭人员的到庭情况并报告不到庭人员缺席的原因。

第 263 条 向翻译人员说明其权利

审判长应向翻译人员说明本法典第 59 条规定的权利和责任,对此翻译人员应具结保证,其保证书应归入审判庭笔录中。

第 264 条 证人和由于与之订立审前合作协议而其刑事案件分出另案诉讼的人员退出审判庭

1. 出庭的证人和由于与之订立审前合作协议而其刑事案件分出另案诉讼的人员,在开始对他们进行询问前应退出审判庭。

2. 法警应采取措施,使未被法庭询问的证人和由于与之订立审前协议而其刑事案件分立另案诉讼的人员不与已经被询问的证人以及出席审判庭的其他人员进行交流。

第 265 条 确定受审人的身份和是否及时向他送达起诉书的副本

1. 审判长应确定受审人的身份,查明其姓名,出生年、月、日和出生地,查明他是否通晓刑事诉讼所使用的语言以及受审人的住所地、工作地点、职业种类、文化程度、家庭状况和其他与其身份有关的情况。

2. 然后审判长应该查明是否向受审人送达了起诉书的副本或检察长关于变更指控的决定的副本。在这种情况下,刑事案件的法庭审理至少应在起诉书副本或变更指控的决定的副本送达之后 7 日才能开始。

3. 在依照本法典第 247 条第 5 款规定的程序审理刑事案件时,审判长应查明起诉书或检察长变更指控的决定的副本是否送达受审人的辩护人、何时送达。同时,起诉书或变更指控的决定的副本送达之日起的 7 日内不得开始刑事案件的法庭审理。

第 266 条　宣布法庭组成人员、刑事诉讼的其他参加人和向他们说明其申请回避的权利

1. 审判长宣布法庭组成人员,说明谁是公诉人、辩护人、被害人、附带民事诉讼原告人和附带民事诉讼被告人或其代理人,以及谁是审判庭书记员、鉴定人、专家和翻译人员。如果助理法官依照本法典第 244-1 条第 2 款被指定在审判庭实施诉讼行为,审判长应宣布谁是助理法官。审判长向控辩双方说明其依照本法典第九章申请法庭组成人员或某位法官回避的权利。

2. 对回避申请,法庭应依照本法典第 65 条、第 66 条和第 68 条至第 72 条规定的程序审议。

第 267 条　向受审人说明其权利

审判长应向受审人说明本法典第 47 条规定的他们在法庭审理中的权利。

第 268 条　向被害人、附带民事诉讼原告人和附带民事诉讼被告人说明其权利

1. 审判长应向被害人、附带民事诉讼原告人、他们的代理人、附带民事诉讼被告人和他的代理人说明本法典第 42 条、第 44 条、第 45 条、第 54 条和第 55 条分别规定的他们在法庭审理中的权利和责任。

2. 此外,还应向被害人说明他有权在本法典第 25 条规定的情况下与受审人和解。

第 269 条　向鉴定人说明其权利

审判长应向鉴定人说明本法典第 57 条规定的权利和责任,对此鉴定人应进行具结保证,其保证书应归入审判庭笔录。

第 270 条　向专家说明其权利

审判长应向专家说明本法典第 58 条规定的权利和责任,对此专家应进行具结保证,其保证书应归入审判庭笔录。

第 271 条　申请的提出和审议

1. 审判长应询问控辩双方是否申请传唤新的证人、鉴定人和专家,是否要求调取新的物证和文件或者是否要求排除违反本法典要求取得的证据。

提出申请的人应该说明理由。

2. 法庭在听取刑事诉讼参加人的意见后，要审议每一项提出的申请，或者满足申请，或者作出裁定或裁决驳回申请。

3. 被法庭驳回申请的人，有权在以后的法庭审理过程中再次提出申请。

4. 要求在审判庭询问根据控辩各方的要求以专家或鉴定人身份到庭的人员的申请，法庭无权予以驳回。

第 272 条　审议是否可以在某一刑事诉讼参加人不到庭时审理刑事案件的问题

当刑事诉讼的某一参加人不到庭时，法庭应听取控辩双方关于是否可以在该人不到庭的情况下审理刑事案件，并作出裁定或裁决延期进行法庭审理或者继续审理以及对不到庭的刑事诉讼参加人实行传唤或拘传。

第三十七章　法庭调查

第 273 条　法庭调查的开始

1. 法庭调查自国家公诉人叙述对受审人提出的指控开始,而在自诉案件中,则从自诉人叙述其告诉开始。

2. 审判长应询问受审人是否明白对他的指控,他是否承认自己有罪,他或他的辩护人是否希望表示自己对所提出指控的态度。

第 274 条　审查证据的程序

1. 审查证据的先后顺序由向法庭提交证据的一方确定。

2. 首先提交证据的是指控方。在审查了指控方提交的证据之后审查辩护方提交的证据。

3. 依照本法典第 275 条询问受审人。经审判长许可,受审人有权在法庭调查的任何时候进行陈述。

4. 如果刑事案件中有几名受审人,则他们提交证据的先后顺序由法庭考虑控辩双方的意见确定。

第 275 条　询问受审人

1. 当受审人同意进行陈述时,首先对他进行询问的是辩护人和辩方的法庭审理参加人,然后是国家公诉人和控方的刑事诉讼参加人。审判长对诱导性问题和与刑事案件无关的问题应予以制止。

2. 受审人有权利用根据法庭要求而提交给法庭的书面记录。

3. 法庭在控辩双方询问受审人之后向受审人提问。

4. 根据控辩双方的请求或法院主动,可以在其他受审人不到庭的情况下询问受审人,对此应作出裁定或裁决。在这种情况下,当其他受审人回到审判庭后审判长应告知在他缺席时他人所作陈述的内容,并让他有可能向在他缺席时被询问的受审人提问。

5. 如果刑事案件有几名受审人,则法庭有权根据控辩一方的请求变更本条第 1 款所规定的询问受审人的先后顺序。

第 276 条　宣读受审人的陈述

1. 在下列情况下,可以根据控辩双方的请求宣读被害人在进行审前调查时所作的陈述,以及展示附于询问笔录中记录其陈述的照片和播放其录音和(或)录像及电影片:

(1)受审人在审前调查过程中所作的陈述与在法庭上所作的陈述有重大矛盾,但本法典第 75 条第 2 款第(1)项规定的情形除外;

(2)依照本法典第 247 条第 4 款和第 5 款的规定,刑事案件在受审人缺席的情况下审理;

(3)本法典第 47 条第 4 款第(3)项的要求得到遵守的情况下受审人拒绝作陈述。

2. 本条第 1 款的要求也适用于宣读受审人以前在法庭上所作的陈述。

3. 如果不事先宣读相关的询问笔录或审判庭笔录中的陈述,则不允许展示询问过程中制作的照相底片和照片、幻灯片,也不允许播放询问的录音带和(或)录像带、电影片。

第 277 条　询问被害人

1. 依照本法典第 278 条第 2 款至第 6 款和第 278-1 条规定的程序询问被害人。

2. 经审判长许可,被害人可以在审判庭的任何时候进行陈述。

第 278 条　询问证人

1. 对证人应单独逐个地进行,并且在未被询问的证人不在场的情况下询问。

2. 在询问前,审判长应确认证人的身份,查明他与受审人和被害人的关系,向他说明本法典第 56 条规定的权利、义务和责任,对此证人应具结保证,其保证书应归入审判庭笔录。

3. 证人根据哪一方的请求被传唤出庭,哪一方首先向证人提问。法官在控辩双方询问证人以后向证人提问。

4. 证人被询问后,经审判长许可,可以离开审判庭直至法庭调查结束,这时审判长应该考虑控辩双方的意见。

5. 如果出于保障证人及其近亲属、亲属和亲近的人安全的必需,法庭有权不宣读关于证人身份的真实材料,而在法庭其他参加人看不见证人的条件下对证人进行询问,对此法庭应作出裁定或裁决。

6. 如果控辩双方申请公开提供陈述人的真实材料而且申请是有根据的,出于保障为受审人辩护之必需或者为了确认对刑事案件审理有重大意义的情节,法庭有权让控辩双方有可能了解上述材料。

第 278-1 条　利用视听设备询问证人的特别规定

1. 审理刑事案件的法院在必要时作出利用视听设备询问证人的决定。

2. 审理刑事案件的法院委托证人所在地的法院通过视听设备询问证人。

3. 询问证人按本法典第 278 条规定的一般规则进行。

4. 在开始询问前,证人所在地的法官根据审理刑事案件的法院法庭审判长的委托核实证人的身份。证人所在地的法官应向他说明本法典第 56 条规定的权利、义务和责任的具结以及将证人提交的文件送交审理刑事案件的法院的审判长。

第 279 条　被害人和证人利用书面记录和文件

1. 被害人和证人可以利用根据法庭要求提交给法庭的书面记录。

2. 允许被害人和证人阅读他所掌握的与其陈述有关的文件。这些文件应提交给法庭,根据法庭的裁定或裁决可以归入刑事案卷。

第 280 条　询问未成年被害人和证人的特别规定

1. 不满 14 岁的被害人和证人参加询问时,以及根据法庭的裁量年满 14 岁不满 18 岁的被害人和证人参加询问时,应有教师在场。对有生理或心理缺陷的未成年被害人和证人进行询问时,在任何情况下均应有教师在场。

2. 在开始询问未成年人前,审判长应向教师说明其权利,对此应在审判庭笔录中进行相应的记载。

3. 经审判长许可,教师有权向未成年被害人和证人提问。

4. 在本条第 1 款所列未成年被害人和证人必须参加询问时,还要传唤其法定代理人到庭,其法定代理人可以经审判长的许可向被询问人提问。对不满 14 岁的被害人或证人的询问,必须有其法定代理人参加。

5. 在询问不满 16 岁的被害人和证人前,审判长应向他们说明全面真实的陈述对于刑事案件的意义。不必预先告知拒绝作陈述或故意作虚假陈述的责任,也不要求他们具结。

6. 为了维护未成年人的权利,根据控辩双方的申请,也可以由法庭提议,对不满 18 岁的被害人和证人在受审人缺席的情况下进行询问,对此法庭应作出裁定或裁决。在受审人回到审判庭后,应该将上述被害人和证人的陈述告知受审人,并让受审人有可能向他们提问。

7. 在询问结束后,经审判长许可,不满 18 岁的被害人和证人,询问他们时在场的教师以及被害人和证人的法定代理人可退出审判庭。

第 281 条　宣读被害人和证人的陈述

1. 在被害人或证人不到庭时,经控辩双方的同意,允许宣读被害人和证人以前在进行审前调查和法庭审理时所作的陈述,以及展示在询问过程中制作的照相底片和照片、幻灯片,播放录音和(或)录像、电影片,但本条第 2 款和第 6 款规定的情形除外。

2. 在下列情况下,如果被害人或证人不到庭,法庭有权根据控辩一方的申请或者主动地作出决定宣读被害人或证人以前所作的陈述,并重放在他们参加下制作的录音文件或电影片:

(1)被害人或证人死亡;

(2)被害人或证人患严重疾病而不能到庭;

(3)被害人或证人是外国公民而且拒绝根据传唤出庭;

(4)自然灾害或其他特殊情况致使被害人或证人不能到庭;

(5)采取的措施不可能确定被害人或证人的所在地以便传唤他们出庭。

2-1. 在本条第 2 款第(2)项至第(5)项规定的情况下,只有在本案此前的诉讼阶段曾向刑事被告人(受审人)提供了对他们参加下进行的侦查行为的录像或电影片等证据依法定方式提出异议的情况下,法院才能作出关于宣读被害人或证人陈述或播放在他们参加下制作的录像或电影胶片的决定。

3. 如果被害人或证人在法庭上所作的陈述与以前的陈述存在重大矛盾,根据控辩一方的申请,法庭有权作出决定,宣读被害人或证人以前在审前调查或法庭上所作的陈述。

4. 被害人和证人在法庭上表示拒绝作陈述不妨碍宣读他在审前调查过程中所作的陈述,如果这些陈述是依照本法典第 11 条第 2 款的要求取得的。

5. 如果不事先宣读分别记录在询问笔录和审判庭笔录中的陈述,则不允许展示在询问过程中制作的照相底片和照片、幻灯片,也不允许播放录音和(或)录像、电影片。

6. 宣读未成年被害人或证人以前在审前调查或法庭审理中所作的陈述,以及展示在询问过程中制作的照相底片和照片、幻灯片,重放询问的录音、录像和电影片,应在未成年被害人或证人不在、不对他们进行询问的情况下进行。法院根据控辩方的申请或法院主动作出说明理由的对未成年被害人或证人进行再次询问的决定。

第281-1条　因与之订立审前合作协议而将其刑事案件分出另案诉讼的人的询问及其陈述的宣读

1. 除本条规定的例外,在对共同犯罪人的刑事案件中,因与之订立审前合作协议而将其刑事案件分出另案诉讼的人的询问及其陈述的宣读,依照本法典第278条、第279条和第281条的规则进行。

2. 在询问前,法官应确定因与之订立审前合作协议而将其刑事案件分出另案诉讼的人的身份,查明他对受审人和被害人的态度,向他说明本法典第56-1条规定的权利和义务,警告他本法典第四十·一章规定的不遵守审前合作协议所规定条件和不履行该协议所规定义务的后果,包括故意提供虚假信息或故意隐瞒重要材料的后果。

第282条　询问鉴定人

1. 法庭有权根据控辩双方的申请或主动地传唤在审前调查过程中提出鉴定结论的鉴定人进行询问,要求他对他所作的鉴定结论进行说明或补充。

2. 在宣读鉴定结论后,控辩双方可以向鉴定人提问。在这种情况下,首先提问的是要求进行司法鉴定的一方。

3. 必要时,法庭有权向鉴定人提供准备回答法庭和控辩双方问题的时间。

第283条　司法鉴定的进行

1. 法庭可以根据控辩双方的申请或者主动地指定司法鉴定。

2. 在指定司法鉴定时,审判长应建议控辩双方以书面形式向鉴定人提出问题。所提出的问题应该宣读并听取法庭审理参加人对这些问题的意见,在审议上述问题后,法庭作出裁定或裁决驳回其中与刑事案件无关的或不属于鉴定人专业范围的问题并提出新的问题。

3. 司法鉴定依照本法典第二十七章规定的程序进行。

4. 当数名鉴定人的结论发生矛盾,而这些矛盾不能在法庭审理中通过询问鉴定人克服时,法庭可以根据控辩双方的申请或主动指定重新鉴定或补充鉴定。

第284条　物证的勘验

1. 物证的勘验可以根据控辩双方的请求在法庭调查的任何时间进行。提交物证的人有权提请法庭注意对刑事案件有意义的情况。

2. 物证的勘验可以由法庭在物证所在地进行。

第 285 条　宣读侦查行为笔录和其他文件

1. 侦查行为笔录、审前调查中提出的鉴定结论，以及归入刑事案卷中的或审判庭上提交的其他文件，如果这些文件叙述了或证明了对刑事案件有意义的情况，可以根据法庭的裁定或裁决完全或部分宣读。

2. 侦查行为笔录、鉴定结论以及其他文件由请求宣读的一方宣读或者由法庭宣读。

第 286 条　将提交给法庭的文件归入刑事案卷

控辩双方在审判庭提交的或法院调取的文件，可以根据法庭的裁定或裁决进行审查并归入刑事案卷。

第 287 条　地点和房舍的勘验

1. 地点和房舍的勘验由法庭在控辩双方参加下进行，必要时还应有证人、因与之订立审前合作协议而将其刑事案件分出另案诉讼的人、鉴定人和专家参加。房舍的勘验根据法庭的裁定或裁决进行。

2. 在到达勘验地点后，审判长应宣布继续开庭，法庭开始进行勘验，这时可以向受审人、被害人、证人、因与之订立审前合作协议而将其刑事案件分出另案诉讼的人、鉴定人和专家提出与勘验有关的问题。

第 288 条　侦查试验

1. 侦查试验在法庭在控辩双方参加下进行，必要时还应有证人、因与之订立审前合作协议而将其刑事案件分出另案诉讼的人、鉴定人和专家参加。侦查试验根据法庭的裁定或裁决进行。

2. 法庭依照本法典第 181 条的要求进行侦查试验。

第 289 条　进行辨认

如果必须在法庭上进行人或物的辨认，辨认应依照本法典第 193 条的要求进行。

第 290 条　检验

1. 在本法典第 179 条第 1 款规定的情况下，根据法院的裁定或裁决进行检验。

2. 对人的检验如果要裸露身体，应在单独的房间里由医生或其他专家进行，医生和专家应制作和签署检验文书，之后上述人员回到审判庭。在控辩双方以及被检验人在场的情况下，医生或其他专家向法庭报告被检验人身体上发现的痕迹和特征，回答控辩双方和法官的问题。检验文书应归入刑事案卷。

第 291 条　法庭调查的终结

1. 在审查控辩双方提交的证据之后,审判长应询问双方,他们是否需要对法庭调查进行补充。如果有申请对法庭调查进行补充的,法庭应予以讨论并作出相应的决定。

2. 在解决了申请和完成因此而进行的必要审判行为后,审判长宣布法庭调查结束。

第三十八章 控辩双方的辩论和受审人的最后陈述

第 292 条 控辩双方辩论的内容和程序

1. 控辩双方的辩论包括公诉人和辩护人的发言。如果没有辩护人到庭，则由受审人参加双方辩论。

2. 被害人及其代理人也可以参加控辩双方的辩论。附带民事诉讼原告人、附带民事诉讼被告人、他们的代理人、受审人有权申请参加控辩双方辩论。

3. 控辩双方辩论发言的先后顺序由法庭决定。同时，在任何情况下都由公诉人首先发言，而由受审人及其辩护人最后发言。双方辩论时，附带民事诉讼被告人和他的代理人在附带民事诉讼原告人及其代理人之后发言。

4. 控辩双方辩论的参加人无权援引未经审判庭审查的或被法庭认为不可采信的证据。

5. 法庭无权限制控辩双方辩论的时间长短。但是，如果参加辩论的人涉及与所审理的刑事案件无关的情况以及涉及被认为不可采信的证据，审判长有权制止辩论参加人的发言。

6. 在控辩双方辩论的所有参加人发言以后，他们每个人还可以发言一次进行答辩。最后答辩权属于受审人和他的辩护人。

7. 本条第 1 款至第 3 款所列人员，在控辩双方辩论结束法庭退入评议室之前，有权以书面形式向法庭提交他们对解决本法典第 299 条第 1 款第（1）项至第（6）项所列问题措辞的建议。所提措辞建议对法庭不具有约束力。

第 293 条 受审人的最后陈述

1. 在控辩双方的辩论结束后，审判长应让受审人进行最后陈述，包括利用视频系统进行陈述。在受审人进行最后陈述时，不允许向他提出任何问题。

2. 法庭不得对受审人的最后陈述进行时间限制。但是，如果受审人叙述的情况与所审理的刑事案件无关,审判长有权加以阻止。

第 294 条　法庭调查的恢复

　　如果控辩双方或者受审人在其最后陈述中提出了对刑事案件有意义的新情节,或者他们表示必须向法庭提交新的证据进行审查,则法庭有权恢复法庭调查。在重新进行的法庭调查结束后,法庭宣布再次进行控辩双方的辩论和让受审人作最后陈述。

第 295 条　法庭退入评议室作刑事判决

　　1. 在听取受审人的最后陈述后,法庭退入评议室作出刑事判决,对此审判长应向出席审判庭的人员宣布。

　　2. 在法庭退入评议室之前,应向出席审判庭的人员宣布听候刑事判决的时间。

第三十九章　刑事判决的作出

第 296 条　刑事判决以俄罗斯联邦的名义作出

法院以俄罗斯联邦的名义作出刑事判决。

第 297 条　刑事判决的合法性、根据充分和公正性

1. 刑事判决应该是合法的、根据充分的和公正的。

2. 刑事判决的作出如果符合本法典的要求并正确适用刑事法律,刑事判决被认为是合法的、根据充分的和公正的。

第 298 条　法官秘密评议

1. 刑事判决由法庭在评议室作出。在作出判决时,只有作为本刑事案件法庭组成人员的法官才能留在评议室。

2. 在工作时间结束后,以及在工作日里,法官有权退出评议室休息。法官无权泄露在讨论和作出刑事判决时发表的意见或以其他方式泄露法官评议秘密。

第 299 条　法庭在作出刑事判决时应解决的问题

1. 法庭在评议室作出刑事判决时,应解决以下问题:

(1)受审人受到指控的行为的实施是否得到证明;

(2)该行为确系受审人实施是否得到证明;

(3)该行为是否构成犯罪,《俄罗斯联邦刑法典》的哪一条、哪一款、那一项对它作了规定;

(4)受审人对该犯罪的实施是否存在罪过;

(5)受审人所实施的犯罪是否应该受到刑罚;

(6)是否存在减轻或加重刑罚的情节;

(6-1)是否有理由依照《俄罗斯联邦刑法典》第 15 条第 6 款将受审人被指控实施犯罪的种类改判为较轻的种类;

（7）对受审人应该处以何种刑罚；

（7-1）是否有根据依照《俄罗斯联邦刑法典》第 53-1 条规定的程序将剥夺自由改判为强制劳动；

（7-2）受审人是否需要依照《俄罗斯联邦刑法典》第 72-1 条进行戒除毒瘾的医疗性康复和（或）社会性康复治疗；

（8）是否有理由作出不判处刑罚、免除刑罚或适用延期服刑的刑事判决；

（9）在对受审人判处剥夺自由时对受审人应该确定何种刑事执行机构和服刑待遇；

（10）是否应该满足附带民事诉讼请求，哪一方胜诉，数额多少；

（10-1）是否已经证明应予没收的财产是实施犯罪而获得或者是犯罪所得财产的收益，或者是被用来或准备用来作为犯罪工具或资助恐怖主义、极端主义活动（极端主义）、有组织集团、非法武装队伍、黑社会（犯罪组织）；

（11）如何处理为了保全附带民事诉讼和可能进行的没收财产而被扣押的财产；

（12）如何处理物证；

（13）诉讼费用由谁负担，数额多少；

（14）在《俄罗斯联邦刑法典》第 48 条规定的情况下，法院是否应该剥夺受审人的专门称号、军衔或荣誉称号、职衔及国家奖励；

（15）在《俄罗斯联邦刑法典》第 90 条和第 91 条规定的情况下，是否可以适用强制性教育感化措施；

（16）在《俄罗斯联邦刑法典》第 99 条规定的情况下，是否可以适用医疗性强制措施；

（17）是否应该撤销或变更对受审人的强制处分。

2. 如果受审人被指控实施几项犯罪，则法庭应分别就每一项犯罪解决本条第 1 款第（1）项至第（7）项所列问题。

3. 如果几名受审人被指控实施一项犯罪，则法庭应分别对每个受审人解决本条第 1 款第（1）项至第（7）项所列问题，同时确定他参与实施犯罪的作用和程度。

第 300 条　解决受审人的刑事责任能力问题

1. 在本法典第 299 条第 1 款第（16）项规定的情况下，如果在审前调查和法庭审理过程中产生了受审人的刑事责任能力问题，则法庭应该讨论这个问题。

2. 确认受审人在实施行为时处于无刑事责任能力状态或者受审人在实

施犯罪以后发生了精神病,不能意识到自己行为(不作为)的实际性质和社会危害性或者不能控制自己的行为,则法庭应依照本法典第五十一章规定的程序作出裁决。

第301条　合议庭审理刑事案件时法官评议的程序

1. 在评议室作出刑事判决时,如果刑事案件由合议庭审理,则审判长应按本法典第299条规定的程序将问题提交解决。

2. 在解决每个问题时,法官无权投弃权票,但本条第3款规定的情形除外。所有问题均按多数票决定。审判长最后投票。

3. 投票赞成宣告受审人无罪的法官处于少数时,有权对适用刑事法律的问题投弃权票。如果法官们在定罪或量刑的问题上意见有分歧,则赞成宣告受审人无罪的票数应加算到主张按规定较轻犯罪的刑事法律定罪和判处较轻刑罚的票数上。

4. 只有在所有法官一致同意时才能对犯罪人判处死刑。

5. 对作出的刑事判决仍持不同意见的法官,有权用书面形式在评议室阐述自己的意见。在叙述自己的不同意见时,法官无权在意见中提到讨论和作出法院裁判时的评议、法庭组成人员中法官的立场或者以其他方式泄露法官评议秘密。

第302条　判决的种类

1. 法院的刑事判决可以是无罪判决或有罪判决。

2. 有下列情形之一的,应作出无罪判决:

(1)犯罪事件没有得到确定;

(2)受审人与犯罪没有牵连;

(3)受审人的行为中不存在犯罪构成;

(4)陪审团对受审人作出无罪判决。

3. 根据本条第1款规定的任何理由判决无罪,即表示认定受审人无罪,对他应该依照本法典第十八章规定的程序进行平反。

4. 有罪判决不得以推测为根据,而只能在法庭审理过程中受审人实施犯罪的罪过被经过法庭调查核实的证据的总和所证实时才能作出。

5. 在作出有罪判决时,还要同时决定以下事项之一:

(1)判处刑罚而被判刑人应该实际服刑;

(2)判处刑罚而免予服刑;

(3)免予处刑。

6. 在本条第 5 款第(2)项规定的情况下,法庭亦应作出有罪判决,如果在作出刑事判决之前:

(1)颁布大赦令,而大赦令免除适用本刑事判决所判处被判刑人的刑罚;

(2)受审人在本案中受到羁押的时间按照《俄罗斯联邦刑法典》第 72 条规定的刑罚折抵规则已经吸收了法庭判处的刑罚。

7. 在作出有罪判决、判处刑罚并且被判刑人应实际服刑时,法庭应该准确地规定刑罚种类、数量和服刑期开始计算的时间。

8. 如果在法庭审理过程中发现本法典第 24 条第 1 款第(1)项至第(3)项和第 27 条第 1 款第(1)项和第(3)项规定的终止刑事案件和(或)刑事追究的根据,则法庭应该按一般程序继续审理刑事案件直到实体解决。在本法典第 24 条第 1 款第(1)项和第(2)项及第 27 条第 1 款第(1)项和第(2)项规定的情况下,法庭应作出无罪判决,而在本法典第 24 条第 1 款第(3)项及第 27 条第 1 款第(3)项规定的情况下,法庭应作出有罪判决并免除被判刑人的刑罚。

第 303 条　刑事判决书的制作

1. 在解决了本法典第 299 条所列问题后,法庭过渡到制作刑事判决书阶段。刑事判决书用法庭审理时使用的语言制作,由开始部分、叙事和理由部分及结论部分组成。

2. 刑事判决书应该由参加作出刑事判决的一名法官手写或使用技术手段制作。刑事判决由全体法官签字,保留不同意见的法官也应在刑事判决书上签字。

3. 对刑事判决书中的修改之处应该作相应的说明,并在宣读刑事判决书之前在评议室由全体法官签字证明。

4. 如果在法庭审理过程中,没有暴露被害人、证人或刑事诉讼其他参加人的身份,则法院在刑事判决中应该使用他们的化名(同时指出该事实)。

第 304 条　刑事判决书的开始部分

刑事判决书的开始部分应该包括以下内容:

(1)以俄罗斯联邦的名义作出刑事判决;

(2)作出刑事判决的日期和地点;

(3)作出刑事判决的法院的名称,法庭组成人员,关于助理法官、法庭书记员、公诉人或自诉人、辩护人、被害人、附带民事诉讼原告人、附带民事诉讼被告人和他们的代理人的情况;

（4）受审人的姓名、出生日期和出生地、住所地、工作地点、职业种类、文化程度、家庭状况和有关受审人身份的其他对刑事案件有意义的材料；

（5）《俄罗斯联邦刑法典》中对受审人被指控实施的犯罪规定责任的条、款、项。

第 305 条　无罪判决书的叙事和理由部分

1. 无罪判决书的叙事和理由部分应该叙述以下内容：

（1）所提出指控的实质；

（2）法庭所确认的刑事案件情节；

（3）宣告受审人无罪的根据和证明这些根据的证据；

（4）法院推翻指控方所提交证据的理由；

（5）对附带民事诉讼作出判决的理由。

2. 无罪判决书中不得使用让人对被宣告无罪的人的无罪产生怀疑的措辞。

第 306 条　无罪判决书的结论部分

1. 无罪判决书的结论部分应该包括：

（1）受审人的姓名；

（2）关于认定受审人无罪的裁判和宣告受审人无罪的根据；

（3）关于撤销强制处分的决定，如果已经选择了强制处分；

（4）关于撤销没收财产保全措施的决定，以及撤销保全损害赔偿措施的决定，如果已经采取这样的措施；

（5）说明赔偿刑事追究所造成损害的程序。

2. 在作出无罪判决或根据本法典第 24 条第 1 款第（1）项和第 27 条第 1 款第（1）项作出终止刑事案件的裁决或裁定时，法院应驳回附带民事诉讼请求。在其他情况下，法院可以对民事诉讼不予审理。法院对民事诉讼不予审理不妨碍以后通过民事诉讼程序提起和审理民事诉讼。

3. 在根据本法典第 27 条第 1 款第（1）项规定的理由作出无罪判决、终止刑事追究的裁决或裁定时，以及在应作为刑事被告人被追究的人未确定的情况下，法院应将刑事案件移送侦查机关领导人或调查机关首长进行侦查，以确定应该作为刑事被告人被追究的人。

第 307 条　有罪判决书的叙事和理由部分

有罪判决书的叙事和理由部分应该包括：

（1）描述法庭认为得到证明的犯罪行为，并指出实施犯罪的地点、时间和

方式,罪过的形式,犯罪的动机、目的和后果;

（2）法庭据以对受审人作出结论的证据,以及法庭推翻其他证据的理由;

（3）指出减轻和加重刑罚的情节,而如果认为某一部分的指控证据不足或者确认定罪不正确,则还要说明变更指控的根据和理由;

（4）解决所有与判处刑罚、免除刑罚或免予服刑、适用其他感化措施有关的问题的理由;

（4-1）法院据以认定应没收的财产是实施犯罪所得或者是该财产的收益,或者是被用来或准备用来作为犯罪工具、设备或其他手段或资助恐怖主义、极端主义活动（极端主义）、有组织集团、非法武装队伍、黑社会（犯罪组织）;

（5）说明对本法典第 299 条所列问题所作决定的理由。

第 308 条　有罪判决书的结论部分

1. 有罪判决书的结论部分应该包括:

（1）受审人的姓名;

（2）关于认定受审人有罪的裁决;

（3）《俄罗斯联邦刑法典》中规定受审人被指控实施的犯罪的刑事责任的条、款、项;

（4）对受审人被认定有罪的每一项犯罪应判处的刑罚种类和轻重程度;

（5）应该依照《俄罗斯联邦刑法典》第 69 条至第 72 条实际执行的最终刑罚;

（6）被判刑人应该服剥夺自由刑的改造机构的种类以及该改造机构中的管束制度;

（7）判处缓刑时,考验期的长短和应责成被判刑人履行的义务;

（8）关于依照《俄罗斯联邦刑法典》第 45 条判处附加刑的裁决;

（9）如果受审人在作出刑事判决前已经被拘捕,或者被适用羁押、监视居住、本法典第 105-1 条第 6 款第（1）项规定的禁止一定行为作为强制处分,或者曾被安置到提供医疗救助的医疗住院机构或提供精神病学帮助的医疗住院机构,审前羁押期如何折抵;

（10）关于刑事判决生效前对受审人的强制处分的决定;

（11）在判处在改造村服剥夺自由刑的情况下解决将被判刑人押往服刑场所服刑的问题;

（12）对判处限制自由的被判刑人规定哪些限制。

2. 如果对受审人根据刑事法律的若干条款提出指控,则刑事判决的结论部分应该准确地指出受审人根据哪些条款无罪和根据哪些条款被判刑。

3. 如果受审人被免予处刑、适用延期服刑或作出不判处刑罚的刑事判决,也应在刑事判决的结论部分加以说明。

4. 在判处罚金作为主刑或附加刑时,刑事判决的结论部分应该指出依照俄罗斯联邦国家支付系统立法规定的划拨金钱处罚金额的结算单证填写规则所必需的信息。

第 309 条　刑事判决书的结论部分应解决的其他问题

1. 在刑事判决书的结论部分,除本法典第 306 条和第 308 条所列问题外,还应该包括:

(1) 依照本条第 2 款对提出的附带民事诉讼作出的裁决;

(2) 物证问题的解决;

(3) 诉讼费用的分摊问题。

2. 如果因需要延期进行法庭审理的附带民事诉讼还必须发生额外的开支,法院可以认定附带民事诉讼原告人有权胜诉,并将关于民事诉讼的赔偿数额问题移交,按民事诉讼程序解决。

3. 在刑事判决书的结论部分还应该说明依照本法典第四十五·一章对判决提出上诉的程序和期限,说明被判刑人和被宣告无罪的人有权申请参加上诉审法院对刑事案件的审理。

第 310 条　刑事判决的宣读

1. 在刑事判决书签字后,法官回到审判庭,审判长宣布刑事判决。所有出席审判庭的人员,包括法庭组成人员,均应起立听候宣判。

2. 如果刑事判决使用受审人不通晓的语言叙述,则翻译人员应与刑事判决宣读同步或在宣读后大声地翻译成受审人通晓的语言。

3. 如果受审人被判处死刑,则审判长应向他说明要求特赦的权利。

4. 如果根据本法典第 241 条第 7 款仅宣布刑事判决的开始部分和结论部分,则法庭应向法庭审理的参加人说明了解刑事判决全文的程序。

5. 法官的不同意见至迟应在刑事判决宣读后的 5 日内制作。法官的不同意见附于刑事判决但不得在审判庭宣读。在宣读刑事判决时,审判长宣布法官的不同意见并向出庭人员说明他们有权在 3 日内提出了解法官不同意见的申请并说明了解的期限。

6. 被判刑人、被宣告无罪的人、辩护人、法定代理人、检察长、被害人、他的代理人均有权申请了解法官的不同意见,而在不同意见涉及附带民事诉讼时,附带民事诉讼的被告人、原告人和他们的代理人也有权申请了解法官的不同意见。

第 311 条　解除受审人的羁押

有以下情形之一的,被羁押的受审人立即解除羁押:

(1)作出无罪判决;

(2)作出有罪判决同时免予处刑;

(3)作出有罪判决、判处刑罚同时免予实际服刑;

(4)作出有罪判决,同时判处与剥夺自由无关的刑罚,或者判处剥夺自由缓刑;

(5)作出有罪判决并适用延期服刑。

第 312 条　刑事判决书副本的送达

刑事判决书的副本应在自宣布刑事判决之日起的 5 日内送达被判刑人或被宣告无罪的人、他的辩护人和公诉人或自诉人。如果有被害人、附带民事诉讼原告人、附带民事诉讼被告人及其代理人参加刑事诉讼,则刑事判决书的副本还应在相同期限内送达上述人员。

第 313 条　法庭在作出刑事判决的同时应解决的问题

1. 如果被判处剥夺自由的人有未成年子女、其他受供养人以及需要他人照料的年迈父母,法庭应在作出有罪判决的同时作出裁定或裁决将上述人送交其近亲属、亲属或他人照料或者安置到儿童教养机构或社会保障机构。

2. 如果被判刑人还有财产和住房无人看管,法庭应作出采取措施予以保护的裁定或裁决。

2-1. 如果对被判刑人实行国家保护,法院应作出裁定或裁决继续适用安全措施,如果俄罗斯联邦立法规定的继续适用安全措施的根据已经不复存在,则作出撤销安全措施的裁定或裁决。关于作出裁定或裁决的事宜应该通知适用安全措施的机关以及该裁定或裁决所涉及的人员。

3. 如果辩护人受法院指定参加刑事案件,法庭在作出判决的同时还应作出裁定或裁决,规定应向辩护人支付提供法律帮助报酬的数额。

4. 本条规定的所有决定,还可以根据利害关系人的申请在宣读刑事判决之后作出。

5. 如果在控辩双方辩论结束之前被害人、他的法定代理人或代理人依照本法典第 42 条第 5-1 款申请取得本法典第 42 条第 2 款第 21-1 项规定的信息,法院应在作出有罪判决的同时作出通知被害人或他的法定代理人的裁决或裁定。在裁决、裁定中应指出应该提供给被害人或其法定代理人的信息、住址、电子邮件地址、电话号码和被害人或其法定代理人提供的其他信息,以及向被害人或其法定代理人说明必须及时向刑罚执行机构报告上述信息的变更或者不再继续获得信息。裁决或裁定的副本应连同有罪判决的副本一并送交刑罚执行机构或机关,并发给被害人或他的法定代理人。

第四十章　在刑事被告人同意对他提出的指控时作出法院判决的特别程序

第 314 条　适用法院判决特别程序的根据

1. 在刑事案件中,如果《俄罗斯联邦刑法典》对该犯罪规定的刑罚不超过 10 年剥夺自由,在国家公诉人或自诉人和被害人同意的情况下,刑事被告人有权表示同意对他提出的指控并申请不经过法庭审理即对刑事案件作出判决。

2. 在本条第 1 款规定的情况下,如果能证明以下情况,法院有权不按一般程序进行法庭审理即作出刑事判决:

(1)刑事被告人意识到他所提出的申请的性质和后果;

(2)申请的提出是自愿的并向辩护人进行过咨询。

3. 如果法院确认,本条第 1 款和第 2 款规定的刑事被告人提出申请的条件没有得到遵守,则作出按一般程序进行法庭审理的决定。

4. 如果国家公诉人或自诉人和(或)被害人反对刑事被告人提出的申请,则刑事案件仍按一般程序审理。

第 315 条　提出申请的程序

1. 刑事被告人因同意对他提出的指控而要求不经法庭审理即作出刑事判决的申请,应在其辩护人在场的情况下提出。如果受审人本人、他的法定代理人没有聘请辩护人,其他人也没有根据他们的委托聘请辩护人,则法院在这种情况下应保证辩护人参加刑事案件。

2. 刑事被告人有权提出以上申请的时间:

(1)在了解刑事案件材料时,对此应依照本法典第 218 条第 2 款在了解

刑事案件材料的笔录中作相应的记载;

（2）在庭前听证时,如果依照本法典第229条必须进行庭前听证。

第 316 条　审判庭开庭和作出刑事判决的程序

1. 在受审人同意对他提出的指控而申请不经法庭审理即对他的案件作出刑事判决时,审判庭开庭的程序依照本法典第三十五章、第三十六章、第三十八章和第三十九章规定的程序,同时考虑本条的要求。

2. 审判庭开庭时,受审人和他的辩护人必须到庭。

3. 审理受审人要求不经法庭审理即作出刑事判决的申请时,首先由国家公诉人叙述向受审人提出的指控,而在自诉案件中,则由自诉人叙述指控。

4. 法官应询问受审人:他是否明白对他的指控,他是否同意指控,他是否坚持自己不经法庭审理即作出刑事判决的申请,他提出这一申请是否自愿和是否向辩护人进行过咨询,他是否意识到不经法庭审理即作出刑事判决的后果。在被害人参加法庭审理的情况下,法官应向他说明不经法庭审理即作出有罪判决的程序和后果并查明被害人对受审人申请的态度。

5. 法官不按一般程序对刑事案件中所搜集到的证据进行审查和评价。在这种情况下,可以审查与受审人身份有关的情况及减轻和加重刑罚的情节。

6. 如果受审人、国家公诉人或自诉人、被害人反对不经法庭审理即作出刑事判决,法官应作出终止法庭审理特别程序而按一般程序审理刑事案件的裁决,法官也可以主动作出这种裁决。

7. 如果法官得出结论认为受审人所同意的指控根据充分,已经被刑事案件中搜集到的证据所证实,则法官作出有罪判决并对受审人处刑,刑罚不得超过所实施犯罪法定最重刑种最高刑期或数额的2/3。

8. 有罪判决书的叙事和理由部分应该包括:描述受审人所同意的被指控实施的犯罪行为,法庭关于不经法庭审理即作出刑事判决的条件已经得到遵守的结论。刑事判决书不反映法官对证据的分析和评价。

9. 在宣布刑事判决后,法官应向控辩双方说明本法典第四十五·一章规定的对判决提出上诉的权利和程序。

10. 本法典第131条规定的诉讼费用,不得向受审人收取。

第 317 条　对刑事判决提出上诉的限制

对依照本法典第316条作出的刑事判决,不得依照本法典第389-15条第（1）项规定的根据按上诉程序提出上诉。

第四十·一章　在签订审前合作协议情况下作出法院裁决的特别程序

第 317-1 条　申请签订审前合作协议的程序

1. 签订审前合作协议的申请由犯罪嫌疑人或刑事被告人以书面形式向检察长提出。该申请还应有辩护人的签字,如果犯罪嫌疑人或刑事被告人本人、他的法定代理人未聘请辩护人,犯罪嫌疑人或刑事被告人也未委托其他人聘请辩护人,则侦查员应保证必须有辩护人参加。

2. 犯罪嫌疑人或刑事被告人有权自开始刑事追究之时直至侦查终结之时申请签订审前合作协议。申请中犯罪嫌疑人或刑事被告人应指出他保证实施哪些行为协助揭露和调查犯罪、揭露和对其他共同犯罪人进行刑事追究、起获赃物。

3. 签订审前合作协议的申请由犯罪嫌疑人、刑事被告人、他的法定代理人通过侦查员向检察长提交。侦查员在收到申请书之时起的 3 日内送交检察长,同时提交他与侦查机关领导人协商并说明理由的关于向检察长提出与犯罪嫌疑人、刑事被告人签订审前合作协议的决定,或者作出决定驳回犯罪嫌疑人、刑事被告人要求签订审前合作协议的申请。

4. 对于侦查员驳回犯罪嫌疑人、刑事被告人要求签订审前合作协议申请的决定,犯罪嫌疑人、刑事被告人、他的辩护人可以向侦查机关领导人提出申诉。

第 317-2 条　审议签订审前合作协议申请的程序

1. 对犯罪嫌疑人或刑事被告人要求签订审前合作协议的申请以及侦查员向检察长提出的与犯罪嫌疑人、刑事被告人签订审前合作协议的申请,检察长应在收到之时起的 3 日内进行审议。根据审议的结果检察长作出以下决定之一:

（1）满足签订审前合作协议的申请；

（2）驳回签订审前合作协议的申请。

2. 关于驳回签订审前合作协议申请的决定,侦查员、犯罪嫌疑人、刑事被告人、他的辩护人可以向上级检察长提出申诉。

第 317-3 条　制作审前合作协议书的程序

1. 检察长在做出同意签订审前合作协议的决定后,应邀请侦查员、犯罪嫌疑人或刑事被告人和他的辩护人前来,在他们的参与下制作审前合作协议书。

2. 审前合作协议书应包括以下内容：

（1）制作的日期和地点；

（2）签订审前合作协议的检察机关工作人员；

（3）签订审前合作协议的犯罪嫌疑人或刑事被告人的姓名,他的出生年月日；

（4）对犯罪的描述,并指出实施的时间、地点以及应该依照本法典第 73 条第 1 款第（1）项至第（4）项进行证明的其他情节；

（5）《俄罗斯联邦刑法典》对该犯罪规定刑事责任的条、款、项；

（6）犯罪嫌疑人或刑事被告人保证在履行审前合作协议规定的义务时应实施的行为；

（7）减轻情节和在犯罪嫌疑人或刑事被告人遵守审前合作协议的条件、履行审前合作协议所规定义务的情况下可以对之适用的刑事立法规范。

2-1. 检察长应向申请订立审前合作协议的犯罪嫌疑人或刑事被告人说明,如果在法庭上拒绝对共同犯罪人和实施犯罪的其他人进行陈述,考虑到本法典第 46 条第 4 款第（2）项和第 47 条第 4 款第（3）项的规定,他所作的陈述可能被用作刑事案件的证据；根据本法典第 317-8 条,如果在对受审人判处刑罚后发现他故意提供虚假信息或者故意对侦查部门隐瞒某些重大信息,他没有遵守审前合作协议规定的条件和没履行审前合作协议规定的义务,可以对刑事判决进行重新审查；在依照本法典第 317-7 条规定的程序对分出另案诉讼的刑事案件进行审理后,他可能被要求参加对共同犯罪人和其他犯罪人提起的刑事案件的诉讼。

3. 审前合作协议由检察长、犯罪嫌疑人或刑事被告人、他的辩护人签字。

第 317-4 条　对签订了审前合作协议的犯罪嫌疑人或刑事被告人进行侦查

1. 依照本法典第 154 条第 1 款第（4）项对签订了审前合作协议的犯罪

嫌疑人或刑事被告人的刑事案件分出另案进行办理,对犯罪嫌疑人或刑事被告人的侦查依照本法典第二十二章至第二十七章规定的程序进行,同时考虑本条的特别规定。

2. 关于签订审前合作协议的申请、侦查员向检察长提交的与犯罪嫌疑人或刑事被告人签订审前合作协议的决定、检察长关于同意签订审前合作协议的决定以及审前合作协议均应附于刑事案卷。

3. 如果签订了审前合作协议的犯罪嫌疑人或刑事被告人、他的近亲属和亲近的人安全受到威胁,则侦查员应作出决定,封存本条第2款所列文件。

4. 侦查终结后,刑事案件应按本法典第220条规定的程序移送检察长,检察长批准起诉书并提出刑事被告人遵守与他签订的审前合作协议的条件和协议所规定的义务。

5. 如果与之订立了审前合作协议的犯罪嫌疑人或刑事被告人只是报告了关于自己参与实施行为或其他审前调查机关已知的信息,如果拒绝揭露其他共同犯罪人,或者发现其他事实证明犯罪嫌疑人或刑事被告人没有遵守审前合作协议规定的条件或没有履行审前合作协议规定的义务,则检察长有权作出决定,变更审前合作协议或终止审前合作协议的效力。在检察长作出变更审前合作协议的决定时,应该依照本法典第317-3条制作新的合作协议。如果检察长决定终止审前合作协议的效力,则刑事案件的诉讼按照一般程序进行。

第317-5条　检察长提请启动法庭审理和对签订了审前合作协议的刑事被告人作出法院裁判的特别程序

1. 检察长依照本法典第221条规定的程序和期限审议侦查员移送的对签订了审前合作协议的刑事被告人的刑事案件,以及证明刑事被告人遵守了该协议的条件和履行了它规定的义务,在刑事被告人同意提出的指控和审前合作协议得到批准时,检察长应作出对该刑事案件的审理启动法庭审理特别程序并作出法院裁判的决定。决定应指出:

(1)刑事被告人协助侦查揭露和调查犯罪、揭露和对其他共同犯罪人进行刑事追究、起获赃物等行为的性质和范围;

(2)同刑事被告人的合作对揭露和调查犯罪、揭露和对其他共同犯罪人进行刑事追究、起获赃物的意义;

(3)由于合作而揭露的犯罪或提起的刑事案件;

(4)因同控方合作刑事被告人本人、他的近亲属和亲近的人受到的威胁的程度。

2. 检察长的决定中还应证明刑事被告人在履行同他签订的审前合作协议所规定的义务时所提供的信息材料的充分与真实。

3. 检察长决定的副本应送达刑事被告人和他的辩护人,而刑事被告人和他的辩护人有权提出自己的意见,在这些意见有根据时检察长应予以考虑。

4. 自刑事被告人和他的辩护人了解检察长决定之时起的 3 日内,检察长应将刑事案件的上述决定移送法院。

第 317-6 条　对签订了审前合作协议的刑事被告人适用进行法庭审理和对刑事案件作出法院裁判特别程序的根据

1. 法院审议对签订了审前合作协议的刑事被告人适用法庭审理和对刑事案件作出法院裁判特别程序的根据是法院收到的刑事案件和本法典第 317-5 条所规定的检察长决定。

2. 如果法院证实以下情况,则对签订了审前合作协议的刑事被告人适用法庭审理和对刑事案件作出法院裁判特别程序:

(1)国家公诉人证实刑事被告人积极协助揭露和调查犯罪、揭露和对其他共同犯罪人进行刑事追究、起获赃物;

(2)审前合作协议的签订是自愿的并且有辩护人参加。

3. 如果法院确认本条第 1 款和第 2 款的条件未得到遵守,则法院作出按一般程序审理刑事案件的裁判。

4. 如果犯罪嫌疑人或刑事被告人协助侦查仅提供他本人参与的犯罪活动的信息材料,则本章的规定不予适用。

第 317-7 条　对签订了审前合作协议的受审人适用法庭审理和作出刑事判决的程序

1. 对签订了审前合作协议的受审人的法庭审理和作出刑事判决依照本法典第 316 条规定的程序,并考虑本条的要求进行。

2. 法庭审理时,受审人和他的辩护人必须到庭。

3. 法庭审理开始时,由国家公诉人宣读对受审人提出的指控,之后国家公诉人证明受审人协助侦查的行为,并向法庭说明协助表现在哪里。

3-1. 法官询问受审人是否明白对他的指控,他是否同意指控,并让受审人对指控的实质进行陈述,之后参加案件审理的辩护人和国家公诉人有权向受审人提问。受审人还可以向法庭报告他对侦查提供了哪些帮助,表现在哪里,并回答出庭人员的问题。

4. 法庭审理时应调查：

（1）受审人协助揭露和调查犯罪、揭露和对其他共同犯罪人进行刑事追究、起获赃物的性质和范围；

（2）同受审人的合作对揭露和调查犯罪、揭露和对其他共同犯罪人进行刑事追究、起获赃物的意义；

（3）由于同他的合作而揭露的犯罪或提起的刑事案件；

（4）刑事被告人、他的近亲属和亲近的人因同控方合作而受到的威胁的程度；

（5）说明受审人个人情况的情节以及减轻或加重刑罚的情节。

5. 法官在确信受审人遵守了同他签订的审前合作协议的所有条件和履行了协议规定的义务后，作出有罪判决，并考虑《俄罗斯联邦刑法典》第 62 条第 2 款和第 4 款的规定对他处刑。根据法院的裁量，考虑《俄罗斯联邦刑法典》第 64 条、第 73 条和第 80-1 条，可以对受审人判处比法定刑更轻的刑罚、缓刑或者免予服刑。

6. 有罪判决的叙事部分和理由部分应该描述受审人被指控的犯罪行为以及法院对受审人遵守审前合作协议条件和履行协议所规定义务的结论。

7. 在宣读刑事判决后，法官向控辩双方说明本法典第 45-1 条规定的提出上诉或抗诉的权利。

第 317-8 条　对签订了审前合作协议的受审人所处的刑事判决的再审

如果在依照本章的规定对签订了审前合作协议的受审人处刑后发现他故意提供了虚假信息材料或故意隐瞒了重大信息材料，则刑事判决应依照本法典第十五编规定的程序进行再审。

第 317-9 条　对签订了审前合作协议的犯罪嫌疑人或刑事被告人采取的安全措施

1. 对签订了审前合作协议的犯罪嫌疑人或刑事被告人，如果出于保障他和他的近亲属和亲近的人的安全之必需，应采取本法典第 11 条和第 241 条第 2 款第（4）项规定的安全措施。

2. 对签订了审前合作协议的犯罪嫌疑人或刑事被告人应适用俄罗斯联邦法律规定的对被害人、证人和刑事诉讼其他参加人的国家保护措施。

第四十一章　和解法官所管辖刑事案件的诉讼

第 318 条　自诉刑事案件的提起

1. 本法典第 20 条第 2 款所列犯罪案件,由被害人或其法定代理人向法院对具体的人递交申请的方式提起,但本法典第 147 条第 1 款第(2)项和第 4 款规定的情形除外。

2. 在被害人死亡的情况下,刑事案件通过被害人的近亲属提出申请的方式或者依照本条第 3 款规定的程序提起。

3. 在本法典第 20 条第 4 款规定的情况下,刑事案件由侦查员或调查人员经检察长同意提起。同时侦查员着手进行侦查,调查人员则进行调查。

4. 检察长介入刑事案件并不剥夺控辩双方和解的权利。

5. 申请书应包括以下内容:

(1)接收申请的法院名称;

(2)对犯罪事件的描述,实施犯罪的地点、时间及情节;

(3)向法院提出的关于受理刑事案件的请求;

(3-1)关于被害人的情况以及证明其身份的文件;

(4)关于应被追究刑事责任的人的情况;

(5)必须传唤到庭的证人名单;

(6)申请人签字。

6. 在向法院提交申请时,还应按照被提起自诉案件的人的数量一并提交申请书的副本。对申请人应事先说明《俄罗斯联邦刑法典》第 306 条规定的虚假举报犯罪的刑事责任,对此应在申请书上注明,并由申请人签字。同时和解法官向申请人说明他与被他指控的人和解的权利。

7. 法院受理申请应作出裁决,自受理申请之时起,提出申请的人即为自诉人。应该向他说明本法典第 42 条和第 43 条规定的权利,对此应制作笔录,法官和提出申请的人应该在笔录上签字。

8. 如果法院在受理申请之后查明,被害人由于处于从属地位或孤立无援或其他原因而不能维护自己的权利和合法利益,则和解法官有权规定被害人的法定代理人和检察长必须参加诉讼。

第 319 条　和解法官在自诉刑事案件中的权限

1. 如果申请不符合本法典第 318 条第 5 款和第 6 款的要求,和解法官应作出将申请退还申请人的裁决,裁决应建议申请人按照上述要求修改申请,并规定修改的期限。如果申请人不执行这一指示,和解法官对申请不予受理并将此情况通知申请人。

1-1. 如果收到的申请不符合本法典第 318 条第 5 款第(4)项的要求,和解法官应拒绝受理并将上述申请书送交侦查机关领导人或调查机关首长,以便解决依照本法典第 20 条第 4 款的规定提起刑事案件的问题,对此应通知申请人。

1-2. 如果申请是针对本法典第 147 条第 1 款第(2)项所列人员提出的,则和解法官应拒绝受理并将申请书送交侦查机关领导人或调查机关首长,以解决依照本法典第 448 条规定的程序提起刑事案件的问题,对此应通知申请人。

2. 根据控辩双方的请求,和解法官有权对控辩双方在搜集他们不可能独立取得的证据方面给予帮助。

3. 如果有根据决定开庭进行法庭审理,则和解法官有权在自法院收到申请之日起的 7 日内传唤被提出申请的人,让他了解刑事案件材料,向他递交申请书的副本,说明本法典第 47 条规定的受审人在审判庭的权利,并查明该人认为谁应该作为辩方证人被传唤到庭,对此要他进行具结。

4. 如果被提出申请的人不到庭,则应将申请书的副本以及对受审人权利、双方和解的条件和程序的说明送交受审人。

4-1. 如果在受理申请之后查明,被提出申请的人属于本法典第 447 条所列人员,则和解法官作出裁决拒绝受理被害人的申请,并将申请书送交侦查机关领导人或调查机关首长,以解决依照本法典第 448 条规定的程序提起刑事案件的问题,对此应通知申请人或他的法定代理人。

5. 和解法官向双方说明进行和解的可能性。如果收到双方的和解申请,则刑事案件的诉讼根据和解法官的裁决依照本法典第 20 条第 2 款予以终止,但侦查员或调查人员经检察长同意依照本法典第 147 条第 4 款提起刑事案件的情形除外,这类案件可以依照本法典第 25 条规定的程序进行和解而终止。

6. 如果双方未能达成和解,则和解法官在完成本条第 3 款和第 4 款的要求后,应决定根据本法典第三十三章规定的规则开庭审理刑事案件。

第 320 条　和解法官处理附有起诉书的刑事案件的权限

对法院收到的附有起诉书的刑事案件,和解法官应进行法庭审理的预备工作并依照本法典第三十三章规定的程序作出决定。

第 321 条　刑事案件的法庭审理

1. 除本条规定的例外,和解法官按一般程序审理刑事案件。

2. 法庭审理应该在法院收到申请之日起的 3 日后 14 日前开始。

3. 对自诉案件的申请可以与对应申请合并审理。依照和解法官的裁决在法庭调查开始前允许将两个申请合并审理。在合并时,申请人同时作为自诉人和受审人参加刑事诉讼。因收到对应申请和两个申请合并审理,为了准备辩护,根据被提出对应申请的人的请求,刑事案件可以延期(审理),但不得超过 3 日。就申请人在申请书中叙述的情节对他们进行的询问,按照询问被害人的规则进行,而关于对应申请中叙述的情节,则按询问受审人的规则进行。

4. 出庭支持指控的是:

(1)国家公诉人——在本法典第 20 条第 4 款和第 318 条第 3 款规定的情况下;

(2)自诉人——在自诉案件中。

5. 自诉案件的法庭调查从自诉人或其代理人叙述申请开始。在自诉案件中同时审理对应申请时,对应申请理由的叙述在主要申请的理由叙述后按相同程序进行。自诉人有权提交证据参加证据的审查,就指控的实质、刑事法律的适用和对受审人处刑以及法庭审理过程中产生的其他问题向法庭陈述自己的意见。如果指控不会恶化受审人的状况,也不侵犯他的辩护权,自诉人可以变更指控,也有权放弃指控。

6. 如果在刑事案件的法庭审理过程中,被自诉人的行为被查明含有不是本法典第 20 条规定的犯罪要件,则和解法官应作出裁决终止该案的刑事追究而将材料送交并将申请书送交侦查机关领导人或调查机关首长,以解决依照公诉——自诉案件程序提起刑事案件的问题,对此应通知申请人或他的法定代理人。

第 322 条　和解法官的判决

　　和解法官依照本法典第三十九章规定的程序作出刑事判决。

第 323 条　对和解法官所作出的刑事判决和裁决的上诉和抗诉

　　1. 对和解法官作出的刑事判决,控辩双方可以在宣布之日起的 10 日内依照本法典第 389-1 条和第 389-3 条规定的程序提出上诉或抗诉。

　　2. 对和解法官作出的关于终止刑事案件的裁决和其他裁决,可以在相同期限内提出申诉。

　　3. 检察长的抗诉应送交和解法官,上诉状和抗诉书应与刑事案件材料一起移送区法院,以便按上诉程序审理刑事案件。

第四十二章　陪审法庭审理的刑事案件的诉讼

第 324 条　陪审法庭审理刑事案件的程序

陪审法庭对刑事案件的审理按一般程序进行,同时应考虑本章的特别规定。

第 325 条　进行庭前听证的特别规定

1. 陪审法庭进行庭前听证依照本法典第三十四章规定的程序进行,同时应考虑本条的要求。

2. 有几名受审人的刑事案件,只要其中一名受审人申请陪审法庭审理刑事案件而其余受审人没有异议,则对所有受审人均应由陪审法庭进行审理。如果有一名受审人或几名受审人拒绝陪审法庭,则由法院解决将他们的案件分出单独审理的问题。在这种情况下法院应该查明分出由陪审法庭单独审理不会妨碍全面和客观的解决单独审理的刑事案件,如果不可能分出单独审理,则全案应由陪审法庭审理。

3. 如果受审人未申请由陪审法庭审理他的案件,则该刑事案件由不同组成人员的法庭按照本法典第 30 条规定的程序审理。

4. 在关于刑事案件由陪审法庭审理的决定中,应该指出候选陪审员的数量,候选陪审员都应传唤到庭,在共和国最高法院、边疆区法院或州法院、联邦直辖市法院、自治州法院、自治专区法院、军区(舰队)军事法院候选陪审员不得少于 14 名,而在区法院、卫戍区军事法院不得少于 12 名,同时还要指出,审判庭是公开审判、不公开审判或部分不公开审判。最后,法院应该决定哪个部分应不公开审判。

5. 法官关于刑事案件由陪审法庭审理的裁决为最后裁决。受审人以后再拒绝陪审法庭审理案件的要求,不予接受。

6. 裁决的副本应根据双方的请求提交给双方。

第 326 条　陪审员预选名单的拟定

1. 在决定审判庭开庭后,审判庭书记员或助理法官根据审判长的指令从法院的候选陪审员总名单和候选名单中用随机选择的方式进行候选陪审员的遴选。

2. 审判庭书记员或助理法官检查是否存在妨碍陪审员参加刑事案件审理的情况。

3. 同一人在 1 年之内最多只能有 1 次作为陪审员出席审判庭。

4. 在参加刑事案件审理的候选陪审员的遴选工作结束后,应制作预选名单,指出他们的姓名和家庭住址,制作该名单的审判庭书记员或助理法官应在名单上签字。候选陪审员预选名单不得包括因联邦法律规定的情况而不能作为陪审员参加刑事案件审理的人员。

5. 候选陪审员的姓氏依照进行随机选择的顺序列入名单。

6. 至迟应在法庭审理开始前的 7 天将指定到达法院的日期和时间的通知送达被列入预选名单的候选陪审员。

7. 根据陪审员的口头或书面申请,审判长可以免除以下人员履行陪审员职责:年龄超过 60 岁的人;有 3 岁以下子女的妇女;由于宗教信仰认为自己不能参加审判的人员;暂离职务可能对社会利益或国家利益造成重大损害的人员;有正当理由不能出庭参加审判的其他人员。

第 327 条　审判庭的预备部分

1. 陪审法庭的预备部分依照本法典第三十六章规定的程序,并考虑本条的要求进行。

2. 在报告控辩双方和刑事诉讼其他参加人的到庭情况后,审判庭书记员或助理法官应报告候选陪审员到庭的情况。

3. 如果到共和国最高法院、边疆区法院或州法院、联邦直辖市法院、自治州法院、自治专区法院、军区(舰队)军事法院审判庭的候选陪审员少于 14 名,而到区法院、卫戍区军事法院的候选陪审员少于 12 名,审判长应发出再传唤候选陪审员的指令。

4. 出席审判庭的候选陪审员的名单,应发给控辩双方,但不指出其家庭住址。

5. 审判长在向双方说明权利的时候,除本法典第一部分各相应条款规

定的权利外,还应向他们说明:

(1)申请陪审员回避的权利,但必须说明理由;

(2)受审人或他的辩护人、国家公诉人申请陪审员回避的权利,而不必说明理由,每个参加人可以申请陪审员回避;

(3)本章规定的其他权利以及不行使这些权利的法律后果。

第 328 条　陪审团的组成

1. 在审判长完成第 327 条的要求后,候选陪审员被邀请到审判庭。

2. 审判长向候选陪审员发表简短开场致词,致词中他要:

(1)进行自我介绍;

(2)介绍控辩双方;

(3)报告应该审理什么刑事案件;

(4)报告法庭审理预计要进行多长时间;

(5)说明陪审员面临的任务、本法典规定他们参加审理该刑事案件的条件。

3. 审判长应向候选陪审员说明他们有义务据实回答对他们提出的问题,提供关于本人及其与刑事诉讼其他参加人关系的必要信息。此后,审判长应询问候选陪审员是否存在妨碍他们作为陪审员参加刑事案件审理的情况。

4. 出席审判庭的每位候选陪审员均有权指出妨碍他履行陪审员职责的原因并有权申请自行回避。

5. 根据候选陪审员关于不能参加法庭审理的申请,再听取控辩双方的意见,之后法官作出决定。

6. 候选陪审员,如其免除审理刑事案件的申请得到满足,应从预选名单中剔除,并退出审判庭。

7. 在候选陪审员关于自行回避的申请得到满足后,审判长应建议双方行使其申请回避的权利。

8. 审判长应让控辩双方有可能向剩下的每位候选陪审员提出问题,查明他们认为可能妨碍其作为陪审员参加该刑事案件审理的情况。不允许提出其他问题,其他问题一律由审判长驳回。辩方首先询问候选陪审员。如果有几名参加人代表某一方,则他们代表该方进行询问的顺序由他们协商决定。

9. 在结束对候选陪审员的询问后,应该按候选陪审员名单确定的先后顺序讨论每位候选陪审员。审判长应询问控辩双方,他们是否认为存在妨碍有人作为陪审员参加刑事案件审理的情况而申请回避。

10. 控辩双方向审判长递交关于回避的书面申请,申请须说明理由,但不宣读。这些申请由法官审查,不退入评议室。回避的候选陪审员应从预选名单中剔除。

11. 审判长应将自己对说明理由的回避所作的决定通知控辩双方。他也可以将自己的决定通知候选陪审员。

12. 如果由于自行回避申请或说明理由的回避申请得到满足,在共和国最高法院、边疆区法院或州法院、联邦直辖市法院、自治州法院、自治专区法院、军区(舰队)军事法院审判庭的候选陪审员少于 12 名,而在区法院、卫戍区军事法院的候选陪审员少于 10 名,则审判长应采取本法典第 327 条第 3 款规定的措施。如果剩余候选陪审员的数量在共和国最高法院、边疆区法院或州法院、联邦直辖市法院、自治州法院、自治专区法院、军区(舰队)军事法院审判庭的候选陪审员为 12 名以上,而在区法院、卫戍区军事法院的候选陪审员为 10 名以上,则审判长应建议控辩双方提出不必说明理由的回避申请。

13. 要求候选陪审员回避的不说明理由的申请由本法典第 327 条第 5 款第(2)项所列人员提出,其方式是从所收到的预选陪审员名单中勾掉他们要求回避的候选陪审员的姓名,然后将名单交给审判长,而不宣读他们要求回避的陪审员的姓名。这些名单,以及要求陪审员回避的说明理由的申请,一并归入刑事案卷。

14. 首先提出不说明理由的回避申请的是国家公诉人,他应就自己申请候选陪审员回避的立场与刑事诉讼控方参加人进行协商。

15. 如果刑事案件中有几名受审人,则要求候选陪审员回避的不说明理由的申请应根据他们的相互协商提出,而如果不能取得一致意见,则在可能的情况下各分一半应回避的候选陪审员。如果无法这样分配,则受审人按多数票或通过抓阄行使自己的权利。

16. 如果已经被要求回避的陪审员的人数允许,则审判长可以向控辩双方提供平等的权利,他们可以再提出一次不说明理由的回避申请。

17. 在解决了关于候选陪审员自行回避和申请候选陪审员回避的所有问题后,审判庭书记员或助理法官根据审判长的指示,按照候选陪审员入选最初名单的顺序编写剩余候选陪审员名单。

18. 如果未被申请回避的候选陪审员人数在共和国最高法院、边疆区法院或州法院、联邦直辖市法院、自治州法院、自治专区法院、军区(舰队)军事法院审判庭的候选陪审员人数超过 10 名,而在区法院、卫戍区军事法院的候选陪审员人数超过 8 名,则根据审判长的指示分别将候选陪审员名单上的前 10 人和前 8 人记入审判庭笔录。考虑刑事案件的性质和复杂程度,根据审判长的决定可以选择更多的候选陪审员,这些人亦应记入审判庭笔录。

19. 此后审判长宣布陪审员遴选结果,而不必指出从名单中剔除这些或那些候选陪审员的根据,同时向未入选的候选陪审员表示感谢。

20. 如果在共和国最高法院、边疆区法院或州法院、联邦直辖市法院、自治州法院、自治专区法院、军区(舰队)军事法院的候选陪审员人数少于 10 名,而在区法院、卫戍区军事法院的候选陪审员人数少于 8 名,则按候选陪审员名单再传唤必要数量的候选陪审员。对新传唤的候选陪审员,关于免除他们参加刑事案件审理以及他们回避的问题依照本条规定的程序解决。

21. 审判长宣读记入审判庭笔录的陪审员的姓名。同时,在共和国最高法院、边疆区法院或州法院、联邦直辖市法院、自治州法院、自治专区法院、军区(舰队)军事法院的前 8 名候选陪审员组成相应刑事案件的陪审团,而在区法院、卫戍区军事法院的前 6 名候选陪审员组成相应刑事案件的陪审团,而最后 2 名作为预备陪审员参加刑事案件的审理。

22. 在陪审团组成完毕后,审判长应提议共和国最高法院、边疆区法院或州法院、联邦直辖市法院、自治州法院、自治专区法院、军区(舰队)军事法院 8 名陪审员和区法院、卫戍区军事法院的 6 名陪审员在陪审席的专门位置就座,审判庭中陪审员座席应与审判长分开,一般与受审人位置相对。预备陪审员在审判长专门为之指定的座位上就座。

23. 陪审团的组成在不公开审判庭进行。

24. 如果刑事案件材料中有构成国家机密或受联邦法律保护的其他秘密的内容,则陪审员应具结保证不泄露机密。拒绝具结保证的陪审员,由审判长请其回避,并由预备陪审员代替。

第 329 条 预备陪审员代替陪审员

1. 在法庭审理过程中,陪审员退入评议室作出判决之前,如果发现某一陪审员不能继续参加审判庭或法官要求他从审判庭退出,则该陪审员应按刑事案件陪审团组成名单上的先后顺序由预备陪审员代替。

2. 如果在法庭审理过程中离开的是首席陪审员,则依照本法典第 331 条规定的程序,重新选举首席陪审员。

3. 如果离开的陪审员的数量超过预备陪审员的人数,则正在进行的法庭审理无效。在这种情况下,审判长应依照本法典第 328 条开始遴选陪审员,因陪审团解散而剩下的陪审员可以参加陪审员的遴选。

4. 如果在陪审团作出判决时才发现某位陪审员不能参加审判庭,则陪审员们应该退回审判庭,由预备陪审员补齐陪审团后再退入评议室继续讨论陪审团判决。

第 330 条　因陪审团成员的倾向性而解散陪审团

1. 在陪审员进行宣誓之前,控辩双方有权提出声明:由于所审理刑事案件的特点,已经组成的陪审团总体上不能作出客观的判决。

2. 审判长在听取双方意见后,应在评议室解决上述声明的问题并作出裁决。

3. 如果认为上述声明是有根据的,则审判长应解散陪审团并依照本法典第 324 条重新进行陪审法庭审理刑事案件的准备工作。

第 331 条　首席陪审员

1. 参加陪审团的陪审员在评议室用公开表决的方式,按多数票选举一名首席陪审员,首席陪审员将自己当选的事宜通知审判长。

2. 首席陪审员领导陪审员评议的进行,根据陪审员的委托向审判长提出问题和要求,宣读法庭提出的问题,记录对问题的回答,总结投票结果,形成陪审团判决并根据审判长的指示在审判庭宣布陪审团判决。

第 332 条　陪审员宣誓

1. 在选举首席陪审员以后,审判长向陪审员提出进行陪审员宣誓的建议,并诵读以下誓词:"在开始履行责任重大的陪审员职责之时,我庄严宣誓:作为一个自由公民和公正人士,诚实而公正地履行陪审员职责,一切证据,一经法庭审查核实,无论对受审人有利还是不利,我将予以重视,根据自己的内心确信和良知解决刑事案件,勿枉勿纵。"

2. 诵读誓词后,审判长按照陪审员名单的先后顺序叫出每一位陪审员,陪审员则回答:"我宣誓。"

3. 预备陪审员也应进行宣誓。

4. 关于陪审员宣誓的事项,应在审判庭笔录中进行记载。

5. 在诵读誓词和陪审员宣誓时,审判庭内的全体人员均应起立。

6. 陪审员宣誓后,审判长向陪审员说明其权利和义务。

第 333 条　陪审员的权利

1. 陪审员,包括预备陪审员在内,有权:

(1)参加审查刑事案件的所有情况,通过审判长向被询问人提出问题;参加物证、文件的勘验和审查;参加其他侦查行为的实施;

（2）请求审判长说明与刑事案件有关的法律规范，说明法庭所宣读文件的内容以及解释他们不明白的其他问题和概念；

（3）做个人记录并在评议室准备回答向陪审员提出的问题时利用这些记录。

2. 陪审员无权：

（1）在听审刑事案件时离开审判庭；

（2）在讨论陪审团判决之前表示自己对所审理刑事案件的意见；

（3）就所审理刑事案件的情节与非法庭组成人员进行接触；

（4）在审判庭以外搜集刑事案件的材料；

（5）泄露陪审员就向他们提出的问题进行评议和表决的秘密。

3. 对没有正当理由不到庭的陪审员，可以依照本法典第118条规定的程序处以罚金。

4. 审判长应向陪审员事先说明：如果陪审员违反本条第2款的要求，可能根据法官的提议或控辩双方的申请被免除继续参加刑事案件的审理。在这种情况下，被解职的陪审员由预备陪审员代替。

第334条　法官和陪审员的权限

1. 在刑事案件的法庭审理过程中，陪审员仅解决本法典第229条第1款第（1）项、第（2）项和第（4）项规定的并列入问题清单中的问题。如果陪审员认为受审人有罪，也应依照本法典第339条指出对受审人是否可以从宽处罚。

2. 本条第1款以外的问题，由审判长独任审理，陪审员不参加。

第335条　陪审法庭进行法庭调查的特别规定

1. 陪审法庭进行法庭调查从国家公诉人和辩护人的首次发言开始。

2. 国家公诉人在首次发言中应叙述所提出指控的实质，以及提出对所提交证据进行审查的顺序。

3. 辩护人就所提出的指控表示他与受审人协商一致的立场，以及提出对所提交证据进行审查的顺序。

4. 陪审员有权通过审判长在双方询问受审人、被害人、证人、鉴定人以后向他们提出问题。问题由陪审员用书面形式叙述并通过首席陪审员交给审判长。这些问题由审判长宣布，审判长也可以将它们作为与指控无关的问题予以排除。

5. 法官可以主动地，也可以根据控辩双方的申请，将法庭审理过程中认为不可采信的证据从刑事案件中排除。

6. 如果在法庭审理过程中产生了证据不可采信的问题,则审议该问题时陪审员应不在场。法官以听取控辩双方的意见后作出裁判,将认为不可采信的证据予以排除。

7. 法庭调查过程中,陪审员在场时应该调查的只是刑事案件的事实情节,这些事实情节是否得到证明,应由陪审员依照本法典第 334 条规定的权限确定。

8. 关于受审人个人情况的材料,只有出于确定受审人被指控实施的犯罪构成之必需时才能在陪审员在场时进行审查。禁止在陪审员在场的情况下审查受审人有前科、认定受审人为慢性酒精中毒者和吸毒成瘾者等事实,以及禁止审查能够造成陪审员对受审人成见的其他材料。

第 336 条　控辩双方的辩论

1. 法庭调查结束后,法庭开始听取控辩双方的辩论,辩论依照本法典第 292 条进行。

2. 控辩双方的辩论仅限于应该由陪审员解决的问题。控辩双方无权涉及那些应在陪审员作出判决后在没有陪审员参加的情况下审查的情况。如果双方辩论的参加人提到这些情况,审判长应加以阻止,并向陪审员说明他们作出判决时不应该对这些情况加以考虑。

3. 控辩双方无权在论证自己的立场时援引依照规定程序被认定不可采信的或者未经审判庭审查的证据。法官应打断这样的发言并向陪审员说明他们不应该在作出判决时考虑这些情节。

第 337 条　控辩双方的答辩和受审人的最后陈述

1. 在控辩双方辩论结束后,辩论的所有参加人均有权进行答辩。最后答辩权属于辩护人和受审人。

2. 受审人有依照本法典第 293 条进行最后陈述的权利。

第 338 条　提出应该由陪审员解决的问题

1. 根据法庭调查的结果和双方的辩论,法官用书面形式提出应该由陪审员解决的问题,宣读这些问题并将它们交给控辩双方。

2. 控辩双方有权就问题的内容和措辞发表自己的意见并建议提出新的问题。在这种情况下,法官无权拒绝受审人和他的辩护人提出关于刑事案件中存在排除受审人刑事责任或受审人应对较轻犯罪承担刑事责任的事实情节问题。

3. 在讨论和提出问题的时间,陪审员应退出审判庭。

4. 法官应考虑控辩双方的意见和建议,在评议室最后拟定应该由陪审员解决的问题,将这些问题列入问题清单并在清单上签字。

5. 问题清单向陪审员宣读并交给首席陪审员。陪审员在退入评议室之前,有权要求审判长对提出的问题中不清楚的内容作出说明,而不得涉及对这些问题可能作出回答的实质。

第 339 条   向陪审员提出的问题的内容

1. 就受审人被指控实施的每一行为,提出以下 3 个基本问题:

(1)该行为的发生是否已经得到证明;

(2)该行为系受审人所实施是否得到证明;

(3)受审人对该行为的实施是否存在罪过。

2. 问题清单中还可以提出一个基本问题:综合本条第 1 款所列问题,受审人是否有罪。

3. 在关于受审人是否有罪的基本问题之后,可以提出关于可能影响罪责程度或改变罪过性质、使受审人免除刑事责任的情节等局部性问题。在必要时,还可以单独提出关于实现犯罪意图的程度、犯罪行为未进行到底的原因、每个受审人共同参与实施犯罪的程度和性质等问题。允许提出可以确定受审人实施较轻犯罪的罪过问题,但不得因此恶化受审人的状况和侵犯他的辩护权。

4. 在受审人承认有罪的情况下,应提出他是否值得从宽处罚的问题。

5. 不能单独提出,也不能与其他问题一起提出要求陪审员对受审人的地位进行法律地位定性(关于他的前科)的问题以及在陪审员作出自己的判决时需要进行法律评价的其他问题。

6. 问题的措辞不应该造成陪审员在回答任何问题时可能认定受审人实施了国家公诉人并未提出指控的或者直至提出问题时并未支持指控的行为。

7. 由陪审员解决的问题,应该针对每一受审人分别提出。

8. 问题的提出应该使用陪审员能够理解的措辞。

第 340 条   审判长在陪审团退庭前的致词

1. 在陪审团退入评议室作出判决之前,审判长应向陪审员致词。

2. 在致词时,审判长不得以任何形式就向陪审员提出的问题表示自己的意见。

3. 在致词中,审判长应该:

（1）举出指控的内容；

（2）说明刑事法律对受审人被指控实施的行为规定刑事责任的内容；

（3）提示已经在法庭审查核实的证据，既包括说明受审人有罪，也包括说明受审人无罪的证据，但不得表示自己对这些证据的态度，也不得从这些证据中作出结论；

（4）叙述国家公诉人的立场和辩护方的立场；

（5）向陪审员说明：总体地评价证据的规则；无罪推定原则的实质；对未排除的怀疑应作有利于受审人的解释；陪审团判决只能依据直接在审判庭审查核实的证据，任何证据对他们均不具有事先确定的效力；他们的结论不能根据推测或者依据被法庭认为不可采信的证据；

（6）提请陪审团注意：受审人拒绝作陈述或在法庭上保持沉默没有法律意义，不得解释成说明受审人有罪的证明；

（7）说明陪审员进行评议、准备回答提出的问题、对回答进行表决以及作出陪审团判决的程序。

4. 审判长在致词的最后提示陪审员宣誓的内容，并提请他们注意，他们如果作出有罪判决，也可以认为受审人值得从宽处罚。

5. 陪审员在听完审判长的致词和了解向他们提出的问题之后，有权要求审判长作补充说明。

6. 控辩双方有权在审判庭以违反客观公正原则为由对审判长的致词表示异议。

第 341 条　陪审员秘密评议

1. 在审判长致词后，陪审团退入评议室，以便作出判决。

2. 除陪审团外，其他任何人不得进入评议室。

3. 夜间到来时，以及在工作日结束前经审判长许可，陪审员有权休息而中断评议。

4. 陪审员不得泄露评议时发表的议论。

5. 陪审员在审判庭所作的记录可以在评议室回答陪审员提出的问题。

第 342 条　在评议室进行评议和表决的程序

1. 陪审员评议由首席陪审员领导。首席陪审员按问题清单上的顺序将问题提出讨论，对答案进行表决并计算票数。

2. 表决以公开投票方式进行。

3. 在表决时任何陪审员均无权投弃权票。陪审员按名单依次表决。

4. 首席陪审员最后投票。

第 343 条 陪审团判决的作出

1. 陪审员在讨论向他们提出的问题时应该力求形成一致决定。如果在讨论时陪审员未能在 3 小时内达成一致意见,则陪审团判决用表决形式作出。

2. 如果陪审员多数票对本法典第 339 条所列 3 个问题中的每一个均作出肯定回答,则认为作出有罪判决。

3. 如果在共和国最高法院、边疆区法院或州法院、联邦直辖市法院、自治州法院、自治专区法院、军区(舰队)军事法院不少于 4 名陪审员而在区法院和卫戍区军事法院不少于 3 名陪审员投票对基本问题清单中的任何一个问题做否定回答,则认为作出无罪判决。

4. 对其他问题的回答按陪审员简单多数票决定。

5. 如果票数相等,则视为作出对受审人有利的回答。

6. 在作出“有罪”判决时,陪审员有权变更指控,使之更有利于受审人。

7. 对向陪审员提出的问题进行回答应该使用肯定词或否定词,同时必须附带确切说明回答含义的词组(“是,有罪”“不,无罪”,等等)。

8. 首席陪审员将答案直接记录在问题清单上的相应问题之后。如果对前一个问题的回答排除了对后一个问题回答的必要性,则首席陪审员经大多数陪审员同意,可以在后一个问题之后写上“未回答”。

9. 如果对问题的回答以表决形式通过,则首席陪审员在回答之后还要写上计票结果。

10. 首席陪审员应在附有答案的问题清单上签字。

第 344 条 审判长的补充说明　对问题的说明　法庭调查的恢复

1. 如果陪审员在评议过程中得出结论,认为必须要求审判长就提出的问题进行补充说明,则陪审员返回审判庭,由首席陪审员向审判长提出有关请求。

2. 审判长应在控辩双方在场的情况下进行必要的解释,或者在听取控辩双方的意见后,必要时对提出的问题作相应的说明,或者将新的问题补充到清单中。

3. 因问题清单的修改,审判长再进行简短的致词,致词应在笔录中有所反映。

4. 此后陪审员回到评议室,以便作出陪审团判决。

5. 如果在评议时陪审员对于刑事案件的事实情节产生了怀疑,而这些事实情节又对回答提出的问题具有重大意义,因而需要补充审查核实,则陪审员回到审判庭,由首席陪审员向审判长提出有关请求。

6. 审判长在听取控辩双方的意见后,解决是否恢复法庭调查的问题。在结束法庭调查后,可以考虑控辩双方的意见对向陪审员提出的问题进行确切说明或者提出新的问题。陪审员在听取控辩双方对重新审查核实的情节所作的发言和答辩,以及受审人的最后陈述和审判长的致词后,陪审员再返回评议室,以便作出陪审团判决。

第 345 条　陪审团判决的宣布

1. 陪审员在附有答案的问题清单上签字以后,返回审判庭。

2. 首席陪审员将附有答案的问题清单交给审判长。审判长如果没有意见,则将问题清单交还给首席陪审员宣布。如果发现陪审团判决不清楚或者有矛盾,审判长应向陪审团指出其不清楚和有矛盾的地方,并建议陪审团退回评议室在问题清单上作进一步说明。审判长还有权在听取控辩双方的意见后将补充问题列入问题清单。在听完审判长就问题清单的修改所作的简短致词后,陪审团退入评议室,以便作出陪审团判决。

3. 首席陪审员根据问题清单诵读法庭提出的问题和陪审员对问题的回答,从而宣布陪审团判决。

4. 审判庭内的全体人员均应起立听候陪审团判决。

5. 陪审团判决宣布后交给审判长,以便归入刑事案件材料。

第 346 条　审判长在宣布陪审团判决之后的行为

1. 当陪审团作出受审人无罪的判决时,审判长应宣布受审人无罪。在这种情况下,羁押中的受审人应当庭立即解除羁押。

2. 在宣布陪审团判决后,审判长对陪审员表示感谢,并宣布他们不再参加法庭审理。

3. 陪审团判决的后果在没有陪审员参加的情况下进行讨论。陪审员有权留在审判庭内的旁听席上,直至刑事案件审理完毕。

第 347 条　对陪审团判决后果的讨论

1. 在宣布陪审员判决后,继续在控辩双方参加下进行法庭审理。

2. 在陪审员作出无罪判决时,仅调查和讨论与解决附带民事诉讼、分摊诉讼费用和与处理物证有关的问题。

3. 如果陪审团作出有罪判决,则应调查与受审人行为定罪、对受审人处刑、解决附带民事诉讼和在法院作出有罪判决时应该解决的其他问题有关的情况。在上述情况调查结束后,应该听取控辩双方的意见,最后发言的是辩护人和受审人。

4. 控辩双方在自己的发言中可以涉及在法庭作出有罪判决时应该解决的任何法律问题。但是禁止控辩双方对陪审团判决的正确性提出怀疑。

5. 控辩双方辩论结束后,在陪审团对受审人作出有罪判决的情况下,受审人应进行最后陈述,之后法官退入评议室,以便对刑事案件作出判决。

第 348 条　陪审团判决的强制性

1. 陪审团的无罪判决对于审判长具有强制力,审判长必须作出无罪判决。

2. 陪审团作出有罪判决对审判长具有强制力,但本条第 4 款和第 5 款规定的情形除外。

3. 审判长依照陪审团的有罪判决,以及根据法庭已经确认的而不应由陪审员确定的情况和仅需要法律评价的情况对受审人的行为进行定罪。

4. 陪审团的有罪判决不妨碍法庭作出无罪判决,如果审判长认定受审人的行为不含有犯罪要件。

5. 如果审判长认定陪审团对无罪的人作出了有罪判决,并且由于犯罪事件没有查实或者受审人参与实施犯罪没有查实而有足够的根据作出无罪判决,则他可以作出裁决,解散陪审团并将刑事案件交给组成人员不同的法庭从庭前听证阶段开始重新审理。对这一裁决不得通过上诉程序进行上诉或抗诉。

第 349 条　陪审团认为受审人值得从宽处罚的法律后果

1. 陪审团关于受审人虽然有罪但值得从宽处罚的判决,对审判长在处刑时具有强制力。

2. 如果受审人被认为值得从宽处罚,则审判长应适用《俄罗斯联邦刑法典》第 65 条的规定对他处刑。如果陪审团并没有认为受审人值得从宽处罚,则审判长考虑减轻和加重刑罚的情节以及犯罪人的个人情况,不仅有权在《俄罗斯联邦刑法典》分则相应条款规定的限度内处刑,而且也可以适用《俄罗斯联邦刑法典》第 64 条的规定。

第 350 条　审判长可以作出的裁判的种类

陪审法庭对刑事案件的审理以审判长作出以下一种裁判而告终:

(1)终止刑事案件——在本法典第 254 条规定的情况下;

（2）无罪判决——在陪审员对本法典第 339 条第 1 款所列 3 个基本问题中的任何一个作出否定回答的情况下，以及审判长认定受审人的行为中不存在犯罪要件时；

（3）有罪判决并处刑，有罪判决但不处刑，有罪判决并处刑但免予服刑——分别依照本法典第 302 条、第 307 条和第 308 条；

（4）解散陪审团并将刑事案件交给组成人员不同的法庭重新审理——在本法典第 348 条第 5 款规定的情况下。

第 351 条　刑事判决的作出

审判长依照本法典第三十九章作出刑事判决，但有以下例外：

（1）在开始部分不指出陪审员的姓名；

（2）在无罪判决的叙事和理由部分应叙述指控的实质，陪审团对之作出了无罪判决，并援引陪审团判决或者说明国家公诉人放弃指控。仅在不源于陪审团判决的那部分才需要列举证据；

（3）在有罪判决的叙事和理由部分应该描述受审人被认定有罪的犯罪行为，对行为进行定罪、处刑的理由以及法庭对附带民事诉讼作出判决的根据；

（4）在刑事判决的结论部分应该说明对刑事判决提出上诉的程序。

第 352 条　因确定受审人无刑事责任能力而终止刑事案件

1. 如果陪审法庭在审理刑事案件的过程中确定了证明被害人在实施被指控的行为时无刑事责任能力的情节，或者证明在实施犯罪后受审人发生精神病，致使不能处刑或执行刑罚，而且以上情况被司法精神病学鉴定的结果所证实，则审判长在陪审员参加下作出终止刑事案件并将刑事案件交由法院依照本法典第五十一章规定的程序进行处理的裁决。

2. 对依照本条的要求作出的裁决，不得提出上诉或抗诉。

第 353 条　制作审判庭笔录的特别规定

1. 除本条规定的例外，审判庭笔录依照本法典第 259 条制作。

2. 笔录必须指出被传唤到审判庭的全体候选陪审员和陪审团的组成过程。

3. 审判长的致词应记入审判庭笔录，或者将致词的文稿归入刑事案卷，对此应在笔录中加以说明。

4. 审判庭笔录应该记录法庭审理的全过程，应该使人可以确信法庭审理进行的正确性。

第四十三章 对尚未生效的法院判决的上诉和申诉(失效)

（本章由 2010 年 12 月 29 日第 433 号联邦法律删除）

第四十四章　审理刑事案件的上诉程序(失效)

（本章由 2010 年 12 月 29 日第 433 号联邦法律删除）

第四十五章　审理刑事案件的申诉程序(失效)

（本章由 2010 年 12 月 29 日第 433 号联邦法律删除）

第四十五·一章　上诉审法院的诉讼程序

第 389-1 条　上诉权和抗诉权

1. 对法院裁判的上诉权和抗诉权属于被判刑人、被宣告无罪的人、他们的辩护人和法定代理人、国家公诉人和（或）上级检察长、被害人、自诉人、他们的法定代理人和代理人，以及被上诉的法院裁判涉及其权利和合法利益的其他人。

2. 附带民事诉讼原告人、附带民事诉讼被告人或他们的法定代理人和代理人有权对涉及民事诉讼部分的法院裁判提出上诉。

第 389-2 条　可以进行上诉或抗诉的法院裁判

1. 依照本章的要求，控辩双方可以对第一审法院尚未生效的法院裁判提出上诉和抗诉。

2. 在对关于审查证据的程序、关于满足或驳回法庭审理参加人的申请的裁定或裁决，以及其他在法庭审理过程中作出的法院裁判提出上诉或抗诉时，一并对案件的最终裁决提出上诉或抗诉，但本条第 3 款所列裁判除外。

3. 在对案件作出最终裁判之前，对法院关于以下事项的程序的裁决可以提出上诉或抗诉：和解法官关于退回申请人的申请书的裁判、关于不受理申请的裁判；关于选择强制处分或延长强制处分期限、关于将人员送往提供医疗帮助的医疗住院机构或提供精神病学帮助的医疗住院机构进行司法鉴定、扣押财产、确定或延长扣押财产的期限、关于中止刑事案件、关于将刑事案件按照管辖权进行移送或变更刑事案件管辖、关于将刑事案件发还检察长的法院裁决和裁定；其他涉及公民参加诉讼的权利和在合理期限办理审理案件的裁决和裁定，以及法院的个别性裁决或裁定。

4. 对法庭审理时所作裁定或裁决的上诉或抗诉，不中止法庭审理。

第 389-3 条 提出上诉或抗诉的程序

1. 上诉和抗诉通过作出刑事判决或其他法院裁判的原判法院提出。

2. 提出上诉和抗诉的程序如下：

（1）对和解法官所作出的刑事判决或其他裁判的上诉和抗诉——向区法院提出；

（2）对区法院、卫戍区法院所作出的刑事判决和其他裁判的上诉和抗诉——向共和国最高法院、边疆区或州法院、联邦直辖市法院、自治州法院和自治专区法院、军区（舰队）军事法院的刑事案件审判庭提出；

（3）对共和国最高法院、边疆区或州法院、联邦直辖市法院、自治州法院和自治专区法院、军区（舰队）军事法院所作刑事判决和其他裁决的上诉和抗诉——向普通上诉法院刑事案件审判庭提出；

（4）对军区（舰队）军事法院所作的刑事判决和其他裁判——向军事上诉法院提出；

（5）对俄罗斯联邦最高法院的裁决——向俄罗斯联邦最高法院申告庭提出。

第 389-4 条 对刑事判决或其他法院裁判提出上诉或抗诉的期限

1. 对第一审法院的刑事判决或其他裁判，控辩双方可以在作出刑事判决或其他裁判之日起的 10 日内提出上诉和抗诉，而羁押中的受审人，可以在向他送达刑事判决书副本之日起的 10 日内提出上诉。

2. 在对法院裁判提出上诉的规定期限内，不得从法院调取刑事案卷。

3. 对逾期提出的上诉或抗诉不予审理。

第 389-5 条 恢复上诉期的程序

1. 如果逾期提出上诉或抗诉有正当原因，则有权提出上诉或抗诉的人员可以向原判法院提出要求恢复上诉期的申请。关于恢复上诉期的申请，由刑事案件法庭审理时担任审判长的法官审理，也可以由其他法官审理。

2. 对法院关于驳回恢复上诉期申请的裁决还可以向上级法院提出申诉，上级法院有权撤销该裁决并对上诉、抗诉进行实质审理，或将它们退回原审法院，以执行本法典第 389-6 条的要求。

第 389-6 条 上诉状与抗诉书

1. 上诉状、抗诉书应该包括以下内容：

（1）受理上诉状或抗诉书的上诉审法院的名称；

（2）上诉人或抗诉人的情况，他的诉讼地位、住所地或所在地；

（3）对什么刑事判决或其他法院裁判提出上诉或抗诉,以及指出原判法院的名称;

（4）上诉人或抗诉人提出的理由和指出本法典第 389-15 条规定的理由;

（5）上诉状或抗诉书的附件清单;

（6）上诉人或抗诉人的签字。

1-1. 上诉人或抗诉人,为支持上诉状或抗诉书中举出的理由,有权提出申请,要求上诉审法院审查第一审法院已经审查过的证据,对此应在上诉状或抗诉书中指出,并且有权提出为此应传唤到庭的证人、鉴定人和其他人的名单。如果申请是要求审查第一审法院未曾审查的证据(新的证据),则上诉人或抗诉人必须在上诉状或抗诉书中说明不可能向第一审法院提交这些证据的理由。

2. 刑事案件诉讼参加人以外的人提出的上诉状,应该指出他的哪些权利和合法利益因法院裁判而受到侵害。

3. 如果被判刑人申请参加上诉审法院对刑事案件的审理,在上诉状或对其他刑事诉讼参加人提出的上诉状或抗诉书的反对意见中应该指出这一点。

4. 如果上诉状或抗诉书不符合本条第 1 款、第 1-1 款和第 2 款的要求因而妨碍刑事案件的审理,则法官应发还上诉状或抗诉书并指出重新制作的期限。如果法官的要求未得到执行,上诉状或抗诉书未在法官规定的期限内收到,则认为未提交上诉状或抗诉书。在这种情况下刑事判决、其他被申诉或抗诉的法院裁判被认为已经发生法律效力。

第 389-7 条　关于提出上诉和抗诉的通知

如果上诉或抗诉涉及本法典第 389-1 条所列人员的利益,作出刑事判决或作出其他被上诉裁判的法院,应将提出上诉或抗诉的事实通知他们,并说明对上诉或抗诉以书面形式提出答辩的权利,同时指出提交答辩状的期限,并将上诉状或抗诉书以及对上诉状或抗诉书的异议的副本送交给他们。对上诉状或抗诉书的异议应附于刑事案卷。

第 389-8 条　提出上诉和抗诉的后果

1. 提出上诉或抗诉即中止刑事判决、裁定或裁决的执行,但本法典第 311 条和第 389-2 条第 4 款规定的情形除外。

2. 上诉或抗诉期届满后,原判法院应将刑事案件与上诉状或抗诉书以及对它们的答辩一并送交上诉审法院,对此应通知控辩双方。

3. 上诉人和抗诉人有权在上诉审法院审判庭开始前撤回上诉和抗诉。在这种情况下对该上诉或抗诉的审理程序终止。如果在上诉审法院决定开庭审判刑事案件之前撤回上诉或抗诉,或者如果上诉状或抗诉书是由不享有本法典第389-1条所规定的权利的人提出的,或者是对不能进行上诉或抗诉的法院裁判提出的,则法官应退回这些上诉状或抗诉书。

4. 如果在审判庭开始前至少5日内收到补充上诉状或补充抗诉书,则对补充上诉或补充抗诉应予以审理。在上诉和抗诉期届满之后被害人、自诉人或其法定代理人和代理人才提交上诉状或检察长才提交抗诉书的,不得再提出恶化被判刑人状况的问题,如果该人的刑事案件已经终止,而原来的上诉状或抗诉书中没有提出相应要求。

第 389-9 条 上诉程序法庭审理的对象

上诉审法院根据上诉状、抗诉书审查刑事判决的是否合法、是否根据充分和是否公正,审查一审法院的其他裁判是否合法、是否根据充分。

第 389-10 条 上诉审法院审理刑事案件的期限

上诉审法院收到刑事案件后,通过上诉程序审理刑事案件的期限为:在区法院至迟应在15日内开始,在共和国最高法院、边疆区或州法院、联邦直辖市法院、自治州法院、自治专区法院、军区(舰队)军事法院至迟应在30日内开始,而在普通上诉法院、军事上诉法院和俄罗斯联邦最高法院至迟应在45日内开始。

第 389-11 条 决定上诉审法院开庭和准备开庭

1. 法官对收到的刑事案件进行审查后,作出开庭的裁决,裁决中应解决以下问题:

(1)开始审理刑事案件的地点、日期和时间;

(2)传唤双方当事人到庭,以及如果认为提出上诉或抗诉一方的申请是有根据的,则还有根据上诉方的申请传唤证人、鉴定人或其他人员到庭的事项;

(3)在本法典第241条规定的情况下,在不公开审判庭审理刑事案件;

(4)失效

(本项由2013年7月23日第217号联邦法律删除,自当年8月1日起失效)

(5)羁押中的被判刑人出庭的形式。

2. 关于开庭审理的地点、日期和时间,应至少在开庭前7天通知控辩双方。

3. 如果在研究案情时确认,第一审法院没有完全执行本法典第389-6条或第389-7条的要求,法官应将刑事案件发还第一审法院去排除妨碍上诉审法院审理的情况。

4. 关于对受审人或被判刑人选择禁止一定行为、监视居住或羁押等强制处分或者延长禁止一定行为、监视居住或羁押的期限等问题,法官应根据双方的申请或主动依照本法典第108条规定的程序开庭审理,受审人或被判刑人、他的辩护人(如果有辩护人参加刑事案件)、未成年受审人或被判刑人的法定代理人、国家公诉人和(或)检察长应该到庭。

第389-12条　控辩双方到庭参加上诉审法院对刑事案件的审理

1. 下列人员必须到庭:

(1)国家公诉人和(或)检察长,自诉案件除外(刑事案件由侦查员提起或调查人员经检察长同意提起的不在此列);

(2)被宣告无罪的人、被判刑人或被终止刑事案件的人——如果该人申请出庭或法院认为该人必须出庭;

(3)自诉人,如果上诉由其法定代理人或代理人提出,则法定代理人和代理人也应到庭;

(4)辩护人——在本法典第51条规定的情况下。

2. 在上诉审法院开庭时,如果羁押中的被判刑人申请出庭或法院认为该人必须出庭,应保障他直接出庭或通过视频出庭的权利。

3. 如果即使收到上诉审法院开庭地点、日期和时间的通知的人员不到庭,不妨碍开庭,但必须到庭的人员除外。

4. 如果提出上诉的自诉人、他的法定代理人或代理人没有正当理由不到庭,则上诉审法院终止对上诉的审理程序。

5. 上诉审的控辩双方在任何情况下都允许参加刑事案件的审理。

第389-13条　上诉审法院审理刑事案件的程序

1. 刑事案件在上诉审法院的诉讼,除本章规定的例外,依照本法典第三十五章至第三十九章规定的程序进行。

2. 审判长宣布开庭并说明根据哪一方的上诉和(或)抗诉,审理的是什么刑事案件,然后审判长宣布法庭组成人员,刑事案件控辩双方到庭人员的姓名,以及助理法官和(或)法庭书记员的姓名,如果有翻译人员出庭,还要宣布他的姓名。审判长还要查明法庭审理参加人在上诉状或抗诉书中是否存在回避申请,他们是否支持上诉状和起诉书中提出的申请。

3. 法庭调查开始时,由审判长或参加上诉审对刑事案件审理的一名法官简短叙述刑事判决的内容、上诉和(或)抗诉的实质、对上诉和(或)抗诉所提出的答辩的实质以及补充材料的实质。

4. 在审判长或法官报告后,法庭听取提出上诉或抗诉的一方的发言以及另一方的答辩。如果存在几项上诉或抗诉,则审理的先后顺序由法庭考虑控辩双方的意见确定。然后法庭开始审查证据。在证实或推翻上诉状或抗诉书提出的理由后,控辩双方有权向上诉审法院提交补充材料。

5. 第一审法院被询问过的证人和与之订立审前合作协议而将其刑事案件分出另案诉讼的人,如果法庭认为有必要传唤,则应在上诉审法院进行询问。

6. 控辩双方关于审查证据,包括审查第一审法院没有审查的证据以及关于为此目的传唤证人、鉴定人和其他人到庭的申请,法院应依照本法典第271条规定的程序进行审议。在这种情况下无权仅以第一审法院未满足要求为由而驳回申请。

6-1. 第一审法院未审查的证据,如果上诉人或抗诉人要求进行审查,并说明了由于他意志以外的原因而不可能向第一审法院提交的理由,法院又认为这些理由是正当的,则法院应接受这些证据。

7. 经控辩双方同意,上诉审法院有权对第一审法院已经审查过的证据不予审查。

8. 上诉审法院有权用视频系统审查证据。

9. 在法庭调查终结后,法庭应查明控辩双方是否有要求补充调查的申请,法庭审议这些申请,然后开始进行法庭辩论。

第389-14条 法庭辩论

1. 法庭辩论应在上诉审审理刑事案件的限度内进行。在这种情况下,提出上诉或抗诉的一方首先发言。

2. 控辩双方辩论终结后,如果被作出法院裁判的人到庭,则法院让他作最后陈述,然后法庭退入评议室进行裁决。

第389-15条 通过上诉程序撤销或变更法院裁判的程序

上诉审撤销或变更法院裁判的根据是:

(1)刑事判决中所叙述的法院结论与第一审法院所确认的刑事案件事实情节不符;

（2）严重违反刑事诉讼法；

（3）不正确适用刑事法律；

（4）刑事判决不公正；

（5）发现本法典第 237 条第 1 款第（1）项所列情节；

（6）发现证明有关人员不遵守审前合作协议所规定的条件和不履行审前合作协议规定的义务。

第 389-16 条 刑事判决中所叙述的法院结论与刑事案件的事实情节不符

有下列情形之一的，刑事判决被认为是与第一审法院所确认的刑事案件事实情节不符：

（1）法院结论未得到经法庭审查过的证据证明；

（2）法院未考虑到可能对法院结论产生重要影响的情节；

（3）刑事判决未指出，在存在对法院结论具有重大意义的矛盾情节时，法院根据什么样的理由采信其中的一些证据而推翻另一些证据；

（4）刑事判决中所叙述的法院结论含有重大矛盾，这些矛盾影响或可能影响解决被判刑人或被宣告无罪的人有罪或无罪的问题、影响适用刑事法律或刑罚的正确性。

第 389-17 条 严重违反刑事诉讼法

1. 上诉审法院撤销或变更法院裁决的根据是严重违反刑事诉讼法的事实，即通过剥夺或限制本法典所保障的刑事诉讼参加人的权利，不遵守诉讼程序或以其他方式影响或可能影响作出合法的有充分根据的法院裁决。

2. 下列任何一种情况均为撤销或变更法院裁判的根据：

（1）在具有本法典第 254 条规定的根据时未终止刑事案件；

（2）作出法院裁判的法庭组成人员不合法或作出陪审团判决的陪审团组成不合法；

（3）刑事案件审理时受审人缺席，但本法典第 247 条第 4 款和第 5 款规定的情形除外；

（4）刑事案件审理时没有辩护人参加，如果依照本法典的规定辩护人必须参加，或者存在其他违反刑事被告人享有辩护人帮助权利的行为；

（5）违反受审人用母语或他所通晓的语言进行陈述的权利和利用翻译人员帮助的权利；

（6）未向受审人提供参加控辩双方辩论的权利；

（7）未让受审人作最后陈述；

（8）在陪审团作出判决时违反评议秘密或法官作出刑事判决时违反评议秘密；

（9）作为刑事判决根据的证据被法庭认为不可采信；

（10）在相应法院裁判上没有法官签字，在刑事案件由合议庭审理时没有所有法官签字；

（11）没有审判庭笔录。

第 389-18 条　适用刑事法律不正确和刑事判决不公正

1. 适用刑事法律不正确是指：

（1）违反《俄罗斯联邦刑法典》总则的规定；

（2）适用的不是《俄罗斯联邦刑法典》分则中应该适用的条、款、项；

（3）判处了比《俄罗斯联邦刑法典》分则相应条款的规定更重的刑罚。

2. 刑事判决不公正是指：判处的刑罚与相应犯罪的严重程度、被判刑人的个人身份不相当，或者虽然处刑未超过《俄罗斯联邦刑法典》分则相应条款规定的限度，但其种类或数额因为过轻或过重而不公正。

第 389-19 条　上诉审法院的权限

1. 在通过上诉程序审理刑事案件的时候，法院不受上诉状或抗诉书的理由的约束，而有权对刑事案件进行全面审查。

2. 如果刑事案件中有几名被告人，而仅一名被告人提出上诉或抗诉仅针对其中几人，上诉审法院有权针对所有的被判刑人审查刑事案件。

3. 当刑事案件被退回以排除妨碍作出合法的、根据充分的刑事判决的情况时，上诉审法院的指示对于第一审法院和检察长具有强制力。

4. 在撤销刑事判决或其他法院裁决并将刑事案件发还重审或者在将刑事案件发还检察长的情况下，上诉审法院无权预断以下问题：

（1）指控得到证明或未得到证明；

（2）某一证据真实可靠或不真实可靠；

（3）一些证据优先于另一些证据；

（4）刑罚的种类和数额。

第 389-20 条　上诉审法院作出的裁判

1. 通过上诉程序审理后，法院作出以下裁判之一：

（1）维持刑事判决、裁定或裁决不变，驳回上诉和（或）抗诉；

（2）撤销有罪判决并作出无罪判决；

（3）撤销有罪判决和作出有罪判决；

（4）撤销第一审法院的刑事判决、裁定或裁决，并将刑事案件发还第一审法院从准备开庭或法庭审理阶段开始进行重新审理；

（5）撤销无罪判决和作出无罪判决；

（6）撤销裁定或裁决并作出无罪判决或其他法院裁判；

（7）撤销刑事判决、裁定、裁决并将案件发还检察长；

（8）变更刑事判决、裁定或裁决并终止刑事案件；

（9）变更刑事判决或其他被上诉或抗诉的法院裁判；

（10）终止上诉程序。

2. 在本条第 1 款第（1）项、第（4）项、第（7）项至第（10）项规定的情况下，上诉审法院作出上诉裁定或裁决。在本条第 1 款第（2）项、第（3）项、第（5）项规定的情况下，上诉审法院作出刑事判决。在本条第 1 款第（6）项规定的情况下，法院作出刑事判决或作出上诉裁定或裁决。

3. 如果发现本法典第 237 条第 1 款第（1）项所列情节，则上诉审法院依照本条第 1 款第（7）项作出上诉裁定或裁决。

第 389-21 条 撤销第一审法院的有罪判决或其他裁决并终止刑事案件

依照本法典第 24 条、第 25 条、第 27 条和第 28 条规定的根据，法院通过上诉程序审理刑事案件时，撤销第一审法院的有罪判决或其他裁判并终止刑事案件。

第 389-22 条 撤销第一审法院的有罪判决或其他裁判并将刑事案件发还重新审理或将刑事案件发还检察长

1. 如果刑事案件在第一审法院的审理过程中违反刑事诉讼法和（或）刑法而上诉审法院无法排除该违反，则第一审法院作出的有罪判决或其他裁判应该予以撤销并将刑事案件发还第一审法院进行重新审理。

1-1. 根据陪审团判决作出的与之相抵触的有罪判决，如果存在本条第 1 款规定的根据，应该予以撤销，并将刑事案件发还原审法院重新审理，但案件审理从陪审团判决宣布之时起，而且法庭组织人员必须变更。

2. 在本条第 1 款规定的情况下，刑事案件应发还给原判法院审理，但法庭组成人员应该与原来不同。在撤销和解法官的刑事判决或其他最终裁判时，则将刑事案件移送给另一法院管辖区的和解法官审理。

3. 如果在上诉审法院审理刑事案件时发现了本法典第 237 条第 2 款第（1）项所列情节，第一审法院的有罪判决或其他裁判应该予以撤销并将刑事案件发还检察长。

第389-23条   撤销第一审法院的刑事判决或其他裁判并作出新的裁判

如果第一审法院所发生的违法行为可能在刑事案件的上诉程序中排除，则上诉审法院排除该违法行为，撤销第一审法院的刑事判决、裁定、裁决，并作出新的裁判。

第389-24条   撤销刑事判决或变更其他裁决从而恶化被判刑人、被宣告无罪的人、被终止刑事案件的人状况

1. 第一审法院的刑事判决、裁定、裁决只有根据检察长的抗诉或被害人、自诉人、他们的法定代理人和（或）代理人的上诉才能向恶化被判刑人状况的方向进行变更。

2. 第一审法院的无罪判决，只有在根据检察长的抗诉或被害人、自诉人、他们的法定代理人和（或）代理人的上诉认为宣告受审人无罪不合法或根据不充分的情况下才能被上诉审法院撤销。

第389-25条   撤销根据陪审团的无罪判决作出的无罪判决

1. 只有存在限制检察长、被害人或其法定代理人和（或）代理人提交证据的权利或影响了向陪审团所提问题的内容或影响了陪审团回答的内容等严重违反刑事诉讼法的事实，才可以根据检察长的抗诉或被害人或其法定代理人和（或）代理人的上诉撤销根据陪审团无罪判决作出的无罪判决。

2. 如果在陪审团判决内容不清或内容矛盾时审判长没有向陪审员指出其判决内容不清或内容矛盾，也没有建议他们回到评议室对问题清单的回答作更确切的说明，则根据陪审团无罪判决作出的无罪判决应该予以撤销。

第389-26条   变更刑事判决或其他法院裁判

1. 在通过上诉程序变更刑事判决或其他法院裁判时，法院有权：

（1）减轻对被判刑人的刑罚或对他适用关于更轻犯罪的刑事法律；

（2）加重对被判刑人的刑罚或对他适用关于更重犯罪的刑事法律；

（3）减少或增加赔偿物质损失和补偿精神损害的数额；

（4）依照《俄罗斯联邦刑法典》第58条的规定改判为严厉的或更轻缓的改造机构；

（5）解决物证、诉讼费用有关的问题和其他问题。

2. 在本法典第325条的规定得到遵守的情况下，上诉审法院有权变更根据陪审团判决作出的刑事判决，使之与陪审团判决相一致。

3. 无罪判决可以根据被宣告无罪的人、他的辩护人、法定代理人和（或）代理人的上诉变更涉及无罪理由部分。

第 389-27 条　对陪审法庭作出的刑事判决或依照本法典第四十章或第四十・一章规定程序作出的刑事判决进行再审的特别规定

撤销或改判陪审法庭作出的刑事判决或者依照本法典第四十章和第四十・一章作出的刑事判决的根据是本法典第 389-15 条第（2）项至第（4）项规定的根据。

第 389-28 条　上诉审刑事判决、裁定和裁决

1. 上诉审法院的裁判是上诉审刑事审判、裁定或裁决。

2. 上诉审刑事判决依照本法典第 297 条至第 313 条规定的程序，并考虑本章的特别规定以俄罗斯联邦的名义作出。

3. 上诉裁定或裁决应指出：

（1）作出裁定、裁决的日期和地点；

（2）法院的名称和法庭组成人员；

（3）上诉人或抗诉人的情况；

（4）上诉审法院审判庭出庭人员的情况；

（5）简要叙述第一审法院裁判的内容；

（6）简要叙述上诉人或抗诉人提出的理由，以及上诉审法院审判庭其他出庭人员的答辩；

（7）作出裁判的理由；

（8）上诉审法院对上诉或抗诉的裁判；

（9）关于强制处分的决定。

4. 上诉审刑事判决、裁定、裁决应指出认定第一审法院的刑事判决合法、根据充分和公正的理由和认定第一审法院其他裁判合法、根据充分的理由，而上诉或抗诉不应满足的理由，或者完全或部分撤销或变更被上诉或被抗诉裁判的理由。

第 389-29 条　上诉审刑事判决的叙事和理由部分

1. 上诉审刑事判决的叙事或（和）理由部分依照本法典第 305 条规定的程序并考虑本章的要求进行叙述。

2. 上诉审刑事判决的叙事部分或（和）理由部分应包含以下内容：

（1）第一审法院刑事判决中叙述的提出指控的实质或被认为得到证明的犯罪行为，或者作为第一审法院作出无罪判决或作出裁定、裁决所根据的事实情节；

（2）上诉审法院确认的刑事案件情节；

（3）上诉审法院据以推翻控方提交的证据或者第一审法院有罪判决或无罪判决、裁定、裁决所援引的证据的理由。

第 389-30 条 上诉审无罪判决的结论部分

1. 上诉审无罪判决的结论部分依照本法典第 306 条规定的程序并考虑本章的要求进行叙述。

2. 上诉审无罪判决应包含以下裁判之一：

（1）撤销第一审法院的有罪判决并作出无罪判决；

（2）撤销第一审法院的无罪判决并作出无罪判决；

（3）撤销第一审法院的裁定或裁决并作出无罪判决。

第 389-31 条 上诉审有罪判决的叙事和理由部分

1. 上诉审有罪判决的叙事和理由部分依照本法典第 307 条规定的程序并考虑本章的要求进行叙述。

2. 上诉审有罪判决的叙事和理由部分应包含以下内容：

（1）第一审法院刑事判决中叙述的提出指控的实质或被认为得到证明的犯罪行为；

（2）上诉审法院确认的刑事案件情节；

（3）上诉审法院据以推翻控辩双方提交的证据或者第一审法院无罪判决所援引的证据的理由。

第 389-32 条 上诉审有罪判决的结论部分

1. 上诉审有罪判决的结论部分依照本法典第 308 条规定的程序并考虑本章的要求进行叙述。

2. 上诉审有罪判决应包含撤销第一审法院有罪判决和作出有罪判决。

第 389-33 条 上诉审刑事判决、上诉裁定、裁决的作出及交付执行

1. 上诉审刑事判决、上诉裁定和裁决在评议室作出并由法庭全体组成人员签字。保留不同意见的法官有权按照本法典第 301 条第 5 款的要求以书面形式在评议室叙述自己的意见。保留意见应附于刑事案卷，但不得在法庭宣读。

2. 在法庭退出评议室后宣读上诉审法院裁判的开始部分和结论部分。作出说明理由的裁判的时间可以推迟，但不得迟于刑事案件法庭审理终结后 3 天，对此审判长应向控辩双方宣布。法庭裁判的结论部分应该由所有法官签字并附于刑事案卷。

2-1. 如果有法官对法院作出的裁判保留不同意见，审判长应依照本法典

第 310 条第 5 款和第 6 款向出庭人员说明他们有权申请了解法官的不同意见并说明了解的期限。

3. 上诉审法院的刑事判决、裁定、裁决应在作出之日起的 7 日内与刑事案卷一起发还原审法院执行。

4. 上诉审刑事判决、裁定、裁决的副本或其结论部分的摘抄件,如被判刑人应解除羁押或免予服刑,应立即送交羁押场所的行政或服刑场所的行政。如果被判刑人出庭参加了上诉审的法庭审理,则上诉审刑事判决、裁定或裁决中免除羁押或免予服刑的部分应立即执行。

第 389-34 条 审判庭笔录

法庭书记员或助理法官根据审判长的委托依照本法典第 259 条的要求制作笔录。控辩双方对审判庭笔录和录音的内容可以提出意见,对这些意见审判长应依照本法典第 260 条规定的程序予以审议。

第 389-35 条 对上诉审法院裁判的申诉和抗诉

对上诉审法院的刑事判决、裁定、裁决可以依照本法典第四十七·一章和第四十八·一章规定的程序向上级法院提出申诉或抗诉。

第 389-36 条 上诉审法院对刑事案件的重复审理

如果被判刑人、他的辩护人或法定代理人、被害人、他的法定代理人或代理人的上诉状或检察长的抗诉书在对该被判刑人的刑事案件已经根据刑事诉讼其他参加人的上诉或抗诉审理完毕时才收到,则上诉审法院应根据新收到的上诉状或抗诉书对刑事案件按上诉程序进行重复审理。

第四十六章　刑事判决、裁定和裁决交付执行

第 390 条　刑事判决发生法律效力并交付执行

1. 在按照上诉程序提出上诉或抗诉的期限届满而控辩双方没有提出上诉或抗诉时，第一审法院的刑事判决发生法律效力。

2. 上诉审法院的刑事判决自宣布之时起发生法律效力，只有依照本法典第四十七·一章、第四十八·一章和第四十九章规定的程序才能进行再审。

3. 在通过上诉程序提出上诉或抗诉的情况下，如果刑事判决没有被上诉审法院撤销并将刑事案件发还重新审理或者发还检察长，则刑事判决在上诉审法院作出裁判之日发生法律效力。

4. 第一审法院的刑事判决自发生法律效力或刑事案卷从上诉审法院发还之日起的 3 日内交付执行。

第 391 条　法院的裁定或裁决发生法律效力和交付执行

1. 第一审法院的裁定或裁决在依照上诉程序提出上诉或抗诉的期限届满后或上诉审法院作出裁定或裁决之日起发生法律效力并交付执行。

2. 不得依照上诉程序进行上诉或抗诉的法院裁定或裁决，立即发生法律效力并交付执行。

3. 法院在刑事案件法庭审理过程中作出的关于终止刑事案件的裁定或裁决，应立即执行涉及解除刑事被告人或受审人羁押的部分。

4. 上诉审法院的裁定或裁决自宣布之时起生效，只有依照本法典第四十七·一章、第四十八·一章和第四十九章规定的程序才能进行再审。

5. 上诉审法院的裁定或裁决依照本法典第 389-33 条第 3 款和第 4 款规

定的程序交付执行。

第 392 条　法院刑事判决、裁定、裁决的强制力

1. 已经发生法律效力的法院刑事判决、裁定或裁决对所有国家机关、地方自治机关、社会团体、公职人员、其他自然人和法人均具有强制力,应该在俄罗斯联邦全境内绝对执行。

2. 不执行法院刑事判决、裁定、裁决的,应依照《俄罗斯联邦刑法典》第315 条承担刑事责任。

第 393 条　刑事判决、裁定、裁决交付执行的程序

1. 法院的刑事判决、裁定、裁决由审理刑事案件的第一审法院交付执行。

2. 法官或法院院长应将有罪判决的副本送交刑罚执行机关或机构。为了执行刑事判决、法院裁定、裁决中的财产处罚部分,刑事判决、法院裁定、裁决等的副本连同执行书应一并交给法警执行员。执行书与刑事判决、法院裁定、裁决的副本可以采用电子文件的形式发送给法警执行员,电子文件应按照俄罗斯联邦立法规定的程序有法官的可靠强化电子签名。

2-1. 如果刑事判决中有依照本法典第 308 条第 1 款第(11)项作出的自行前往服刑场所的决定,则法官或法院院长应将有罪判决的副本送交刑事执行系统的地区机关。

2-2. 在联邦法律规定的情况下,有罪判决书的副本应送交主管安全事务的联邦行政机关和(或)主管俄罗斯联邦国籍事务的联邦行政机关。

2-3. 在判处罚金作为主刑或附加刑时,为了保障收入上交联邦预算,有罪判决结论部分的副本应该送交俄罗斯联邦预算立法规定的作为联邦预算收入管理人的国家机关。

3. 上诉审法院必须将法院对被羁押人作出的决定通知刑罚执行机构或机关。

4. 通过申诉程序变更第一审法院或上诉审法院的刑事判决的,申诉审法院裁定的副本亦应附在刑事判决上。

5. 刑罚执行机构或机关应立即将刑事判决的执行情况通知作出有罪判决的法院。

6. 刑罚执行机构或机关应该将被判刑人服刑的场所通知作出刑事判决的法院。

第 394 条　关于将刑事判决交付执行的通知

1. 在刑事判决发生法律效力后,如羁押中的被判刑人被判处拘役或剥

夺自由,则羁押场所的行政应依照《俄罗斯联邦刑事执行法典》第75条将被判刑人将被押往何处服刑的事项通知被判刑人的一位近亲属或亲属。

2. 如果满足附带民事诉讼请求,则刑事判决交付执行的事宜还应通知附带民事诉讼原告人和附带民事诉讼被告人。

第395条　被判刑人会见亲属

在刑事判决交付执行前,审理刑事案件的审判长或法院院长可以根据羁押中的被判刑人的近亲属、亲属的请求提供他们会见的机会。

第四十七章　审理和解决与刑事判决执行有关问题的程序

第 396 条　审理和解决与刑事判决执行有关问题的程序

1. 本法典第 397 条第（1）项、第（2）项、第（2-1）项、第（9）项、第（10）项、第（11）项、第（14）项、第（15）项、第（16）项和第（20）项以及第 398 条所列问题，由作出刑事判决的法院解决，但本法典第 135 条第 2 款规定的情形除外。

2. 如果刑事判决在作出刑事判决法院管辖区以外的地点执行，则本条第 1 款所列问题，由刑事判决执行地的同级法院解决，刑事判决执行地没有同级法院的，由上级法院解决。在这种情况下，刑事判决执行法院裁决的副本应送交作出刑事判决的法院。

3. 本法典第 397 条第（3）项、第（4）项、第（4-2）项、第（5）项、第（6）项、第（12）项、第（13）项和第（19）项所列问题，由被判刑人依照《俄罗斯联邦刑事执行法典》第 60-1 条和第 81 条的规定服刑罚刑事执行机构所在地的法院解决，或者由医疗性强制措施执行地的法院解决。

4. 本法典第 397 条第（4-1）项、第（7）项、第（8）项和第（17）项、第（17-1）项和第（17-2）项所列问题，由被判刑人住所地的法院解决。

4-1. 本法典第 397 条第（18）项和第（18-1）项所列问题，由被判刑人拘捕地的法院解决。

5. 本法典第 397 条第（21）项所列问题，根据《俄罗斯联邦刑法典》的定罪和被判刑人的最后住所地，由管辖被判刑人所实施犯罪的法院解决。

6. 与刑事判决执行有关的问题，由法官在审判庭独任审理。

第 397 条　法院在执行刑事判决时应该解决的问题

法院应解决以下与刑事判决执行有关的问题：

（1）依照本法典第 135 条 5 款和第 138 条第 1 款向被平反的人进行赔

偿、恢复其劳动权、获得赡养金的权利、住房权和其他权利；

（2）在恶意逃避以下刑罚时刑罚的改判问题：

a. 逃避服罚金刑的——依照《俄罗斯联邦刑法典》第 46 条进行改判；

b. 逃避服强制性社会公益劳动刑的——依照《俄罗斯联邦刑法典》第 49 条进行改判；

c. 逃避服劳动改造刑的——依照《俄罗斯联邦刑法典》第 50 条进行改判；

d. 逃避服限制自由刑的——依照《俄罗斯联邦刑法典》第 53 条进行改判；

（2-1）被判处强制劳动的人逃避服强制劳动刑或被判处强制劳动的人被认定恶意破坏强制劳动刑的服刑程序和条件而将强制劳动改判为剥夺自由刑的——依照《俄罗斯联邦刑法典》第 53-1 条进行改判；

（3）依照《俄罗斯联邦刑事执行法典》第 78 条和第 140 条变更法院刑事判决对被判刑人所判处的劳动改造机构的种类；

（4）依照《俄罗斯联邦刑法典》第 79 条进行假释；

（4-1）依照《俄罗斯联邦刑法典》第 79 条撤销假释；

（4-2）依照《俄罗斯联邦刑法典》第 102 条第 2-1 款指定司法精神病学鉴定；

（5）依照《俄罗斯联邦刑法典》第 80 条将未服完部分的刑罚改判较轻的刑种；

（6）依照《俄罗斯联邦刑法典》第 81 条因被判刑人疾病而免除刑罚；

（7）依照《俄罗斯联邦刑法典》第 74 条撤销缓刑或延长考验期；

（8）依照《俄罗斯联邦刑法典》第 73 条撤销或增加责令被判刑人履行的义务；

（8-1）依照《俄罗斯联邦刑法典》第 53 条部分撤销或增加对被判处限制自由刑的人的限制；

（9）依照《俄罗斯联邦刑法典》第 83 条因法院有罪判决的时效期届满而免予服刑；

（10）在存在其他几个刑事判决，而又未依照《俄罗斯联邦刑法典》第 70 条时间最晚的刑事判决中解决判决执行问题时，解决刑事判决的执行问题；

（11）依照《俄罗斯联邦刑法典》第 72 条、第 103 条和第 104 条将羁押期以及在医疗机构进行强制治疗的时间折抵刑期；

（12）依照《俄罗斯联邦刑法典》第 102 条和第 104 条判处、延长、变更或终止适用医疗性强制措施；

（13）依照《俄罗斯联邦刑法典》第 10 条由于颁布具有溯及力的刑事法律而免除刑罚或减轻刑罚；

（14）依照《俄罗斯联邦刑事执行法典》第 44 条在被判刑人物质状况恶化时降低从被判处劳动改造的人的工资中扣款的数额；

（15）说明执行刑事判决时产生的怀疑和模糊之处；

（16）免除未成年人的刑罚而适用《俄罗斯联邦刑法典》第 92 条规定的强制性教育感化措施；

（17）依照《俄罗斯联邦刑法典》第 82 条撤销被判刑孕妇和有 14 岁以下子女的妇女、有 14 岁以下子女的单亲男子延期服刑；

（17-1）《依照俄罗斯联邦刑法典》第 82 条缩短孕妇、有 14 岁以下子女的妇女、有 14 岁以下子女的单亲男子延期服刑的期限或缩短剩余部分的刑期同时撤销前科；

（17-2）依照《俄罗斯联邦刑法典》第 82-1 条对被判刑人撤销延期服刑；

（18）对于为了逃避服罚金刑、强制性社会公益劳动刑、劳动改造刑或限制自由刑而藏匿的被判刑人，或者被判处强制劳动的人逃避领取《俄罗斯联邦刑事执行法典》第 60-2 条规定的命令，或者不在命令规定的期限内到达服刑场所的被判刑人，在解决本条第（2）项或第（2-1）项所列问题前进行羁押，但羁押期不得超过 30 日；

（18-1）对被判处在改造村服剥夺自由刑而逃避接收《俄罗斯联邦刑事执行法典》第 75-1 条第 1 款规定的命令的被判刑人实行羁押，但羁押期不得超过 30 日，以及依照《俄罗斯联邦刑事执行法典》第 75 条和第 76 条将上述被判刑人押送到改造村，或者解决本条第（3）项所列问题；

（19）依照《俄罗斯联邦刑事执行法典》第 148 条规定的程序，对被解除军职的被判刑军人未服完部分的刑罚改判较轻的刑种或免除其服限制军职刑；

（20）将被俄罗斯联邦法院判处剥夺自由刑的外国公民引渡给被判刑人的国籍所在国服刑；

（21）俄罗斯联邦公民在国外被判刑并被引渡给俄罗斯联邦服刑时，解决外国刑事判决的承认与执行的程序和条件问题。

第 398 条　延期执行刑事判决

1. 判处强制性社会公益劳动、劳动改造、限制自由、强制劳动、拘役或剥夺自由的刑事判决，在有下列根据之一时，可以由法院决定推迟一定期限执行：

（1）被判刑人罹患妨碍服刑的疾病的——延期到康复；

（2）被判刑妇女怀孕或有幼年子女的，身为单亲的被判刑男子有幼年子女的——延期到幼年子女年满 14 岁，但以下被判刑人除外：对不满 14 岁的未成年人实施性侵害而被判处限制自由、剥夺自由的，因侵害人身的严重犯罪或特别严重犯罪被判处剥夺自由超过 5 年的，因实施《俄罗斯联邦刑法典》第 205 条、第 205-1 条、第 205-2 条、第 205-3 条、第 205-4 条、第 205-5 条、第 206 条第 3 款和第 4 款、第 211 条第 4 款、第 361 条规定的犯罪并同时实施《俄罗斯联邦刑法典》第 277 条、第 278 条、第 279 条和第 360 条规定的恐怖主义活动而被判处剥夺自由的；

（3）火灾或其他自然灾害、唯一具有劳动能力家庭成员严重疾病或死亡，以及其他特殊情况对被判刑人或他的近亲属造成严重后果或构成发生严重后果威胁的——延期执行的期限由法院规定，但不得超过 6 个月。

（4）因实施《俄罗斯联邦刑法典》第 228 条第 1 款、第 231 条第 1 款和第 233 条规定的犯罪初次被判处剥夺自由的人被认定吸毒成瘾，自愿去戒除毒瘾治疗以及进行医疗社会康复的——直到戒毒治疗和医疗社会康复结束，但不得超过 5 年；

2. 如果被判刑人不可能立即交纳罚金，罚金可以延期交纳或在 5 年内分期交纳。

3. 法院根据被判刑人、他的法定代理人、近亲属、辩护人的申请或根据检察长的提议解决刑事判决延期执行的问题。

第 399 条　解决与刑事判决执行有关问题的程序

1. 与刑事判决执行有关的问题，根据下列申请或提议由法院进行审理：

（1）被平反人的申请——在本法典第 397 条第（1）项规定的情况下；

（2）被判刑人的申请——在本法典第 397 条第（3）项（依照《俄罗斯联邦刑事执行法典》第 78 条第 2 款）、第（4）项、第（5）项、第（6）项、第（9）项、第（11）项至第（15）项和第 398 条第 1 款和第 2 款规定的情况下；

（3）根据被判刑人拘捕地的内务机关或刑事执行系统机构（机关）的提议——在本法典第 397 条第（18）项和第（18-1）项规定的情况下；

（4）根据本法典第 469 条至第 472 条的要求——在本法典第 397 条第（20）项和第（21）项规定的情况下；

（4-1）根据刑罚执行机构或机关的提议——在本法典第 397 条第（12）项规定的情况下，对年满 18 岁而不满 14 岁的未成年人实施性侵害的被判刑人

以及被认定患有不排除刑事责任能力的恋童癖的人;

(5)根据刑罚执行机构的报告——在本法典第397条第(2)项、第(2-1)项、第(4-1)项、第(4-2)项、第(7)项至第(8-1)项、第(10)项、第(12)项、第(13)项、第(15)项、第(17)项至第(17-2)项和第(19)项规定的情况下;

(5-1)在被判刑人依照《俄罗斯联邦刑事执行法典》第60-1条和第81条服刑时,根据刑罚执行机构的报告——在本法典第397条第(3)项、第(4)项和第(5)项规定的情况下;

(6)依照本法典第432条第2款——在本法典第397条第(16)项规定的情况下。

2. 至少应在开庭前14日将开庭的日期、时间和地点通知本条第1款所列人员、机构和机关。应传唤刑事执行机构的代表或提请解决与刑罚执行有关问题的主管机关的代表到庭。如果问题涉及刑事判决中附带民事诉讼部分的执行问题,则还可以传唤附带民事诉讼原告人和附带民事诉讼被告人到庭。如果被判刑人申请出庭,法院应保障他直接参加庭审或提供他利用视频设备陈述自己观点的可能性。被判刑人出庭的形式由法院决定。被判刑人参加庭审的申请可以与他对刑事判决执行问题的申请同时提出,或者在被判刑人收到关于开庭日期、时间和地点通知后的10日内提出。

2-1. 在开庭审理本法典第397条第(4)项、第(5)项和第(19)项规定的问题时,以及在审理延期服刑的问题时,被害人、他的法定代理人和(或)代理人有权出庭。如果案卷中有依照本法典第313条第5款作出的通知被害人或其法定代理人法院裁决或裁定,被害人、他的法定代理人和(或)代理人可以直接出庭或者利用视频系统参加。至迟应在开庭前14日将开庭的时间和地点通知被害人、他的法定代理人和(或)代理人,还要告知他们可以利用视频系统参加审判庭。如果被害人、他的法定代理人、代理人在收到开庭通知之日起的10日内申请出庭,则关于被害人、他的法定代理人、代理人参加审判庭的形式问题由法院解决。被害人、他的法定代理人和(或)代理人已经及时收到关于开庭时间和地点的通知而不到庭又不坚持自己出庭,不妨碍开庭。

3. 如果被判刑人、被害人、他的法定代理人和(或)代理人出庭,则他们有权了解提交给法院的材料,参加对材料的审议,提出申请和申请回避,提出解释、提交证据。

4. 被判刑人可以通过律师行使自己的权利。

5. (失效)

（本款由 2003 年 12 月 8 日第 161 号联邦法律删除）

6. 检察长有权出席审判庭。

7. 审判庭从提出申请的机构或机关的代表进行报告开始，或者从申请人进行解释开始。然后审查提交的材料，听取出庭人员的解释、检察长的意见，之后法官作出裁决。

第 400 条　撤销前科申请的审理

1. 关于依照《俄罗斯联邦刑法典》第 86 条撤销前科的问题，根据刑满人员的申请由刑满人员住所地管辖刑事案件的法院或和解法官审理。

2. 申请撤销前科的人员必须出席审判庭。

3. 收到关于申请通知的检察长有权出席审判庭。

4. 申请的审理从听取申请人的解释开始，之后审查提交的材料和听取检察长及被邀请出庭人员的意见。

5. 如果撤销前科的申请被驳回，则自作出驳回的裁决之后至少经过 1 年才能再次提出撤销前科的申请。

第 401 条　对法院裁决的申诉和抗诉

1. 对法院解决与刑事判决执行有关的问题时所作的裁决，可以依照本法典第四十五·一章规定的程序提出上诉或抗诉。

2. 在对法院裁决提出抗诉时，如果依照该裁决被判刑人应免予服刑，则检察长应在依照上诉程序对该裁决提出上诉或抗诉的期限届满之前将此情况通知服刑场所的行政。

第四十七・一章 申诉审法院的诉讼

第 401-1 条 申诉审法院法庭审理的对象

申诉审法院根据申诉和抗诉审查已经发生法律效力的法院刑事判决、裁定和裁判是否合法。

第 401-2 条 向申诉审法院提出申诉或抗诉的权利

1. 对已经发生法律效力的法院裁判,被判刑人、被宣告无罪的人以及他们的辩护人和法定代理人,被害人、自诉人以及他们的法定代理人和代理人,以及法院裁判涉及其权利和合法利益的其他人可以依照本章规定的程序向申诉审法院提出申诉。附带民事诉讼原告人、附带民事诉讼被告人或他们的法定代理人或代理人有权对涉及民事诉讼的部分提出申诉。

2. 俄罗斯联邦总检察长和副总检察长有权向任何申诉审法院提出抗诉,要求对已经发生法律效力的法院裁判进行再审。

2-1. 俄罗斯联邦主体的检察长和副检察长有权向相应普通申诉法院的刑事审判庭提出抗诉,要求对共和国最高法院、边疆区法院、州法院、联邦直辖市法院、自治州法院、自治专区法院通过上诉程序作出的已经发生法律效力的法院裁判进行再审,以及要求对已经生效的下级法院裁判进行再审。

2-2. 与俄罗斯联邦主体检察长同级的军事检察长和副检察长有权对军区(舰队)军事法院通过上诉程序作出的已经发生法律效力的裁判以及卫戍区法院作出的已经生效的裁判向军事申诉法院提出抗诉。

3.(失效)

(本款由 2014 年 12 月 31 日第 518 号联邦法律删除)

第 401-3 条 提出申诉或抗诉的程序

1. 对下列法院裁判的申诉状、抗诉书：

（1）和解法官的刑事判决和裁决；区法院的刑事判决、裁定和裁决；共和国最高法院、边疆区法院或州法院、联邦直辖市法院、自治州法院、自治专区法院的刑事判决、裁定和裁决；普通上诉法院的刑事判决、裁定和裁决，但共和国最高法院、边疆区法院或州法院、联邦直辖市法院、自治州法院、自治专区法院在刑事案件审理过程中作为一审法院作出的刑事判决和其他最终裁决以及普通上诉法院对上述裁判再审作出的刑事判决和其他最终裁判除外——向相应普通申诉法院的刑事审判庭提出；

（2）本条第 1 款所列法院裁判，如果它们通过申诉程序向普通申诉法院刑事审判庭提出申诉、抗诉；共和国最高法院、边疆区法院或州法院、联邦直辖市法院、自治州法院、自治专区法院在刑事案件审理过程中作为一审法院作出的刑事判决和其他终局裁判；普通上诉法院对上述法院裁判进行再审而作出的刑事判决或其他终局裁判；普通申诉法院刑事审判庭的裁定——向俄罗斯联邦最高法院刑事审判庭提出；

（3）卫戍区军事法院的刑事判决、裁定和裁决；军区（舰队）军事法院的刑事判决、裁定和裁决；军事上诉法院的刑事判决、裁定和裁决，但军区（舰队）军事法院作为一审法院在刑事案件审理过程中作出的刑事判决和其他裁判以及军事上诉法院对上述裁判进行再审作出的刑事判决和其他裁判除外——向军事申诉法院提出；

（4）本款第（3）项所列法院裁判，如果已经通过申诉程序向军事申诉法院提出申诉，军区（舰队）军事法院作为一审法院在刑事案件审理过程中作出的刑事判决和其他终局裁判；军事上诉法院对上述裁判进行再审作出的刑事判决和其他终局裁判；军事申诉法院的裁定——向俄罗斯联邦最高法院军事审判庭提出。

2. 对下列刑事判决和法院裁判的申诉状和抗诉书通过一审法院递交和依照本法典第 401-7 条、第 401-8 条规定的程序审理：

（1）和解法官、区法院、卫戍区军事法院的刑事判决或其他终局裁判；共和国最高法院、边疆区法院或州法院、联邦直辖市法院、自治州法院、自治专区法院、军区（舰队）军事法院通过上诉程序作出的刑事判决或其他终局裁判，如果上述法院裁判向相应普通申诉法院刑事审判庭或军事申诉法院提出申诉、抗诉；

（2）共和国最高法院、边疆区法院或州法院、联邦直辖市法院、自治州法院、自治专区法院、军区（舰队）军事法院作为一审法院在刑事案件审理过程中作出的刑事判决或其他终局裁判；普通上诉法院、军事上诉法院对上述裁判再审作出的刑事判决或终局裁判，如果上述向俄罗斯联邦最高法院刑事审判庭、俄罗斯联邦最高法院军事审判庭提出申诉、抗诉。

3. 对下列法院裁判的申诉状、抗诉书直接依照本条第 1 款规定的权限递交到申诉审法院，并依照本法典第 410-10 条至第 401-12 条规定的程序对被提出申诉、抗诉的法院裁判进行再审：

（1）诉讼过程中间的裁判；

（2）和解法官、区法院、卫戍区军事法院的刑事判决或其他终局裁判；共和国最高法院、边疆区法院或州法院、联邦直辖市法院、自治州法院、自治专区法院、军区（舰队）军事法院通过上诉程序作出刑事判决或其他终局裁判；普通申诉法院刑事审判庭的裁定，军事上诉法院根据对本项所列法院裁判的再审作出的裁定，如果对上述裁判向俄罗斯联邦最高法院刑事审判庭、军事审判庭提出申诉、抗诉。

第 401-4 条 申诉状、抗诉书的内容

1. 申诉状、抗诉书应该包括以下内容：

（1）受理申诉和抗诉的申诉审法院的名称；

（2）申诉人和抗诉人的情况，并说明其住所地或所在地、诉讼地位；

（3）审理该刑事案件的第一审法庭、上诉审法院的名称以及它们所作裁判的内容；

（4）被提出申诉或抗诉的法院裁判；

（5）指出严重违反刑事法律或刑事诉讼法从而影响案件结局的事实，并举出证明这些违法行为的理由；

（6）申诉人或抗诉人的请求。

2. 如果申诉人没有参加刑事案件的诉讼，则申诉状还应指出已经生效的法律裁判侵犯了他的哪些权利或合法利益。

3. 如果申诉状或抗诉书曾向上诉审法院提交过，则申诉状或抗诉书还应指出对它们所作的法院裁判。

4. 申诉状和抗诉书应由申诉人或抗诉人签字。辩护人提交的申诉状还应附具律师函或证明其权限的其他文件。抗诉书应该由本法典第 401-1 条第 2 款至第 2-2 款所列检察长签字。

5. 申诉状或抗诉书应附具经法院认证的对刑事案件作出的法院裁判的副本。在必要时还要附具申诉人或抗诉人认为能证明申诉状或抗诉书所列

理由的文件。

第 401-5 条　将申诉状、抗诉书退回不予审理

1. 有下列情形之一的,申诉状和抗诉书退回不予审理:

(1)申诉状、抗诉书不符合本法典第 401-4 条规定的要求;

(2)提出申诉或抗诉的人不具有提出申诉或抗诉的权利;

(3)法院裁判的申诉期已经届满;

(4)法院收到要求撤回申诉或抗诉的申请;

(5)申诉或抗诉违反了本法典第 401-1 条规定的管辖规则。

2. 申诉审法院应在收到申诉状或抗诉书之日起的 20 日内退回申诉状或抗诉书。

第 401-6 条　通过申诉程序再审刑事判决、裁定、裁决造成当事人状况恶化

在法院裁判发生法律效力之日起的 1 年内,如果在法庭审理过程中发生违反法律、歪曲审判本质和法院裁决作为审判文书的意义,从而影响案件的结局,或者发现证明签订了审前合作协议的人未遵守审前合作协议规定的条件和不履行协议规定的义务,才允许通过对申诉程序根据可能恶化被判刑人、被宣判无罪的人、其刑事案件已经终止的人状况的理由对法院刑事判决、裁定和裁决进行再审。

第 401-7 条　第一审法院在收到申诉状或抗诉书后的行为

在本法典第 401-3 条规定的情况下,第一审法院的法官在收到依照本法典第 401-2 条至第 401-3 条的规则递交的申诉状、抗诉书时:

(1)将收到申诉状、抗诉书的事宜通知申诉、抗诉涉及其利益的人员,说明他们有权以书面形式对申诉和抗诉提出反驳意见,并指出提出异议的期限,同时向他们发送申诉状、抗诉书的复印件以及对申诉、抗诉的反驳意见的复印件,收到的对申诉、抗诉的反驳意见应附于刑事案卷;

(2)审议本条第(1)项所列人员提出的与他们到申诉审法院出庭有关的申请;

(3)在完成本条第(1)项和第(2)项所列行为后,将刑事案卷连同申诉状、抗诉书以及对它们的反驳意见一并送交申诉审法院,对此应通知各方当事人。

第 401-8 条　申诉审法院收到刑事案卷及申诉状、抗诉书时的行为

1. 申诉审法院的法官研究申诉状、抗诉书以及一并收到的刑事案卷,而当没有理由退回申诉状、抗诉书时,应在 20 天内作出开庭的裁决。

2. 在法官决定申诉审法院开庭的裁决中应该解决以下问题：

（1）开始审理刑事案件的地点、日期和时间；

（2）在本法典第 241 条规定的情况下对刑事案件进行不公开审理；

（3）被羁押人或正在服剥夺自由刑的被判刑人出庭的形式。

3. 应该将对刑事案件申诉状、抗诉书审理的地点、日期和时间最迟在开庭前 14 天通知本法典第 401-7 条第（1）项所列人员。上述人员在申诉审开庭时不到庭不妨碍对刑事案件申诉状、抗诉书的审理。

第 401-9 条　申诉状、抗诉书的审理期限

（失效）

（本条由 2018 年 10 月 11 日第 361 号联邦法律删除）

第 401-10 条　申诉审法院在收到申诉状、抗诉书时的行为

1. 在本法典第 401-3 条第 3 款规定的情况下，申诉审法院的法官依照本法典第 401-2 条至第 401-4 条的规则，根据申诉状、抗诉书所附文件或法官调取的刑事案卷研究申诉状、抗诉书。

2. 根据对申诉状、抗诉书的研究结果，法官作出以下裁决之一：

（1）如果没有理由通过申诉程序对法院裁判进行再审，则驳回将申诉状、抗诉书移送申诉审法院开庭审理的请求。同时，将申诉状、抗诉书以及被申告的法院裁判留在申诉审法院；

（2）将申诉状、抗诉书连同刑事案卷一并移送申诉审法院开庭审理。

3. 在申诉审法院，除俄罗斯联邦最高法院外，如果不调取刑事案卷，则申诉状、抗诉书应在收到之日起的 1 个月内进行审理；如果调取刑事案卷，则在收到之日起的 2 个月内进行审理，但刑事案卷调取之日到申诉审法院收到刑事案卷的时间不计算在内。

4. 在俄罗斯联邦最高法院，如果不调取刑事案卷，申诉状、抗诉书在收到之日起的 2 个月内审理，如果调取刑事案卷，则在俄罗斯联邦最高法院收到刑事案卷之日起的 3 个月内审理，刑事案卷调取之日到俄罗斯联邦最高法院收到刑事案卷的时间不计算在内。

5. 俄罗斯联邦最高法院院长、副院长有权不同意俄罗斯联邦最高法院法官关于驳回将申诉状、抗诉书移送申诉审法院开庭审理的裁决，而作出撤销该裁决并将申诉状、抗诉书连同刑事案卷一并移送申诉审法院开庭审理的裁决。

第 401-11 条　申诉审法院法官根据申诉状、抗诉书审理结果所作出的裁判

1. 申诉审法院法官关于驳回申诉状、抗诉书移送申诉审法院开庭审理的裁决应该包括下列内容：

（1）作出裁决的日期和地点；

（2）作出裁决的法官的姓名；

（3）申诉人、抗诉人的情况；

（4）被申诉、抗诉的法院裁判；

（5）驳回将申诉状、抗诉书移送申诉审法院开庭审理的理由。

2. 申诉审法院法官关于将申诉状、抗诉书连同刑事案卷一并移送申诉审法院开庭审理的裁决，应该包括以下内容：

（1）作出裁决的日期和地点；

（2）作出裁决的法官的姓名；

（3）将刑事案件移送到哪个申诉审法院审理；

（4）申诉人、抗诉人的情况；

（5）被申诉或抗诉的法院裁决；

（6）将申诉状、抗诉书连同刑事案卷一并移送申诉审法院开庭审理的理由。

第 401-12 条 将申诉状、抗诉书连同刑事案卷一并移送申诉审法院开庭审理的事宜通知案件参加人

1. 申诉审法院应将关于将申诉状、抗诉书连同刑事案卷一并移送申诉审法院开庭审理的裁决以及申诉状、抗诉书的副本送交申诉状、抗诉书涉及其利益的人员。

2. 申诉审法院应在开庭 14 日之前将审理申诉、抗诉的开庭日期、时间和地点通知本条第 1 款所列人员。上述人员不到庭不妨碍根据申诉或抗诉对刑事案件进行审理。

第 401-13 条 申诉审法院根据申诉或抗诉对刑事案件开庭审理的期限和程序

1. 普通申诉审法院、军事申诉法院根据申诉状或抗诉书对刑事案件在法官作出本法典第 401-8 条或第 401-11 条规定的裁决之日起的 2 个月内开庭进行审理，而俄罗斯联邦最高法院则在上述裁决作出之日起的 3 个月内开庭审理。

2. 通过申诉程序根据申诉、抗诉审理刑事案件时，检察长必须到庭。本法典第 401-2 条第 1 款所列其他人员在提出申请时也应到庭。应向这些人员

提供了解申诉状、抗诉书和关于将申诉状、抗诉书连同刑事案卷一并移送申诉审法院开庭审理的裁决的可能性。被羁押人员或正在服剥夺自由刑的被判刑人,如果提出申请,也有权直接或者通过视频系统设备参加法庭审理。如果刑事案件已经根据检察长的抗诉或其他人的申诉移送到申诉审法院,被羁押人员或正在服剥夺自由刑的被判刑人可以在收到关于申诉审法院开庭日期、时间和地点的通知之日起的 3 日内提出申请。被羁押人员和正在服剥夺自由刑的被判刑人出庭的形式由法院决定。

3. 作出关于将申诉状、抗诉书连同刑事案卷一并移送申诉审法院开庭审理的裁决的法官无权参加该刑事案件的审理。

4. 审判长依照本法典第 389-13 条宣布开庭,并查明法庭参加人是否有回避和申请。

5. 在解决回避和申请问题后,由一名以前没有参加过本刑事案件审理的法官报告案情。

6. 报告人叙述刑事案件情节,对本案所作法院裁决的内容,作为将申诉状、抗诉书连同刑事案卷一并移送申诉审法院开庭审理的根据以及申诉理由或抗诉理由,法官可以向报告人提问。

7. 如果本条第 2 款所列人员已经到庭,他们有权对案件发表意见。首先发言的是申诉人或抗诉人。

8. 在听取控辩双方的意见后,法庭退入评议室作出裁定或裁决,对此审判长应在法庭宣布。

9. 在通过申诉程序审理刑事案件时,所有问题均应由法官表决,以多数票通过。审判长最后投票。首先提交表决的是对被宣告无罪的人、被判刑人、被终止刑事案件的人最有利的提议。

10. 申诉审法庭书记员或根据审判长的委托由助理法官依照本法典第 259 条制作笔录。控辩双方可对笔录的内容提意见,意见由审判长依照本法典第 260 条规定的程序进行审查。

11. 申诉裁定依照本法典第 389-33 条规定的程序作出并交付执行。

第 401-14 条　申诉审法院的裁判

1. 根据对刑事案件的审理结果,申诉审法院有权:

(1)对申诉和抗诉请求不予满足;

(2)撤销法院刑事判决、裁定或裁决和所有随后的法院裁判并终止刑事案件的诉讼;

(3)撤销法院刑事判决、裁定或裁决和所有随后的法院裁判并将刑事案件移送重新审理或发还检察长；

（4）撤销上诉审法院的刑事判决并将刑事案件移送上诉审法院重新审理；

（5）撤销申诉审法院的裁判并将刑事案件移送申诉审法院重新审理；

（6）变更法院的刑事判决、裁定和裁决。

2. 在本条第 1 款第（2）项至第（6）项规定的情况下，申诉审法院应该依照本法典第 401-15 条指出撤销或变更法院刑事判决、裁定或裁决的具体根据。

3. 申诉审法院的裁定或裁决应该符合本法典第 389-28 条第 3 款和第 4 款的要求。

4. 申诉审法院的裁定由法庭全体成员签字，而裁决由主席团审判长签字。

5.（失效）

（本款由 2018 年 10 月 11 日第 361 号联邦法律删除）

6.（失效）

（本款由 2018 年 10 月 11 日第 361 号联邦法律删除）

第 401-15 条 通过申诉程序审理刑事案件时撤销或变更法院裁判的根据

1. 通过申诉程序审理刑事案件时撤销或变更法院刑事判决、裁定或裁决的根据存在严重违反刑事法律和（或）刑事诉讼法的事实从而影响了案件的结局，或发现证明当事人未遵守审前合作协议所规定条件或未履行该协议所规定义务。

2. 如果被判刑人或他的辩护人提出申请，排除本法典第 237 条第 5 款所列情况，是在通过申诉程序审理刑事案件时撤销法院的刑事判决、裁定、裁决的根据。

3. 如果在通过申诉程序审理刑事案件时发现本法典第 247 条第 2 款第（1）项所列情况，则法院的刑事判决、裁定、裁决和所有随后的法院裁判均予以撤销并将刑事案件发还检察长。

第 401-16 条 申诉审法院的权力范围

1. 申诉审法院不受申诉状或抗诉书理由的约束，而有权对刑事案件进行全面审查。

2. 如果刑事案件中有几人被判刑，而仅一名提出申诉或抗诉针对其中几人，上诉审法院有权针对所有的被判刑人审查刑事案件。

3. 申诉审法院在审理刑事案件时可以减轻对被判刑人所判处的刑罚或者适用关于更轻犯罪的刑事法律。

4. 在将刑事案件退回重新审理的时候,申诉审法院应该指出该刑事案件退回哪一个审级的法院。

5. 如果刑事案件中有几人被判刑或几人被宣告无罪,对于那些没有被提出申诉或抗诉的人,如果刑事判决、裁定或裁决的撤销对他们不利,则申诉审法院无权撤销刑事判决、裁定或裁决。

6. 申诉审法院的指示对下一审级法院重审刑事案件时具有强制力。

7. 在撤销法院裁判时,申诉审法院无权:

(1)确认在刑事判决没有得到确认的或已经被推翻的事实或认定该事实已经得到证明;

(2)预判指控已经得到证明或者没有得到证明、某一证据真实或者不真实,或者一些证据优先于其他证据;

(3)作出第一审法院或上诉审法院应适用某一刑事法律或刑罚的裁判;

(4)预判第一审法院或上诉审法院在重审该刑事案件时可能得出的结论。

第 401-17 条　不允许重复提出申诉或抗诉

如果原先对同一人的申诉或抗诉已经在法院开庭审理或者被法官裁决不予满足,则不允许按照相同的法律根据、由相同的人或由其他人向同一申诉审法院重复提出申诉或抗诉。

第四十八章　监督审的诉讼程序(失效)

（本章由 2010 年 12 月 29 日第 433 号联邦法律删除）

第四十八·一章　监督审法院的诉讼程序

第 412-1 条　通过监督程序对法院裁判的再审

1. 对本条第 2 款所列已经发生法律效力的法院裁判,可以根据本法典第 401-2 条所列人员的申诉或抗诉依照监督程序由俄罗斯联邦最高法院主席团进行再审。

2. 监督审法院根据申诉、抗诉审查法院刑事判决、裁定或裁决的合法性。

3. 可以向俄罗斯联邦最高法院主席团提出申诉或抗诉的已经发生法律效力的法院裁判是:

(1)(失效)

(本项由 2018 年 10 月 11 日第 361 号联邦法院删除)

(2)(失效)

(本项由 2018 年 10 月 11 日第 361 号联邦法院删除)

(3)俄罗斯联邦最高法院申告庭、俄罗斯联邦最高法院刑事案件审判庭和俄罗斯联邦最高法院军事审判庭的裁决通过上诉程序作出的法院裁判;

(4)俄罗斯联邦最高法院刑事案件审判庭和俄罗斯联邦最高法院军事审判庭的裁决通过申诉程序作出的裁定;

(5)俄罗斯联邦最高法院主席团的裁决。

第 412-2 条　提出申诉和抗诉的期限和程序

申诉状、抗诉书直接递交到俄罗斯联邦最高法院。

第 412-3 条　申诉状、抗诉书的内容

1. 申诉状、抗诉书应该包括以下内容:

(1)受理申诉和抗诉的法院的名称;

(2)申诉人和抗诉人的情况,并说明其住所地或所在地、诉讼地位;

（3）审理该刑事案件的第一审法庭、上诉审法院或申诉审法院的名称以及它们所作裁判的内容；

（4）被提出申诉或抗诉的法院裁判；

（5）指出法律规定的对法院裁判进行再审的根据和证明存在这些根据的理由；

（6）申诉人或抗诉人的请求。

2. 如果申诉人没有参加刑事案件的诉讼，则申诉状还应指出已经发生法律效力的法律裁判侵犯了他的哪些权利或合法利益。

3. 申诉状和抗诉书应由申诉人或抗诉人签字，抗诉书应该由俄罗斯联邦总检察长签字。

4. 申诉状或抗诉书应附具经第一审法院、上诉审法院或申诉审法院认证的对刑事案件作出的法院裁判的复印件。

第 412-4 条 退回申诉状或抗诉书不予实质审理

1. 对下列申诉状、抗诉书应退回不予实质审理：

（1）申诉状、抗诉书不符合本法典第 412-3 条规定的要求；

（2）提出申诉、抗诉的人无权向监督审法院提出请求；

（3）依照监督程序提出申诉或抗诉的期限已经届满；

（4）收到了要求撤回申诉状或抗诉书的申请；

（5）申诉或抗诉的提出违反了本法典第 412-1 条第 3 款规定的规则。

2. 申诉状、抗诉书应该在监督审法院收到之日起的 10 内退回。

第 412-5 条 对申诉或抗诉的审理

1. 依照本法典第 412-1 条至第 412-3 条的规则提出的申诉或抗诉，由俄罗斯联邦最高法院的法官进行审查。俄罗斯联邦最高法院的法官根据申诉状、抗诉书所附具的材料或调取的刑事案卷审理申诉状或抗诉书。

2. 根据对申诉状、抗诉书审理的结果，俄罗斯联邦最高法院的法官作出以下裁决之一：

（1）拒绝将申诉状、抗诉书移送俄罗斯联邦最高法院主席团开庭审理，如果没有根据依照监督程序对申诉或抗诉进行审理；在这种情况下申诉状、抗诉书连同被申诉或被抗诉的法律裁判的副本一并留在监督审法院；

（2）将申诉状、抗诉书连同刑事案卷移送俄罗斯联邦最高法院主席团开庭审理。

3. 俄罗斯联邦最高法院院长或副院长有权不同意俄罗斯联邦最高法院

法官关于拒绝将申诉状、抗诉书移送俄罗斯联邦最高法院主席团开庭审理的裁决,而作出撤销该裁决并将申诉状、抗诉书移送俄罗斯联邦最高法院主席团开庭审理的裁决。

第 412-6 条　审理申诉、抗诉的期限

在俄罗斯联邦最高法院,如果不调取刑事案卷,对申诉状、抗诉书应在收到之日起的 1 个月内进行审理;如果调取刑事案卷,则在收到之日起的 2 个月内进行审理,但自调取刑事案卷之日至俄罗斯联邦最高法院收到之日的期间不计算在内。

第 412-7 条　关于拒绝将申诉状、抗诉书移送俄罗斯联邦最高法院主席团开庭审理的裁决

关于拒绝将申诉状、抗诉书移送俄罗斯联邦最高法院主席团开庭审理的裁决应该包括以下内容:

（1）作出裁决的日期和地点；

（2）作出裁决的法官的姓名；

（3）申诉人、抗诉人的情况；

（4）被申诉、抗诉的法院裁判；

（5）拒绝将申诉状、抗诉书移送俄罗斯联邦最高法院主席团开庭审理的理由。

第 412-8 条　将申诉状、抗诉书连同刑事案卷移送俄罗斯联邦最高法院主席团开庭审理的裁决

1. 将申诉状、抗诉书连同刑事案卷移送俄罗斯联邦最高法院主席团开庭审理的裁决应该包括以下内容:

（1）作出裁决的日期和地点；

（2）作出裁决的法官的姓名；

（3）申诉人、抗诉人的情况；

（4）被申诉、抗诉的法院裁判；

（5）叙述法院裁判所涉及刑事案件的内容；

（6）将申诉状、抗诉书连同刑事案卷移送俄罗斯联邦最高法院主席团开庭审理的理由；

（7）作出裁决的法官有何建议。

2. 俄罗斯联邦最高法院的法官将所作裁决、申诉状或抗诉书连同刑事案卷一并移送俄罗斯联邦最高法院主席团。

第 412-9 条　通过监督程序撤销或变更法院裁判的根据

1. 通过监督程序撤销或变更法院刑事判决、裁定、裁决的根据是严重违反刑事法律和（或）刑事诉讼法的事实从而影响了案件的结果，或者发现证明订立了审前合作协议的人不遵守协议条件和不履行协议规定义务的材料。

2. 不允许通过监督程序对法律裁判进行再审而致使当事人状况恶化，但本法典第 401-6 条规定的情形除外。

第 412-10 条　俄罗斯联邦最高法院主席团通过监督程序开庭审理刑事案件的程序和期限

1. 俄罗斯联邦最高法院主席团自作出关于将申诉状、抗诉书连同刑事案卷移送监督审法院审理的裁决之日起的 2 个月内开庭审理申诉或抗诉。法院应将开庭的日期、时间和地点通知本法典第 412-1 条所列人员。

2. 作出将申诉状、抗诉书连同刑事案卷移送俄罗斯联邦最高法院主席团开庭审理的裁决的俄罗斯联邦最高法院院长或副院长、俄罗斯联邦最高法院主席团成员不得参加俄罗斯联邦最高法院主席团对刑事案件的审理。

3. 本法典第 412-1 条所列人员应到庭。检察长必须出庭参加通过监督程序对申诉或抗诉的审理。

4. 由以前没有参加该刑事案件审理的俄罗斯联邦最高法院法官报告案情。

5. 报告人应叙述刑事案件的案情，刑事判决、裁定或裁决的内容，作为将申诉状、抗诉书连同刑事案卷移送俄罗斯联邦最高法院主席团开庭审理理由和申诉状或抗诉书的内容。可以向报告人提问。

6. 如果本条第 3 款所列人员到庭，他们有权就案件的实质发表意见。第一个发言的是申诉人或抗诉人。

7. 根据对申诉或抗诉的审理结果，俄罗斯联邦最高法院主席团作出裁决。

8. 在审理申诉和抗诉时，所有问题均应由法官表决，以多数票通过。首先提交表决的是对被判刑人、被宣告无罪的人、被终止刑事案件的人最有利的提议。赞成再审和反对再审的票数相等时上诉或抗诉应认为被驳回。

9. 监督审法庭书记员或者助理法官根据审判长的委托依照本法典第 259 条制作笔录。控辩双方可对笔录的内容提出意见，意见由审判长依照本法典第 260 条规定的程序进行审议。

10. 监督审法院的裁决依照本法典第 389-33 条规定的程序作出并交付

执行。

第 412-11 条　俄罗斯联邦最高法院主席团通过监督程序审理刑事案件时的权限

1. 根据对刑事案件的审理结果,监督审法院有权:

(1)对申诉状、抗诉书不予审理;

(2)撤销法院的刑事判决、裁定、裁决和所有后续的法院裁决并终止刑事案件的诉讼;

(3)撤销法院的刑事判决、裁定、裁决和所有后续的法院裁决并将刑事案件移送第一审法院重新审理;

(4)撤销上诉审法院的裁判并将刑事案件发还上诉审法院重新审理;

(5)撤销申诉审法院的裁判并将刑事案件发还申诉审法院重新审理;

(6)如果存在本法典第 389-22 条第 3 款规定的根据,撤销法院的刑事判决、裁定、裁决和所有后续的法院裁决并将刑事案件发还检察长;

(7)变更法院的刑事判决、裁定、裁决;

(8)当存在本法典第 412-4 条规定的根据时对申诉状、抗诉书不予审理。

2. 在本条第 1 款第(2)项至第(7)项规定的情况下,监督审法院应该指出依照本法典第 412-9 条第 1 款撤销或变更法院裁判的根据。

3. 监督审法院的裁决由法庭审判长签字并且应该符合本法典第 389-28 条第 3 款和第 4 款的要求。

4. 监督审法院的裁决连同申诉状、抗诉书、监督审法院的裁决以及在本法典第 412-5 条规定的情况下作出的俄罗斯联邦最高法院院长或副院长的裁决附于刑事案卷。

第 412-12 条　俄罗斯联邦最高法院主席团的权力范围

1. 在通过监督程序审理刑事案件时,俄罗斯联邦最高法院主席团应在申诉状和抗诉书的限度内审查下级法院审理案件时适用刑事规范和刑事诉讼法规范的正确性。俄罗斯联邦最高法院主席团从法制利益出发,有权超越申诉状和抗诉书而全面审查刑事案件,包括对没有对法院裁判提出申诉的人。

2. 俄罗斯联邦最高法院主席团的指示对再审刑事案件的法院具有强制力。

3. 在撤销法院裁判的情况下,俄罗斯联邦最高法院主席团无权确认在第一审法院、上诉审法院没有得到确认的或已经被推翻的情节或认定情节已经得到证明;无权预断某一证据真实或者不真实或者一些证据优先于其他证据,也无权确定重新审理时应作出何种法院裁判。

第 412-13 条　俄罗斯联邦最高法院主席团裁决的生效

俄罗斯联邦最高法院主席团的裁决由其宣布之时起发生法律效力。

第四十九章　因新的情况或新发现的情况而恢复刑事案件的诉讼

第 413 条　因新的情况或新发现的情况而恢复刑事案件诉讼的根据

1. 因新的情况或新发现的情况可以撤销已经发生法律效力的法院刑事判决、裁定或裁决,而刑事案件的诉讼可以恢复。

2. 依照本条规定的程序恢复刑事案件诉讼的根据是:

(1)新发现的情况——本条第3款所列在刑事判决或法院其他裁判发生法律效力前已经存在而不为法院所知悉的情况;

(2)新的情况——本条第4款所列在法院作出裁判前不知悉的排除行为有罪性质和应受刑罚性质的情况或证明在法院审理刑事案件或作出法院裁判期间发生了新的危害社会后果,从而有根据指控刑事被告人实施更严重的犯罪。

3. 新发现的情况是:

(1)已经发生法律效力的法院刑事判决确认,被害人或证人故意作虚假陈述、鉴定人故意提供虚假鉴定结论,以及物证、侦查行为、审判行为笔录和其他文件是伪造的,或者翻译人员故意作不正确的翻译,从而导致作出了不合法的、没有根据的或不公正的刑事判决,导致作出了不合法的或没有根据的裁定或裁决;

(2)已经发生法律效力的法院刑事判决确认,调查人员、侦查员或检察长的犯罪行为导致作出了不合法的、没有根据的或不公正的刑事判决,导致作出了不合法的或没有根据的裁定或裁决;

(3)已经发生法律效力的法院刑事判决确认,法官在审理该刑事案件时实施了犯罪行为。

4. 新的情况是:

(1)俄罗斯联邦宪法法院认定在该刑事案件中适用的法律不符合《俄罗

斯联邦宪法》;

(2)欧洲人权法院认定俄罗斯联邦法院在审理刑事案件时因下列情形而违反了《保护人权与基本自由公约》的规定:

a. 适用了不符合《保护人权与基本自由公约》规定的俄罗斯联邦法律;

b. 其他违反《保护人权与基本自由公约》的行为;

(2-1)在法院审理刑事案件或作出法院裁判期间发生了新的危害社会后果,从而有根据指控刑事被告人实施更严重的犯罪;

(3)其他新的情况。

5. 除法院的刑事判决外,法院的裁定或裁决、侦查员或调查人员关于因时效期届满、大赦或特赦、刑事被告人死亡或未达到刑事责任年龄而终止刑事案件的决定也可以确认本条第 3 款所列情况。

第 414 条 恢复诉讼的期限

1. 因新的情况或新发现的情况有利被判刑人而再审有罪判决的,没有期限的限制。

2. 为了给被判刑人平反,被判刑人死亡不妨碍因新的情况或新发现的情况而恢复刑事案件诉讼。

3. 只有在《俄罗斯联邦刑法典》第 78 条规定的追究刑事责任的时效期内,并且必须是在自发现新情况之日起的 1 年内,才允许再审无罪判决或者关于终止刑事案件的裁定或裁决,或者以量刑过轻或必须对被判刑人适用关于更重犯罪行为的刑事法律为由而再审有罪判决。

4. 发现新情况或新发现情况之日是:

(1)在本法典第 413 条第 3 款规定的情况下——法院对因故意作虚假陈述、提供虚假证据、作不正确的翻译或者因刑事诉讼过程中实施犯罪行为的人作出刑事判决、裁定或裁决之日;

(2)在本法典第 413 条第 4 款第(1)项规定的情况下——俄罗斯联邦宪法法院关于该刑事案件中适用的法律不符合宪法的判决发生法律效力之日;

(3)在本法典第 413 条第 4 款第(2)项规定的情况下——欧洲人权法院关于存在违反《保护人权与基本自由公约》规定的判决发生法律效力之日;

(4)在本法典第 413 条第 4 款第(2-1)项和第(3)项规定的情况下——检察长签署关于因新情况必须恢复诉讼的结论之日。

第 415 条 诉讼的提起

1. 因新的情况或新发现的情况而提起刑事案件诉讼的权利属于检察

长,但本条第 5 款规定的情形除外。

2. 因新的情况或新发现的情况而提起刑事案件诉讼的理由可以是公民、公职人员的举报,以及在其他刑事案件的审前调查和法庭审理过程中取得的材料。

3. 如果举报中包括本法典第 413 条第 3 款第(1)项至第(3)项所列情况,则检察长应作出关于因新发现的情况而提起诉讼的决定,进行有关的调查,调取刑事判决副本和法院关于刑事判决生效的证明文件。

4. 如果举报中包括本法典第 413 条第 4 款第(2-1)项和第(3)项所列情况,则检察长应作出关于因新情况而提起诉讼的决定并将有关材料移送侦查机关领导人,以便对这些情况进行调查并解决根据被发现的违反刑事立法的事实进行刑事追究的问题。在调查新的情况时可以依照本法典规定的程序实施侦查行为和其他诉讼行为。

5. 因本法典第 413 条第 4 款第(1)项和第(2)项所列情况而再审法院的刑事判决、裁定或裁决,由俄罗斯联邦最高法院主席团根据俄罗斯联邦最高法院院长的报告在该报告收到后的 1 个月内进行。根据报告审查结果,俄罗斯联邦最高法院主席团依照俄罗斯联邦宪法法院的裁决或欧洲人权法院的裁决撤销或变更法院对该刑事案件的判决。俄罗斯联邦最高法院主席团裁决的副本应在 3 日内送交俄罗斯联邦宪法法院、该裁决涉及的当事人、检察长和俄罗斯联邦驻欧洲人权法院特派员。

第 416 条　检察长在检察或调查终结后的行为

1. 在检察或调查终结后,如果有根据对刑事案件恢复诉讼,检察长应依照本法典第 417 条将刑事案件连同自己的结论、刑事判决的副本和检察或调查的材料一并送交法院。

2. 如果没有恢复刑事案件诉讼的根据,检察长应作出决定终止对刑事案件提起的诉讼。

3. 应将决定通知利害关系人。同时应向他们说明,他们有权对该决定向本法典第 417 条规定有权解决因新情况或新发现的情况而恢复刑事案件诉讼问题的法院提出申诉。

第 417 条　法院解决恢复刑事案件诉讼问题的程序

1. 对检察长关于因新情况或新发现的情况必须恢复刑事案件诉讼的结论应进行审查:

(1)对和解法官的刑事判决和裁决以及区法院的刑事判决、裁定和裁决,由区法院进行审查；

（2）对共和国最高法院刑事审判庭、边疆区法院或州法院、联邦直辖市法院、自治州法院和自治专区法院刑事案件的判决、裁定和裁决，由本法院刑事审判庭审查；

（3）对普通上诉法院刑事审判庭对刑事案件的判决、裁定和裁决，由普通上诉法院刑事审判庭审查；

（4）对普通申诉法院的刑事审判庭裁决，由普通申诉法院刑事审判庭审查；

（5）对俄罗斯联邦最高法院刑事审判庭或军事审判庭作为上诉审法院或申诉审法院在审理刑事案件的过程中作出的刑事判决、裁定、裁决，如果法院裁判不是俄罗斯联邦最高法院主席团的审理对象，则由这些审级的法院自己审查；

（6）对卫戍区军事法院的刑事判决、裁定、裁决，由卫戍区军事法院审查；

（7）对军区（舰队）军事法院的刑事判决、裁定、裁决，由军区（舰队）军事法院刑事审判庭审查；

（8）对上诉军事法庭的刑事判决、裁定和裁决，由军事上诉法院审查；

（9）对军事申诉法院的裁定，由军事申诉法院审查；

（10）对俄罗斯联邦最高法院主席团的裁决，由俄罗斯联邦最高法院主席团审查。

2. 以前依照上诉程序或申诉程序曾对刑事案件进行过审理，不妨碍同一审级的法院再根据因新情况或新发现的情况对刑事案件恢复诉讼的程序对刑事案件进行审理。

3. 检察长关于因新情况或新发现的情况而恢复刑事案件诉讼的结论应依照本法典第 401-13 条规定的程序开庭审理。

4. 区法院的法官依照本法典第 401-13 条第 1 款至第 7 款规定的程序独任审理检察长关于因新情况或新发现的情况而恢复刑事案件诉讼的结论。

第 418 条　法院对检察长结论的裁判

在审查检察长关于因新情况或新发现的情况而恢复刑事案件诉讼的结论后，法院作出以下裁判中的一种：

（1）撤销原法院的刑事判决、裁定或裁决并移送刑事案件重新进行法庭审理；

（1-1）在查明本法典第 237 条第 2 款第（1）项所列情况时撤销法院的刑事判决、裁定或裁决和所有之后的裁判并将刑事案件发还检察长；

（2）撤销原法院的刑事判决、裁定或裁决并终止刑事案件；

（3）驳回检察长的结论。

第 419 条　原法院裁判撤销后的刑事案件诉讼

在法院裁判被撤销后，因新情况或新发现的情况而对刑事案件的法庭审理，以及对新的法院裁判进行的上诉或抗诉，依一般程序进行。

第五十章　未成年人刑事案件的诉讼程序

第 420 条　未成年人刑事案件的诉讼程序

1. 本章的规定适用于实施犯罪时不满 18 岁的未成年人刑事案件的诉讼。

2. 未成年人实施犯罪的刑事案件的诉讼，依照本法典第二部分和第三部分规定的一般程序进行，但考虑本章规定的例外。

第 421 条　应该确定的情况

1. 在未成年人实施犯罪的刑事案件进行审前调查和法庭审理时，除本法典第 73 条规定的应予证明的情况外，还必须确定：

(1) 未成年人的年龄，出生年、月、日；

(2) 未成年人的生活和教育条件，心理发育水平和其他个人身份的特点；

(3) 年长的人对未成年人的影响。

2. 如果有材料证明未成年人存在与精神病无关的心理发育滞后，则还应确定未成年人是否能够完全意识到自己行为（不作为）的实际性质和社会危害性或者是否能够完全控制自己的行为。

3. 在未成年人实施中等严重或严重犯罪的刑事案件中，除《俄罗斯联邦刑法典》第 62 条第 5 款规定的犯罪外，在侦查和法庭审理时还应确定未成年人是否患有妨碍他在封闭型教育教养机构生活和学习的疾病，以便法院解决是否可能免除未成年人刑罚而依照《俄罗斯联邦刑法典》第 92 条第 2 款的规定将他送到上述机构进行矫正的问题。

4. 在侦查过程中对未成年人的医学检验根据侦查员或调查人员的决定依照俄罗斯联邦政府规定的办法进行。未成年人医学检验的结论应与刑事案件材料一并提交给法院。

第 422 条　将未成年人的刑事案件分出单独进行诉讼

对与成年人一起实施犯罪的未成年人的刑事案件,应依照本法典第 154 条规定的程序分出单独进行诉讼。如果不能分出单独进行诉讼,则对与成年人在同一刑事案件中被追究的未成年人适用本章的规则。

第 423 条　未成年犯罪嫌疑人的拘捕　对未成年犯罪嫌疑人、刑事被告人选择强制处分

1. 拘捕未成年犯罪嫌疑人,以及对未成年犯罪嫌疑人、刑事被告人选择羁押作为强制处分,依照本法典第 91 条、第 97 条、第 99 条、第 100 条和第 108 条规定的程序进行。

2. 在解决对未成年犯罪嫌疑人、刑事被告人选择强制处分的问题时,在任何情况下都应讨论是否能够依照本法典第 105 条规定的程序将未成年人交付监管的问题。

3. 关于对未成年犯罪嫌疑人、刑事被告人实行拘捕、羁押或延长羁押期的事宜,应立即通知其法定代理人。

第 424 条　传唤未成年犯罪嫌疑人、刑事被告人的程序

侦查员、调查人员或法院传唤未成年犯罪嫌疑人、刑事被告人,应通过其法定代理人进行,而未成年人在未成年人专门机构的,则应通过该机构的行政。

第 425 条　询问未成年犯罪嫌疑人、刑事被告人

1. 询问未成年犯罪嫌疑人、刑事被告人不得连续超过 2 小时,一天总计不得超过 4 小时。

2. 辩护人应参加对未成年犯罪嫌疑人、刑事被告人的询问,辩护人有权向他提问,而在询问结束后有权了解询问笔录并对笔录内容是否正确和全面提出意见。

3. 未成年犯罪嫌疑人、刑事被告人不满 16 岁,或者虽已年满 16 岁,但患有精神病或心理发育滞后的,对他们进行询问时必须有教师或心理专家参加。

4. 侦查员、调查人员应主动地或根据辩护人的请求保证教师或心理专家参加对未成年犯罪嫌疑人、刑事被告人的询问。

5. 教师或心理专家经检察长、侦查员、调查人员许可有权向未成年犯罪嫌疑人、刑事被告人提问,而在询问结束后有权了解询问笔录并对笔录内容

是否正确和全面提出书面意见。侦查员、调查人员应在开始询问未成年犯罪嫌疑人、刑事被告人之前向教师或心理专家说明这些权利。对此应在笔录中作相应的记载。

6. 本条第1款、第2款、第3款和第5款规定的程序,亦适用于对未成年受审人进行询问。

第426条　未成年犯罪嫌疑人、刑事被告人的法定代理人参加刑事案件的审前程序

1. 根据侦查员、调查人员的决定,允许未成年犯罪嫌疑人、刑事被告人的法定代理人自未成年人作为犯罪嫌疑人、刑事被告人第一次被询问之时起参加刑事案件。在允许他们参加刑事案件时,应向他们说明本条第2款规定的权利。

2. 法定代理人有权:

(1)了解未成年人被怀疑或被指控犯了何罪;

(2)在提起指控时在场;

(3)参加对未成年犯罪嫌疑人、刑事被告人的询问,经侦查员许可,有权参加在他和辩护人参与下进行的其他侦查行为;

(4)了解他所参与的侦查行为的笔录,并对笔录内容是否正确和全面提出书面意见;

(5)提出请求,申请回避,对检察长、侦查员、调查人员的行为(不作为)和决定提出申诉;

(6)提交证据;

(7)在审前调查终结后了解刑事案件材料,从材料中摘抄任何数量的任何内容。

3. 侦查员、调查人员有权在审前调查终结后作出不让未成年刑事被告人了解可能对他产生不良影响的刑事案件材料。未成年刑事被告人的法定代理人则必须了解这些材料。

4. 如果有根据认为法定代理人的行为损害未成年犯罪嫌疑人、刑事被告人的利益,则可以排除法定代理人参加刑事案件。对此侦查员、调查人员应作出决定。在这种情况下,允许未成年犯罪嫌疑人、刑事被告人的其他法定代理人参加刑事案件。

第427条　终止刑事追究而适用强制性教育感化措施

1. 如果在轻罪或中等严重犯罪刑事案件的审前调查过程中查明,未成年

刑事被告人是初次实施犯罪,不适用刑罚也可以达到矫正的目的,则侦查员经侦查机关领导人同意、调查人员经检察长同意,有权作出决定,终止刑事追究而向法院申请对未成年刑事被告人适用《俄罗斯联邦刑法典》第90条第2款规定的强制性教育感化措施,决定应与刑事案件一起由检察长送交法院。

2. 法院审查上述申请和刑事案件材料应依照本法典第108条第4款、第6款、第8款、第9款和第11款规定的程序,但规定诉讼期限的规则除外。

3. 法院在收到刑事案件和起诉书后,有权依照本条第1款规定的根据终止刑事案件,而对未成年刑事被告人适用强制性教育感化措施。

4. 法院在关于对未成年刑事被告人适用强制性教育感化措施的裁决中有权责成未成年人专门机构监督未成年人执行强制性教育感化措施规定的要求。

5. 如果未成年人多次不履行这些要求,则法院根据未成年人专门机构的申请可以撤销终止刑事追究和适用强制性教育感化措施的决定,而将刑事案件送交侦查机关领导人或调查机关首长。刑事案件以后的诉讼依本法典第二部分的程序继续进行。

6. 如果未成年犯罪嫌疑人、刑事被告人或他的法定代理人反对,则不允许依照本条第1款规定的根据终止刑事追究。

第428条　未成年受审人的法定代理人出席审判庭

1. 在审判庭开庭时,应传唤未成年受审人的法定代理人。法定代理人有权:

(1)提出申请和申请回避;

(2)进行陈述;

(3)提交证据;

(4)参加控辩双方的辩论;

(5)对法院的行为(不作为)和裁判提出申诉或上诉;

(6)参加上诉审法院、申诉审法院和监督审法院的法庭审理。

2. 如果有理由认为法定代理人的行为损害未成年受审人的利益,则可以根据法院的裁定或裁决排除法定代理人参加法庭审理。在这种情况下允许未成年受审人的另一法定代理人参加。

3. 如果法院不认为未成年受审人的法定代理人必须参加,则未成年人的法定代理人已经及时得到通知而不到庭时,不中止刑事案件的审理。

4. 如果未成年受审人的法定代理人被允许作为辩护人或附带民事诉讼被告人参加刑事案件,则他享有本法典第53条和第54条规定的权利和承担该两条规定的义务。

第 429 条　未成年受审人退出审判庭

1. 在审查核实可能对未成年受审人产生不良影响的情况时,法院有权根据一方的申请或者主动地作出决定,让未成年受审人退出审判庭。

2. 在未成年受审人回到审判庭后,审判长应以必要的形式向他宣布在他退庭期间法庭审理的必要内容,并让未成年受审人有可能向在他退庭期间受到询问的人提出问题。

第 430 条　法庭在对未成年人作出刑事判决时应解决的问题

1. 在对未成年受审人作出刑事判决时,除本法典第 299 条规定的问题外,还必须解决在《俄罗斯联邦刑法典》第 92 条规定的情况下免除刑罚,或者缓刑,或者判处不剥夺自由的刑罚等问题。

2. 在本条第 1 款规定的情况下,法院应该指出责成哪一个未成年人专门机构对未成年被判刑人的行为进行监管。

第 431 条　法庭免除未成年受审人的刑事责任而适用强制性教育感化措施

1. 如果在轻罪或中等严重犯罪的刑事案件审理中查明,实施该犯罪的未成年人不适用刑罚即可以得到矫正,则法院应终止对该未成年人的刑事案件并对他适用《俄罗斯联邦刑法典》第 90 条第 2 款规定的强制性教育感化措施。

2. 法院裁决的副本应送交未成年人专门机构。

第 432 条　免除未成年受审人的刑罚而适用教育感化措施或送往封闭型专门教学教育机构

1. 如果在轻罪或中等严重犯罪的刑事案件审理中查明,实施该犯罪的未成年人不适用刑罚即可以得到矫正,则法院有权依照《俄罗斯联邦刑法典》第 92 条第 1 款的规定,在作出有罪判决后免除未成年受审人的刑罚,而对他适用《俄罗斯联邦刑法典》第 90 条第 2 款规定的强制性教育感化措施。

2. 除《俄罗斯联邦刑法典》第 92 条第 5 款规定的犯罪以外,如果在中等严重或严重犯罪的案件审理中认定,将实施该犯罪的未成年受审人安置到封闭型专门教学教育机构即足以达到矫正的目的,则法院应在作出有罪判决后免除被判刑人的刑罚,并依照《俄罗斯联邦刑法典》第 92 条将他安置到上述机构直至成年,但时间不得超过 3 年。

3. 如果对未成年人适用这种措施的必要性不复存在,或者发现未成年人患有妨碍他继续在上述机构生活和学习的疾病,则未成年被判刑人在未成年人专门封闭型教育教养机构的时间可以在他达到成年以前终止。

4. 如果法院认定,需要继续对未成年被判刑人适用在封闭型专门教学教育机构进行矫正,可以延长未成年人在封闭型专门教育教养机构的期限。延长未成年人在封闭型专门教学教育机构矫正的决定应说明理由,在与该机构所在地的未成年人事务和未成年人权利保护委员会协商后,于未成年人在该机构矫正期限届满 1 个月之前由该机构的行政送交法院。因未成年人逃避在专门封闭型教育教养机构矫正而延误的时间可以根据封闭型专门教学教育机构的行政与该机构所在地的未成年人事务和权利保护委员会协商后的报告由法院予以恢复。如果为了未成年被判刑人完成有关教学大纲或完成职业培训的需要,只能根据未成年被判刑人的申请才能延长他在封闭型专门教育教养机构的期限。根据封闭型专门教学教育机构的行政或该机构所在地的地方自治机关设立的未成年人事务和权利保护委员会说明理由的报告,或根据未成年被判刑人本人、其父母或其他法定代理人的申请,可以终止未成年被判刑人在封闭型专门教学教育机构教育教养或者将他送到另一封闭型专门教学教育机构。封闭型专门教育教学机构的行政经与该机构所在地的未成年人事务和权利保护委员会协商后的说明理由的关于终止未成年被判刑人在封闭型专门教育教养机构矫正的报告,或者其父母或其他法定代理人的相关申请,至少应在未成年被判刑人在该机构矫正 6 个月以后方可向法院提出。如果法院驳回终止未成年被判刑人在封闭型专门教育教养机构矫正的请求,则至少在驳回之日起的 6 个月后方可再次提出终止未成年被判刑人在封闭型专门教育教养机构矫正的请求。关于延长、终止、恢复未成年被判刑人在封闭型专门教育教养机构矫正或将未成年被判刑人移送其他封闭型专门教育教养机构的问题,由该机构所在地区法院的法官在收到申请或报告之日起的 10 内独任审理。

5. 法院开庭时,未成年被判刑人、他的父母或法定代理人、律师、检察长、封闭型专门教学教育机构和该机构所在地的未成年人事务和权利保护委员会的代表应该到庭。

6. 审判庭应审查未成年被判刑人、他的父母或其他法定代理人的申请、封闭型专门教学教育机构行政和该机构所在地的未成年人事务和权利保护委员会的报告(结论),听取该案参加人的意见。

7. 根据对未成年被判刑人、他的父母或其他法定代理人申请、报告(结论)的审理结果,法官作出裁决。该裁决应当庭宣读。

8. 裁决的副本应在 5 日内送交未成年被判刑人和他的法定代理人,以及封闭型专门教育教学机构、检察长和原判法院。

第五十一章 适用医疗性强制措施的诉讼程序

第 433 条 适用医疗性强制措施的根据

1.《俄罗斯联邦刑法典》第 99 条第 1 款第（2）项至第（4）项所规定的医疗性强制措施,适用于在无刑事责任能力状态下实施刑事法律所禁止的行为以及在实施犯罪后发生精神病,因而不可能对之判处刑罚或执行刑罚的人。

2. 如果精神病对本人或他人构成危险,或者可能造成其他重大损害,则应判处医疗性强制措施。

3. 适用医疗性强制措施的诉讼,除本章规定的例外,应依照本法典规定的程序进行。

4. 本章的规定不适用于《俄罗斯联邦刑法典》第 99 条第 2 款规定的人和需要治疗不排除刑事责任能力的精神病人。在这种情况下,医疗性强制措施在作出刑事判决时适用并依照《俄罗斯联邦刑事执行法典》规定的程序执行。

第 434 条 应该证明的情况

1. 在本法典第 433 条第 1 款所列人员的刑事案件中,必须进行侦查。

2. 在进行侦查时必须证明以下情况:

（1）实施行为的时间、地点、方式和其他情节;

（2）该人是否实施了刑事法律所禁止的行为;

（3）行为所造成损害的性质和大小;

（4）该人过去是否患有精神病,实施刑事法律所禁止的行为时或者进行刑事案件诉讼时精神病的程度和性质如何;

（5）精神病是否对本人或他人构成危险或者可能造成其他重大损害。

第 435 条 安置到提供精神病学帮助的医疗住院机构

1. 如果确定被选择羁押作为强制处分的人患有精神病,根据侦查员经侦查机关领导人同意或调查人员经检察长同意提出的申请,法院应依照本法典第108条规定的程序作出决定,将该人安置到提供精神病学帮助的医疗住院机构。

2. 对未被羁押的人,法院依照本法典第203条规定的程序安置到提供精神病学帮助的医疗住院机构。

第436条　刑事案件分出另案处理

如果在共同犯罪的刑事案件的审前调查过程中查明,共同犯罪人中某人在无刑事责任能力状态下实施行为或者共同犯罪人中的某人在实施犯罪后发生精神病,则对他的刑事案件可以依照本法典第154条规定的程序分出另案处理。

第437条　被适用医疗性强制措施的人和他的代理人参加诉讼

1. 对于被适用医疗性强制措施的人,如果他的心理状态允许,应该有权行使属于他的、本法典第46条和第47条规定的诉讼权利。在这种情况下应考虑参加司法精神病学的鉴定人结论,必要时还要考虑提供精神病学帮助的医疗住院机构的结论。被适用医疗性强制措施的人的法定代理人,应根据侦查员或法院的决定参加刑事案件。在没有近亲属时,可以认定监护和保护机关为法定代理人。

2. 法定代理人有权:

(1)了解他的被代理人被指控实施了刑事法律所禁止的哪一种行为;

(2)提出申请和申请回避;

(3)提交证据;

(4)经侦查员许可参加根据他的申请或根据他的*辩护人的申请而实施的侦查行为;

(5)了解他所参加的侦查行为的笔录,并对笔录内容是否正确和全面提出书面意见;

(6)在审前调查终结后了解刑事案件的全部材料,从中摘抄其中任何材料的任何部分,包括使用技术手段进行摘抄,得到关于终止刑事案件或将刑事案件移送法院适用医疗性强制措施的决定的副本;

---

* 原文为"участвовать с разрешения следователя в следственных действиях, производимых по его ходатайству или ходатайству его защитника",从语法关系看,此处его为法定代理人,但从内容看这是不正确的,这个"他"应该是被适用医疗性强制措施的人,应改为"лица, в отношении которого применяются принудительные меры медицинского характера",因为他才有辩护人。

（7）参加刑事案件的法庭审理；

（8）对侦查员、检察长和法院的行为（不作为）和决定提出申诉；

（9）得到被提出申诉的决定的副本；

（10）了解对刑事案件提出的上诉或抗诉并对上诉或抗诉提出答辩；

（11）参加上诉审法院、申诉审法院和监督审法院的法庭审理。

3. 关于向法定代理人说明本条规定的权利等事宜，应制作笔录。

第 438 条　辩护人参加诉讼

辩护人如果没有更早参加刑事案件，则自作出关于指定司法精神病学鉴定之时起，辩护人必须参加适用医疗性强制措施的诉讼。

第 439 条　侦查的终结

1. 在侦查终结后，侦查员应作出以下决定之一：

（1）终止刑事案件——依照本法典第 24 条和第 27 条规定的根据，以及在所实施行为的性质和行为人的精神病对本人或他人不构成危险或者造成其他重大损害的情况下；

（2）将案件移送法院，以便适用医疗性强制措施。

2. 关于终止刑事案件的决定依照本法典第 212 条和第 213 条作出。

3. 关于终止刑事案件的决定或将刑事案件移送法院的事宜，应通知被适用医疗性强制措施的人、他的法定代理人和辩护人以及被害人，并向他们说明了解刑事案件材料的权利。了解刑事案卷、申请和批准进行补充侦查的申请，依照本法典第 216 条至第 219 条规定的程序进行。

4. 关于将刑事案件移送法院适用医疗性强制措施的决定应包括以下内容：

（1）本法典第 434 条规定的、本案中已经确定的情况；

（2）适用医疗性强制措施的根据；

（3）对适用医疗性强制措施根据提出异议的辩护人和其他人的理由，如果提出了此种理由。

5. 侦查员应将刑事案件与移送法院的决定一并送交检察长，检察长应在本法典第 221 条第 1 款和第 1-1 款规定的期限内作出以下决定之一：

（1）批准侦查员的决定并将刑事案件移送法院；

（2）将刑事案件发还侦查员进行补充调查；

（3）依照本条第 1 款所列根据终止刑事案件。

6. 关于将刑事案件移送法院适用医疗性强制措施的决定的副本应送交

被适用医疗性强制措施的人、他的辩护人和法定代理人。

第 440 条　决定审判庭开庭

在收到关于适用医疗性强制措施的刑事案件后,法官应依照本法典第三十三章规定的程序决定开庭审理刑事案件。

第 441 条　法庭审理

1. 刑事案件的审理,除本章规定的例外,按一般程序进行。被适用医疗性强制措施的人,如果其心理状态允许他出庭,应该有权参加法庭审理。在这种情况下应考虑参加司法精神病学的鉴定人结论,必要时还要考虑提供精神病学帮助的医疗住院机构的结论。

2. 法庭调查从检察长叙述对被认定无刑事责任能力或发生精神病的人必须适用医疗性强制措施的理由开始。证据的审查和控辩双方的辩论依照本法典第 274 条和第 292 条进行。

第 442 条　法庭在对刑事案件作出裁判时应解决的问题

在刑事案件的法庭审理过程中,应该调查和解决以下问题:

(1)是否发生过刑事法律所禁止的行为;

(2)该刑事案件的当事人是否实施了该行为;

(3)该人是否是在无刑事责任能力状态下实施该行为;

(4)在实施犯罪后该人是否发生了精神病因而不可能判处刑罚或执行刑罚;

(5)该人的精神病是否对本人或他人构成危险或可能造成其他重大损害;

(6)是否应该适用医疗性强制措施和应该适用何种医疗性强制措施。

第 443 条　法院的裁决

1. 法院如果认定行为人在无刑事责任能力状态下实施刑事法律所禁止的行为,或者在实施犯罪后发生精神病致使不可能判处刑罚或执行刑罚等已经得到证明,则应该依照《俄罗斯联邦刑法典》第 21 条和第 81 条作出关于免除行为人刑事责任和对他适用医疗性强制措施的裁决。

2. 如果该人的精神状态不构成危险,则法院应作出裁决终止刑事案件并驳回适用医疗性强制措施的决定。同时法院应解决撤销强制处分的问题。

3. 如果存在本法典第 24 条至第 28 条规定的根据,法院应作出裁决终止刑事案件,而不论该人是否患病或患病的程度如何。

4. 在依照本条第 2 款和第 3 款规定的根据终止刑事案件时,法院裁决的副本应在 5 日内送交被授权的联邦卫生机关解决治疗问题或将需要精神病学帮助的人安置到提供精神病学帮助的医疗住院机构的问题。

5. 如果认为刑事案件当事人的精神病未能确定,或者实施犯罪的人有疾病不妨碍对他适用刑罚,则法院应作出裁决依照本法典第 237 条将刑事案件发还检察长。

6. 法院的裁决应解决关于物证的问题,还应说明按照申诉程序对裁决提出上诉和抗诉的程序和期限。

第 444 条 对法院裁决提出上诉和抗诉的程序

对法院的裁决,被害人或其代理人以及被适用医疗性强制措施的人、他的辩护人、法定代理人或近亲属以及检察长可以依照本法典第四十五·一章通过上诉程序或监督程序提出上诉或抗诉。

第 445 条 适用医疗性强制措施的终止、变更和延长

1. 根据附有医生证明的提供精神病学帮助的医疗住院机构行政的申请,以及根据被适用医疗性强制措施的人、他的辩护人或法定代理人的申请,法院可以对该人终止、变更医疗性强制措施或将医疗性强制措施再延长 6 个月。

2. 关于终止、变更或延长医疗性强制措施的问题,由作出适用医疗性强制措施裁决的法院审理,或者由医疗性强制措施适用地的法院审理。

3. 关于决定刑事案件听审的事宜,法院应通知被适用医疗性强制措施的人的法定代理人、精神病住院机构的行政、辩护人和检察长。

4. 辩护人和检察长必须出庭。被适用医疗性强制措施的人,只要心理状态允许,也应该有权出庭解决对他终止、变更或延长适用医疗性强制措施的问题。其他人不出席不妨碍刑事案件的审理。

5. 审判庭应审查申请、医生诊断书,听取出席审判庭人员的意见。如果医生诊断书引起怀疑,则法院可以根据审判庭参加人的申请或者自己主动指定司法鉴定,调取补充文件,以及在被适用、变更或延长医疗性强制措施的人心理状态允许的情况下,法院还可以对该人进行询问。

6. 当没有必要再适用原先判处的医疗性强制措施或者有必要判处其他医疗性强制措施时,法院可以终止或变更医疗性强制措施。如果有理由延长医疗性强制措施的适用时,法院则延长强制治疗。

7. 关于终止、变更或延长医疗性强制措施以及驳回终止、变更或延长医疗性强制措施的事宜,法官应在评议室作出裁决并在法庭上宣读。

8. 对法院的裁决可以通过上诉程序和申诉程序提出上诉或抗诉。

第 446 条　对被适用医疗性强制措施的人恢复刑事案件

1. 如果实施犯罪以后发生精神病而被适用医疗性强制措施的人被认定已经康复,则法院应根据医生诊断书,依照本法典第 397 条第(12)项和第 396 条第 3 款作出裁决,终止对该人适用医疗性强制措施,并解决将刑事案件移送侦查机关领导人或调查机关首长的问题,以便按照一般程序或监督程序进行审前调查。

2. 在精神病住院机构进行治疗的时间依照《俄罗斯联邦刑法典》第 103 条计入服刑期。

第五十一·一章 免除刑事责任而判处刑法性质 措施的程序

第 446-1 条 终止刑事案件或刑事追究而判处诉讼罚金这一刑法性质措施 的程序

1. 在依照本法典第 25-1 条终止刑事案件或刑事追究而判处《俄罗斯联 邦刑法典》第 104-4 条规定的诉讼罚金这一刑法性质的措施时,适用本章的 规定。

2. 终止刑事案件或刑事追究而判处《俄罗斯联邦刑法典》第 104-4 条规 定的诉讼罚金这一刑法性质的措施的诉讼依照本法典的规则进行,并考虑本 章的特别规定。

第 446-2 条 在刑事案件审前程序阶段终止刑事案件或刑事追究而判处诉 讼罚金这一刑法性质措施的程序

1. 根据本法典第 25-1 条规定的根据由法院终止刑事案件,同时判处被 免除刑事责任人的《俄罗斯联邦刑法典》第 104-4 条规定的诉讼罚金这一刑 法性质的措施。

2. 如果在审前调查过程中确定,存在本法典第 25-1 条规定的对犯罪嫌 疑人、刑事被告人终止刑事案件或刑事追究的根据,侦查员经侦查机关领导 人同意或调查人员经检察长同意作出向法院提出申请的决定,对涉嫌实施轻 罪或中等严重犯罪的犯罪嫌疑人或刑事被告人终止刑事案件或刑事追究并 判处该人诉讼罚金这一刑法性质措施。申请书应与刑事案件材料一并送交 法院。上述决定还应附具依照俄罗斯联邦国家支付系统立法规定的划拨金 钱处罚金额的结算单证填写规则所必需的信息。

3. 侦查员、调查人员应将本条第 2 款所规定决定的副本送交犯罪嫌疑 人、刑事被告人、被害人和附带民事诉讼原告人。

4. 本条第 2 款所规定的申请,应由审前调查地的区法院或同级军事法院的法官或(和)管辖相关刑事案件的和解法官在收到申请书之日起的 10 日内独任审理,犯罪嫌疑人或刑事被告人、有辩护人参加时的辩护人、被害人和(或)其法定代理人、代理人、检察长必须出庭。控辩双方已经及时收到关于开庭时间的通知而不到庭的,不妨碍申请的审理,但被终止刑事案件或刑事追究的人不到庭的情形除外。

5. 根据申请的审理结果,法官作出包括以下决定之一的裁决:

(1)同意依照本法典第 25-1 条规定的根据终止刑事案件或刑事追究并对当事人判处诉讼罚金这一刑法性质的措施;

(2)如果申请对当事人适用诉讼罚金这一刑法性质措施的决定中叙述的关于当事人参与实施犯罪的材料与对申请进行法庭审理过程中确定的事实情节不符,或者刑事案件或刑事追究应该按照其他根据予以终止,则驳回终止刑事案件或刑事追究并对当事人判处诉讼罚金这一刑法性质措施的申请,将申请书和刑事案件材料退还侦查机关领导人或检察长。

6. 在依照本法典第 25-1 条终止对当事人刑事案件或刑事追究而判处罚金这一刑法性质措施的裁决中,法官考虑该人及其家庭的物质状况规定一个必须交纳诉讼罚金的期限,并向他说明对裁决提出申诉的程序和逃避交纳诉讼罚金的后果。诉讼罚金的数额由法官依照《俄罗斯联邦刑法典》第 104-5 条规定。

7. 对本条第 5 款所规定的法官裁决,可以通过本法典第四十五·一章规定的上诉程序向上级法院提出申诉。

8. 根据对要求终止刑事案件或刑事追究并判处诉讼罚金这一刑法性质措施的申请的审理结果作出裁定后,裁定的副本应送交被终止刑事案件或刑事追究的人、他的辩护人、被害人和(或)他的法定代理人、代理人以及提出申请的人、检察长和法警执行员。

第 446-3 条　在刑事案件法庭审理过程中终止刑事案件或刑事追究而判处诉讼罚金这一刑法性质措施的程序

1. 如果在刑事案件的法庭审理过程中确定存在本法典第 25-1 条规定的根据,法院在终止刑事案件或刑事追究的同时解决判处诉讼罚金这一刑法性质措施的问题。在这种情况下,法院应作出终止刑事案件或刑事追究并判处受审人诉讼罚金这一刑法性质措施的裁决或裁定。裁决或裁定中应规定诉讼罚金的数额、交纳的办法和期限。上述裁决或裁定应附具依照俄罗斯联邦国家支付系统立法规定的划拨金钱处罚金额的结算单证填写规则所必需的信息。

2. 法庭应向被中止刑事案件或刑事追究并被判处诉讼罚金这一刑法性质措施的人说明《俄罗斯联邦刑法典》第 104-4 条规定的不在规定期限交纳诉讼罚金的后果，以及必须在规定的交纳诉讼罚金期限后的 10 日内向法警执行员提交交纳诉讼罚金的信息。

第 446-4 条　诉讼罚金这一刑法性质措施的决定付诸执行的程序

1. 适用诉讼罚金这一刑法性质措施的决定由作出该决定的法院负责付诸执行。

2. 适用诉讼罚金这一刑法性质措施的决定依照本法典第 393 条规定的程序付诸执行。

第 446-5 条　不交纳诉讼罚金的后果

如果当事人不交纳作为刑法性质的诉讼罚金，则法院根据法警执行员的报告，依照本法典第 399 条第 2 款、第 3 款、第 6 款和第 7 款规定的程序撤销终止刑事案件或刑事追究并判处诉讼罚金这一刑法性质措施的裁决，并将材料送交侦查机关领导人或检察长。刑事案件的诉讼按照一般程序继续进行。

第五十二章　对某几种人刑事案件诉讼的特别规定

第 447 条　适用刑事案件特别诉讼程序的人

1. 本章的要求在对以下几种人的刑事案件诉讼中适用：

（1）俄罗斯联邦委员会委员和国家杜马议员、俄罗斯联邦各主体国家立法机关（代议制机关）议员、地方自治机关议员和选任制机关成员、地方自治机关的选任制公职人员；

（2）俄罗斯联邦宪法法院的法官、联邦普通法院或联邦仲裁法院的法官、和解法官和俄罗斯联邦主体宪法法院的法官，进行审判期间的陪审员和仲裁员；

（3）俄罗斯联邦审计署署长、副署长和俄罗斯联邦审计署的审计师；

（4）驻俄罗斯联邦人权特派员；

（5）俄罗斯联邦卸任总统以及俄罗斯联邦总统候选人；

（6）检察长；

（6-1）俄罗斯联邦侦查委员会主席；

（6-2）侦查机关领导人；

（7）侦查员；

（8）律师；

（9）选举委员会、全民公决委员会享有决定否决权的委员；

（10）已经登记的国家杜马议员候选人、已经登记的俄罗斯联邦主体立法机关（代议制机关）议员候选人。

2. 对本条第 1 款所列人员的刑事案件的诉讼程序依本法典的规定，但必须考虑本章规定的例外。

第 448 条 刑事案件的提起

1. 如果对其他人的刑事案件已经提起或者根据实施含有犯罪要件的行为事实,对本法典第 447 条第 1 款所列人员提起刑事案件或者作为刑事被告人进行追究的决定,依下列办法作出:

(1)对联邦委员会委员和国家杜马议员——由俄罗斯联邦侦查委员会主席分别经联邦委员会和国家杜马根据俄罗斯联邦总检察长的报告得出的同意作出;

(2)对俄罗斯联邦总检察长——由俄罗斯联邦侦查委员会主席根据俄罗斯联邦最高法院 3 名法官组成的审判庭作出的关于俄罗斯联邦总检察长的行为存在犯罪要件的结论作出;

(2-1)对俄罗斯联邦侦查委员会主席——由俄罗斯联邦侦查委员会代主席根据俄罗斯联邦最高法院 3 名法官组成的审判庭作出的关于俄罗斯联邦侦查委员会主席的行为存在犯罪要件的结论作出;

(3)对俄罗斯联邦宪法法院的法官——由俄罗斯联邦侦查委员会主席经俄罗斯联邦宪法法院同意作出;

(4)对俄罗斯联邦最高法院、普通申诉法院、普通上诉法院、共和国最高法院、边疆区法院或州法院、联邦直辖市法院、自治州法院和自治专区法院、联邦仲裁法院、军事法院、区法院的法官和和解法官——由俄罗斯联邦侦查委员会主席经俄罗斯联邦法官最高资格评审委员会的同意作出;

(5)对俄罗斯联邦各主体宪法(章程)法院的法官——由俄罗斯联邦侦查委员会主席经相应法官资格评审委员会的同意作出;

(6)对俄罗斯联邦审计署署长、副署长和俄罗斯联邦审计署的审计师——由俄罗斯联邦侦查委员会主席作出;

(7)对驻俄罗斯联邦人权特派员——由俄罗斯联邦侦查委员会主席作出;

(8)对俄罗斯联邦卸任总统以及对俄罗斯联邦总统候选人——由俄罗斯联邦侦查委员会主席作出;

(9)对俄罗斯联邦主体的立法机关(代议制机关)的议员——由俄罗斯联邦主体侦查委员会领导人作出;

(10)对区、市的检察长和同级的检察长,区、市侦查机关的领导人和侦查员,以及对律师——由俄罗斯联邦主体侦查委员会侦查机关的领导人作出;对上级检察长、上级侦查机关的领导人和侦查员——由俄罗斯联邦主体侦查委员会主席或副主席作出;

（11）对地方自治机关的议员、选任制机关的成员、地方自治机关选任制公职人员——由俄罗斯联邦主体侦查委员会侦查机关的领导人作出；

（12）对选举委员会、全民公决委员会享有否决权的委员——由俄罗斯联邦主体的侦查委员会侦查机关领导人作出，而对俄罗斯联邦中央选举委员会享有否决权的委员、俄罗斯联邦主体选举委员会主席——由俄罗斯联邦侦查委员会主席作出；

（13）对已经登记的国家杜马议员候选人——依照本法典第 146 条和第 171 条经俄罗斯联邦侦查委员会主席同意作出；

（14）对已经登记的俄罗斯联邦主体的立法机关（代议制机关）议员候选人——依照本法典第 146 条和第 171 条经俄罗斯联邦侦查委员会分管该俄罗斯联邦主体的侦查机关领导人作出。

2. 俄罗斯联邦总统关于俄罗斯联邦总检察长、俄罗斯联邦侦查委员会主席的行为中存在犯罪要件的报告，应在法院收到相应报告之后的 10 日期限内在不公开审判庭审理，俄罗斯联邦总检察长或俄罗斯联邦侦查委员会主席和（或）他们的律师根据向法院提交的材料出庭。

3. 根据对俄罗斯联邦总统报告的审理结果，法院作出该人行为中存在还是不存在犯罪要件的结论。

4. 在审议关于同意对联邦委员会委员或国家杜马议员提起刑事案件或将其作为刑事被告人进行追究的问题时，如果刑事案件已经对其他人提起，或者联邦委员会或国家杜马根据实施含有犯罪要件行为的事实分别确认，上述诉讼行为的进行是因为该人在联邦委员会或国家杜马所发表的意见或表决时所表现出的立场，或者是因为他的与其联邦委员会委员或国家杜马议员的法律地位相符的其他合法行为，则联邦委员会或国家杜马应拒绝同意剥夺该人的不受侵犯权。这种拒绝是排除对该联邦委员会委员或国家杜马议员进行刑事追究的情节。

5. 俄罗斯联邦宪法法院以及有关法官资格评审委员会关于同意或驳回对法官提起刑事案件或作为刑事被告人进行追究的决定，必须说明理由。此项决定应在法院收到俄罗斯联邦侦查委员会主席的报告之日起的 10 日内作出。

6.（失效）

（本款由 2008 年 12 月 25 日第 280 号联邦法律删除）

7. 在对俄罗斯联邦卸任总统提起刑事案件时，俄罗斯联邦侦查委员会主席应在 3 日内将剥夺该人不受侵犯权的报告送交俄罗斯联邦会议国家杜马。如果国家杜马作出决定同意剥夺俄罗斯联邦卸任总统的不受侵犯权，上述决定连同俄罗斯联邦侦查委员会主席的报告在 3 日内一并送交俄罗斯联邦会议联邦委员会。联邦委员会关于剥夺俄罗斯联邦卸任总统不受侵犯权的决定,应在俄罗斯联邦会议国家杜马作出有关决定之日起的 3 个月内作出,对此应在 3 日内通知俄罗斯联邦侦查委员会主席。如国家杜马作出关于拒绝同意剥夺俄罗斯联邦卸任总统不受侵犯权的决定,或者联邦委员会作出关于拒绝剥夺俄罗斯联邦卸任总统不受侵犯权的决定,则依照本法典第 27 条第 1 款第(6)项终止刑事追究。

8. 如果法官作出的或在他参与下作出的法院裁判已经生效,也未依照诉讼法规定的程序作为违法裁判予以撤销,则不允许根据《俄罗斯联邦刑法典》第 305 条规定的犯罪要件对法官提起刑事案件。

第 449 条　拘捕

联邦委员会委员、国家杜马议员、联邦法院法官、和解法官、检察长、俄罗斯联邦审计署署长、俄罗斯联邦审计署副署长和审计师、驻俄罗斯联邦人权特派员、俄罗斯联邦卸任总统,如果被依照本法典第 91 条规定的程序因涉嫌犯罪被拘捕,除在犯罪现场被拘捕的以外,在查明身份以后应立即释放。

第 450 条　选择强制处分和实施某些侦查行为的特别规定

1. 除本法典第 449 条和本条规定的例外,在依照本法典第 448 条规定的程序提起刑事案件或作为刑事被告人进行追究之后,对该人的侦查行为和其他诉讼行为按一般程序进行。

2. 关于对俄罗斯联邦宪法法院法官、其他法院的法官选择羁押作为强制处分的法院决定,须分别经俄罗斯联邦宪法法院或法官资格评审委员会的同意才能执行。

3. 关于对联邦委员会委员、国家杜马议员、俄罗斯联邦卸任总统、驻俄罗斯联邦人权特派员选择羁押作为强制处分或者进行搜查的法院决定,须分别经联邦委员会或国家杜马同意才能执行。

4. 俄罗斯联邦宪法法院、法官资格评审委员会,应在收到俄罗斯联邦侦查委员会主席的报告和相应法院决定之日起的 5 日内作出关于同意对法官选择羁押作为强制处分或进行搜查的决定,并说明理由。

4-1. 关于对已经登记的国家杜马议员候选人、俄罗斯联邦总统候选人选择羁押作为强制处分的申请可以由侦查员或调查人员向法院提出,而对已经登记的俄罗斯联邦主体立法机关(代议制机关)议员候选人,则经俄罗斯联邦侦查委员会有关俄罗斯联邦主体侦查机关领导人的同意由侦查员或调查人员提出。

5. 对本法典第 447 条第 1 款所列人员,如果尚未对其提起刑事案件或者该人未作为刑事被告人受到追究,则只有根据本法典第 448 条第 1 款所列法院的决定,才能依照本法典实施的侦查行为和其他诉讼行为。

第 450-1 条　对律师进行搜查、勘验和提取的特别规定

1. 对律师(包括在律师用于从事律师活动的住房、办公用房内)进行搜查、勘验和(或)提取,包括在本法典第 165 条第 5 款规定的情况下,只有在对律师提起刑事案件以后或律师被作为刑事被告人受到追究以后方得进行。在刑事案件对其他人提起或根据实施含有犯罪要件行为的事实的情况下,搜查、勘验和(或)提取依照本法典第 448 条规定的程序,根据法官关于准许进行搜查、勘验和(或)提取的裁决进行,并且为保障构成律师秘密的物品和材料不受侵害,上述侦查行为实施时应在律师所在的俄罗斯联邦主体的律师协会成员参加下进行,或者有律师协会主席授权的人员参加下进行。

2. 在法官关于准许对律师进行搜查、勘验和(或)提取的裁决中,必须指出进行上述侦查行为的根据是什么,以及指出具体的搜查对象。除禁止流通的物品和文件外,不允许收缴其他物品。在律师用于从事律师活动的住房、办公用房中进行搜查、勘验和(或)提取的过程中,禁止收缴律师在其委托人案件诉讼中的案卷,以及禁止对上述档案材料进行照相、拍摄电影片、录像和以其他方式固定上述案卷材料。

3. 在对律师提起刑事案件之前或者将律师作为刑事被告人进行追究之前,如果刑事案件已对他人提起的或者根据实施含有犯罪要件的行为的事实以及法官已作出准许进行侦查行为的裁决,对律师用于从事律师活动的住房、办公用房的勘验也只有在上述房屋内发现了实施犯罪构成的要件时才能进行。在这种情况下,上述侦查行为应有律师所在的俄罗斯联邦主体的律师协会成员或者有律师协会主席授权的人员参加下进行,只有在不可能保证其参加时才允许在他们不在场的情况下进行。

第 451 条　刑事案件移送法院

如果刑事案件的提起和进行刑事追究是依照本法典第 448 条规定的程序进行的,则在审前调查终结后,对该人的刑事案件,除本法典第 452 条规定的情形外,应根据本法典第 31 条至第 36 条规定的审判管辖移送到有管辖权的法院。

第 452 条　对联邦委员会委员、国家杜马议员、联邦法院法官的刑事案件的审理(失效)

(本条由 2010 年 12 月 29 日第 433 号联邦法律删除)

第五十三章　关于法院、检察长、侦查员和调查机关与外国相应主管机关和公职人员及国际组织合作程序的基本规定

第 453 条　司法协助请求的送达

1. 如果必须在外国境内进行询问、勘验、提取、搜查、司法鉴定或本法典规定的其他诉讼行为,法院、检察长、侦查机关领导人、侦查员、调查机关首长、调查人员应根据俄罗斯联邦签署的国际条约、国际协定或根据对等原则提出由外国的主管机关或公职人员实施上述诉讼行为的请求。

2. 对等原则的证明是由俄罗斯联邦最高法院、俄罗斯联邦侦查委员会、俄罗斯联邦外交部、俄罗斯联邦司法部、俄罗斯联邦内务部、俄罗斯联邦安全局或俄罗斯联邦总检察院以俄罗斯联邦的名义以书面形式保证在进行某些诉讼行为方面对外国提供司法协助。

3. 实施诉讼行为的请求分别通过以下机关送达:

(1)关于与俄罗斯联邦最高法院的审判活动有关的问题——通过俄罗斯联邦最高法院送达;

(2)关于与俄罗斯联邦最高法院以外的所有法院的审判活动有关的问题——通过俄罗斯联邦司法部送达;

(3)关于办理中的刑事案件的请求——通过俄罗斯联邦侦查委员会、俄罗斯联邦内务部、俄罗斯联邦安全局送达;

(4)在其他情况下——通过俄罗斯联邦总检察院送达。

4. 请求和所附文件应翻译成目的国的官方语言。

第 454 条　请求书的内容和形式

关于实施诉讼行为的请求应该用书面形式制作,由提出请求的公职人员签字,并加盖相应机关带有国徽图案的印章。请求书的内容包括:

（1）发出请求的机关的名称;

（2）接收请求的机关的名称和所在地;

（3）刑事案件的名称和请求的性质;

（4）请求所涉及的人的情况,包括出生年月日和出生地、国籍、职业、住所地或居留地,而对法人,要说明法人的名称和所在地;

（5）叙述应该查明的情况,以及列举需要取得的文件、物证和其他证据的清单;

（6）关于犯罪的事实情况、定罪及《俄罗斯联邦刑法典》有关条款的条文,必要时还要说明该犯罪所造成损害的大小。

第 455 条　在外国境内所取得的证据的法律效力

由外国公职人员在执行刑事案件司法协助委托而在外国境内所取得的证据,或者作为依照俄罗斯联邦签署的国际条约、国际协定或根据对等原则进行刑事追究的委托书附件而发出的证据,如经过规定程序证明和转交的,与在俄罗斯联邦境内完全依照本法典的要求取得的证据具有同等的法律效力。

第 456 条　传唤处在俄罗斯联邦境外的证人、被害人、鉴定人、附带民事诉讼原告人、附带民事诉讼被告人、他们的代理人

1. 证人、被害人、鉴定人、附带民事诉讼原告人、附带民事诉讼被告人、他们的代理人在俄罗斯联邦境外的,经本人同意,可以由办理刑事案件公职人员传唤,以便在俄罗斯联邦境内实施诉讼行为。

2. 关于传唤的请求依照本法典第 453 条第 3 款规定的程序送达。

3. 有本条第 1 款所列人员参加的诉讼行为,依照本法典规定的程序进行。

4. 本条第 1 款所列人员接受传唤的,不得因为上述人员在越过俄罗斯联邦国家边界前的行为或根据他们越过俄罗斯联邦国家边界前的刑事判决在俄罗斯联邦境内作为刑事被告人受到追究、羁押或其他人身自由的限制。如果被传唤的人在传唤他的公职人员不再需要他到案时起的连续 15 日内有可能离开俄罗斯联邦国境却继续留在俄罗斯联邦境内或在离境后又返回俄罗斯联邦,则上述豁免权终止。

5. 在外国境内被羁押的人，如果该人暂时由外国主管机关或公职人员移送俄罗斯联邦境内完成传唤请求所要求的行为，则依本条规定的程序传唤。该人在俄罗斯联邦居留期间继续羁押，羁押的根据是外国主管机关的相应决定。该人应在请求答复书规定的期限内返回有关国家。移交或拒绝移交的条件依俄罗斯联邦签署的国际条约或根据对等原则的书面保证。

第 457 条　司法协助请求在俄罗斯联邦的执行

1. 法院、检察长、侦查员、侦查机关领导人应执行依照规定程序向他们转交的外国相应主管机关和公职人员依照俄罗斯联邦签署的国际条约、国际协定或根据对等原则提出的实施诉讼行为的请求。对等原则的证明是外国国家通过俄罗斯联邦最高法院、俄罗斯联邦侦查委员会、俄罗斯联邦外交部、俄罗斯联邦司法部、俄罗斯联邦内务部、俄罗斯联邦安全局或俄罗斯联邦总检察院发出的在进行某些诉讼行为方面向俄罗斯联邦提供司法协助的书面保证。

2. 在执行请求时，适用本法典的规范。如果不与俄罗斯联邦的立法和国际义务相抵触，也可以依照俄罗斯联邦签署的国际条约、国际协定或根据对等原则适用外国立法的诉讼规范。

3. 如果俄罗斯联邦签署的国际条约或关于根据对等原则提供司法协助的书面保证有此规定，则在执行请求时，外国国家的代表可以在场。

4. 如果请求不能执行，则收到的文件应通过收到机关或通过外交渠道退还给发出请求的外国主管机关，并说明妨碍执行的原因。如果请求违反俄罗斯联邦立法或者其执行可能损害俄罗斯联邦的主权或安全，则请求退回不予执行。

第 458 条　送交刑事案件材料以便进行刑事追究

如果外国公民在俄罗斯联邦境内实施犯罪之后到了俄罗斯联邦境外，因而不可能在俄罗斯联邦境内在他的参加下实施诉讼行为，则已经提起的和正在调查的刑事案件的全部材料应送交俄罗斯联邦总检察院，俄罗斯联邦总检察院解决将材料送交外国主管机关以便进行刑事追究的问题。

第 459 条　关于在俄罗斯联邦境内进行刑事追究或提起刑事案件的请求的执行

1. 外国主管机关关于对在外国境内实施犯罪后返回俄罗斯联邦的俄罗斯联邦公民进行刑事追究的请求，由俄罗斯联邦总检察院审议。在这种情况下，审前调查和法庭审理依照本法典规定的程序进行。

2. 如果具有俄罗斯联邦国籍的人在外国境内实施犯罪以后又于犯罪实施地对他提起刑事案件之前回到俄罗斯联邦境内,如果存在《俄罗斯联邦刑法典》第 12 条规定的根据,则可以根据外国有关主管机关向俄罗斯联邦总检察院提交的材料,依照本法典提起刑事案件。

第五十四章　引渡犯罪人进行刑事追究或执行刑事判决

第 460 条　关于从外国境内引渡犯罪人的请求的送达

1. 俄罗斯联邦可以根据俄罗斯联邦与有关外国签署的国际条约或由俄罗斯联邦总检察长用书面形式保证将来按照对等原则依照俄罗斯联邦立法向外国国家引渡犯罪人而向该外国国家发出关于引渡犯罪人进行刑事追究或执行刑事判决的请求。

2. 在要引渡进行刑事追究时，如果依照两个国家的立法，引渡请求所涉及的行为均应受到刑罚，并且对实施该行为规定了 1 年以上剥夺自由或更重的刑罚，或者为执行刑事判决时，在犯罪人被判处 6 个月以上剥夺自由时为了执行刑事判决而要求引渡的，应根据对等原则提出引渡请求。

3. 如果有必要提出引渡请求，而且存在本条第 1 款和第 2 款规定的根据和条件，则全部必要材料均应送交俄罗斯联邦总检察院，以便解决从外国引渡犯罪人的请求送达该外国有关主管机关的问题。

4. 引渡请求应包括以下内容：

（1）提出请求的机关名称和地址；

（2）被要求引渡的人的姓名、出生年月日、国籍、住所地或居留地和关于他个人身份的其他情况，以及尽可能提供对他外貌的描述、照片和能够确定其身份的其他材料；

（3）叙述被请求引渡的人所实施行为的事实情节和法律定罪，包括所造成损失的大小，并引用对该行为规定刑事责任的法律条文，同时还必须指出规定的制裁；

（4）关于已经发生法律效力的刑事判决作出的地点和时间，或者关于作出将该人作为刑事被告人进行追究的决定的地点和时间,并附上经过证明的有关文件的复印件。

5. 关于引渡犯罪人进行刑事追究的请求还应附上经过证明的法院关于选择羁押作为强制处分的裁决复印件。关于引渡被判刑人以便执行刑事判决的请求应附上经过证明的已经发生法律效力的法院刑事判决的复印件和尚未服满刑期的证明书。

第 461 条　引渡给俄罗斯联邦的人承担的刑事责任的范围

1. 从外国引渡的人,不经引渡国的同意,不得因请求书内容以外的犯罪而作为刑事被告人受到追究和受到刑罚,也不得引渡给第三国。

2. 在下列情况下,不需要外国国家的同意:

(1)从外国引渡的人在刑事诉讼终结、刑满或因任何合法根据被免除刑罚之日起的 44 日内未离开俄罗斯联邦国境的,但被引渡人非因本人过错而未能离开俄罗斯联邦国境的时间不计入该期限;

(2)被引渡人离开了俄罗斯联邦国境,然后又自愿返回俄罗斯联邦的。

3. 本条第 1 款的要求不适用于该款所列人员在引渡后实施犯罪的情形。

第 462 条　关于引渡处在俄罗斯联邦境内的犯罪人请求的执行

1. 如果处在俄罗斯联邦境内的外国公民和无国籍人实施了依照俄罗斯联邦的刑事法律以及要求引渡的外国的法律应受刑罚的行为,俄罗斯联邦依照俄罗斯联邦签署的国际条约或者根据对等原则,可以引渡给外国。

2. 根据对等原则引渡犯罪人表示,根据要求引渡的外国的书面保证可以期待在类似情况下会根据俄罗斯联邦的引渡请求向俄罗斯联邦引渡犯罪人。

3. 在下列情况下可以进行引渡:

(1)如果刑事法律对这些行为规定了超过 1 年剥夺自由或更重的刑罚,而引渡是为了对该人进行刑事追究,则可以进行引渡;

(2)如果被请求引渡的人被判处了 6 个月以上剥夺自由或者更重的刑罚;

(3)如果请求引渡的外国能够保证被引渡人仅对引渡请求书中所列犯罪受到追究,而且在法庭审理终结和刑满后能够自由离开该国国境,以及不经俄罗斯联邦同意不被放逐、移交或引渡给第三国。

4. 关于从俄罗斯联邦引渡被指控犯罪或被外国法院判刑的外国公民或无国籍人的决定,由俄罗斯联邦总检察长或副总检察长作出。

5. 俄罗斯联邦总检察长或副总检察长应将作出的决定以书面形式通知

被作出决定的人,并向他说明他有权依照本法典第 463 条对该决定向法院提出申诉。

6. 引渡决定自通知被引渡人之日起的 10 日后发生法律效力。如果该人对引渡决定提出申诉,则在法院裁判发生法律效力之前不执行引渡决定。

7. 如果几个外国要求引渡同一犯罪人,则哪个请求应该予以满足,应由俄罗斯联邦总检察长或副总检察长作出决定。俄罗斯联邦总检察长或副总检察长应在 24 小时内将作出的决定书面通知被作出决定的人。

第 462-1 条　被引渡人的过境

1. 俄罗斯联邦依照俄罗斯联邦签署的国际条约或根据对等原则可以根据相关请求准许外国将引渡给第三国进行刑事追究或执行刑事判决的人经过俄罗斯联邦领土。

2. 关于引渡人经俄罗斯联邦领土过境的请求由俄罗斯联邦总检察长或副总检察长接收。

3. 在经由俄罗斯联邦领土进行引渡时,对被引渡人进行羁押的根据是俄罗斯联邦总检察长或副总检察长的批准和外国法院或其他主管机关关于被引渡人羁押的决定。

4. 存在本法典第 464 条规定的根据时,可以拒绝经俄罗斯联邦领土进行引渡的请求。

5. 在航空过境引渡时仅需要航空器在俄罗斯领土经停中转的许可。在这种情况下,从俄罗斯联邦过境的请求按一般程序审查。

第 463 条　　对引渡决定的申诉和对该决定是否合法和有据进行司法检查

1. 对俄罗斯联邦总检察长或副总检察长的引渡决定,被作出引渡决定的人或其辩护人可以在收到通知之时起的 10 日内向其住所地的共和国最高法院、边疆区法院或州法院、联邦直辖市法院、自治州法院或自治专区法院提出申诉。

2. 如果被作出引渡决定的人被羁押,则羁押场所的行政在收到向法院提出的申诉之后应立即将申诉送交有关法院并将此事通知检察长。

3. 检察长应在 10 日内将证明引渡决定合法有据的材料送交法院。

4. 引渡决定是否合法和有根据,应在法院收到申诉之日起的 1 个月内,由法官独任在公开审判庭进行审查,检察长、被决定引渡的人应出庭,如果辩护人参加刑事案件,则辩护人也应该出庭。

5. 开庭时,审判长宣布,应该审理的是什么申诉,向出庭的人说明他们的权利、义务和责任。然后申请人和(或)他的辩护人论述申诉的理由,此后由检察长发言。

6. 在法庭审理过程中,法庭不讨论申诉人是否有罪的问题,而仅限于检查引渡该人的决定是否符合立法和俄罗斯联邦签署的国际条约。

7. 根据审查的结果,法官作出以下一种裁定:

(1)认定引渡决定非法或没有根据并撤销引渡决定;

(2)驳回申诉。

8. 在撤销引渡决定时,法官还应撤销对申诉人选择的强制处分。

9. 对法官满足或驳回申请的裁定,可以通过上诉程序向普通上诉法院刑事案件审判庭提出申诉。

第464条　拒绝引渡

1. 有下列情况之一的,不允许进行引渡:

(1)外国请求引渡的人是俄罗斯联邦公民;

(2)外国请求引渡的人因种族、宗教信仰、国籍、民族、社会团体属性或政治信仰可能在该国受到迫害,因而俄罗斯联邦对他提供庇护;

(3)外国请求引渡的人因同一行为在俄罗斯联邦境内已经作出刑事判决并且判决已经生效或者刑事案件已经终止;

(4)依照俄罗斯联邦的立法因时效期届满或其他合法理由而不能提起刑事案件或者刑事判决不能执行;

(5)俄罗斯联邦的法院已经作出决定,说明依俄罗斯联邦立法和俄罗斯联邦签署的国际条约存在引渡的障碍,而且上述决定已经发生法律效力;

(6)作为外国引渡请求根据的行为依照俄罗斯联邦的刑事立法不构成犯罪。

2. 有下列情况下之一的,可以拒绝引渡:

(1)(失效)

(本项由2009年12月17日第324号联邦法律删除)

(2)引渡请求涉及的行为在俄罗斯联邦境内实施,或者侵害的是俄罗斯联邦在其境外的利益;

(3)被请求引渡的人因同一行为正在俄罗斯联邦受到刑事追究;

(4)被请求引渡的人的刑事追究正在依照自诉程序提起。

3. 如果不进行引渡,则俄罗斯联邦总检察院应将此事通知有关外国的主管机关,同时说明拒绝引渡的理由。

第 465 条 延期引渡与暂时引渡

1. 如果外国请求引渡的外国公民或无国籍人因为另一犯罪正在俄罗斯联邦受到刑事追究或正在服刑,则他的引渡可以延期到依照任何法定根据终止刑事追究、免除刑罚之时为止,或者延期到刑事判决执行为止。

2. 如果延期引渡可能造成刑事追究的时效期届满或者对犯罪调查造成损失,则在保证遵守俄罗斯联邦总检察长或副总检察长所规定条件的情况下,可以将被请求引渡的人进行暂时引渡。

第 466 条 为保障可能的引渡而选择或适用强制处分

1. 在收到外国的引渡请求时,如果在这种情况下没有提交关于选择羁押作为强制处分的法院决定,则检察长为了保障进行引渡的可能性,应解决对被要求引渡的人依照本法典规定的程序选择强制处分的问题。

2. 如果引渡请求书附有外国审判机关关于羁押被引渡人的决定,则检察长有权对该人实行监视居住或羁押,而无须俄罗斯联邦的法院对该决定进行确认。

3. 俄罗斯联邦总检察长或副总检察长应立即通知提出引渡请求的外国主管机关。

第 467 条 被引渡人的移交

1. 俄罗斯联邦将移交被引渡人的地点、日期和时间通知外国。如果自规定移交之日起的 15 日内被引渡人没有被接收,则解除羁押。

2. 如果外国由于意志以外的情况不能接收应该被引渡的人并将此情况通知俄罗斯联邦,则移交可以延期。如果俄罗斯联邦由于意志以外的情况不能移交应该被引渡的人,则按同样办法延期移交。

3. 自规定进行移交之日起超过 30 天的,应被引渡的人在任何情况下均应予以释放。

第 468 条 物品的移交

1. 在向外国有关主管机关移交被引渡人时,可以移交作为犯罪工具、设备或其他实施犯罪手段的物品,以及保留有犯罪痕迹的物品或犯罪赃物。即使因被请求引渡的人死亡或其他原因引渡不能进行时,这些物品也可以根据外国的请求进行移交。

2. 如果另一刑事案件的诉讼需要本条第 1 款所列物品,则上述物品可以暂缓移交。

3. 为了保证第三人的合法权利,只有在外国有关机构保证在刑事案件诉讼终结后返还时,才得移交本条第 1 款所列物品。

第五十五章　移交被判处剥夺自由的人在其本国服刑

第 469 条　移交被判处剥夺自由的人的根据

移交被俄罗斯联邦法院判处剥夺自由的人在其本国服刑的根据，以及移交被外国法院判处剥夺自由的俄罗斯联邦公民在俄罗斯联邦服刑的根据是法院对以下事项的审议结果作出的决定：被授权执行刑罚的联邦行政机关的报告；被判刑人或其代理人的请求；外国主管机关根据俄罗斯联邦签署的国际条约或根据俄罗斯联邦主管机关同外国主管机关按照对等原则订立的书面协议而提出的请求。

第 470 条　法院审理与移交被判处剥夺自由的人有关的问题的程序

1. 被授权执行刑罚的联邦行政机关的报告，被判刑人或其代理人的请求，以及外国主管机关关于移交被剥夺自由的人在其本国服刑的请求，均由法院依照本法典第 396 条、第 397 条和第 399 条规定的程序和期限审理，同时应考虑本法典第 471 条和第 472 条的要求。

2. 在法院由于没有必要的信息材料或者这种材料不充分而不可能审理有关移交被判刑人的问题时，法官有权延期审理并要求提交必要材料，或者对请求不予审理，而将被判刑人的请求送交俄罗斯联邦主管机关，以便依照俄罗斯联邦签署的国际条约搜集必要的信息，以及就被判刑人的移交问题同外国主管机关进行事先协商。

第 471 条　拒绝将被判处剥夺自由的人引渡到其国籍所在国服刑的根据

有下列情形之一的，可以拒绝将被俄罗斯联邦法院判处剥夺自由的人引渡到其国籍所在国服刑：

（1）根据其国籍所在国的立法该人被判刑的任何一个行为均不构成犯罪；

（2）由于以下原因之一而刑罚不能在该国得到执行：

a. 时效期届满或该国立法规定的其他根据；

b. 外国法院或其他主管机关不承认俄罗斯联邦法院的刑事判决，或者外国法院或其他主管机关虽承认俄罗斯联邦法院的刑事判决但未规定被判刑人在外国境内服刑的程序和条件；

c. 外国法院或其他主管机关规定的被判刑人服刑条件和程序不可比照。

（3）未取得被判刑人或外国国家对刑事判决中附带民事诉讼部分的执行保证；

（4）关于被判刑人的移交未就俄罗斯联邦签署的国际条约规定的条件达成协议；

（5）被判刑人在俄罗斯联邦有经常住所地。

第472条　法院审理与执行外国法院刑事判决有关的问题的程序

1. 如果在审理将被外国法院判处剥夺自由的俄罗斯联邦公民移交的报告（请求）时，法院得出结论认为被判刑的俄罗斯联邦公民所实施的行为依照俄罗斯联邦的立法不构成犯罪，或者认为外国法院的刑事判决由于时效期届满或者俄罗斯联邦立法或俄罗斯联邦签署的国际条约规定的其他理由而不能执行，则法院应作出裁决，拒绝承认外国法院刑事判决。

2. 在其余任何情况下，法院均应作出承认和执行外国法院刑事判决的裁决。裁决应包括以下内容：

（1）外国法院的名称，刑事判决作出的日期和地点；

（2）有关被判刑人在俄罗斯联邦的最后住所地、他被判刑前的工作地点和职业的信息材料；

（3）描述被判刑人被认定有罪的犯罪行为以及该人据以被判刑的外国刑事法律；

（4）《俄罗斯联邦刑法典》中规定被判刑人所实施犯罪的责任的条款；

（5）所处刑罚（主刑和附加刑）的种类和期限，已经服过的刑期和应该在俄罗斯联邦境内服完的刑期，刑期的开始和终结，改造机构的种类，附带民事诉讼中损害赔偿的程序。

3. 如果《俄罗斯联邦刑法典》对该犯罪规定的剥夺自由的最高刑期少于外国法院判决所处的刑期，则法院应裁定《俄罗斯联邦刑法典》对实施该犯罪规定的剥夺自由的最高刑期。如果《俄罗斯联邦刑法典》对被判刑人所实施的犯罪没有规定剥夺自由作为刑罚，则法院应在《俄罗斯联邦刑法典》对该犯罪所规定的限度内裁定另一种与外国法院刑事判决最相当的刑罚。

4. 如果外国法院的刑事判决涉及两个或几个行为,而并非所有行为在俄罗斯联邦均被认为是犯罪,则法院应裁定,外国法院刑事判决所判处的刑罚中哪一部分适用于构成犯罪的行为。

5. 法院的裁定依照本法典第 393 条规定的程序予以执行。

6. 在外国法院的刑事判决被撤销或变更的情况下,或者对正在俄罗斯联邦境内服刑的人适用外国颁布的大赦令或特赦令的情况下,执行外国法院刑事判决的问题以及适用大赦令或特赦令的问题依照本条的要求解决。

第 473 条　法院解决与执行外国刑事判决有关问题的程序(失效)

(本条由 2003 年 7 月 4 日第 92 号联邦法律删除)

第五十五·一章 审理和解决与承认和强制执行外国法院刑事判决、裁决中关于没收在俄罗斯联邦境内犯罪所得收入问题的程序

第 473-1 条 承认与强制执行外国法院刑事判决、裁决中没收在俄罗斯联邦境内犯罪所得收入

1. 外国法院的刑事判决、裁决中没收在俄罗斯联邦境内犯罪所得收入的部分,如果符合俄罗斯联邦签署的国际条约,则应在俄罗斯联邦应得到承认与执行。如果没有相应的国际条约,外国法院的刑事判决、裁决的承认问题根据对等原则解决,而对等原则由俄罗斯联邦司法部依照本法典第 457 条第 1 款收到的外国书面保证予以证明。

2. 强制执行外国法院的刑事判决、裁决中没收在俄罗斯联邦境内犯罪所得收入的根据是俄罗斯联邦法院依照俄罗斯联邦签署的国际条约或根据对等原则、按照规定程序审查外国主管机关的请求和外国法院的相应刑事判决和裁决并根据审查结果作出的关于承认和强制执行外国法院相应刑事判决和裁决的裁决。

3. 本章中的犯罪所得收入是指《俄罗斯联邦刑法典》第 104-1 条所规定的财产。

第 473-2 条 关于承认与强制执行外国法院刑事判决、裁决中没收在俄罗斯联邦境内犯罪收入的请求书的内容

1. 外国主管机关关于承认与强制执行外国法院刑事判决、裁决中没收在俄罗斯联邦境内的犯罪收入部分的请求书,应该包含以下内容:

(1)发出请求书的外国主管机关的名称;

(2)刑事案件的名称和作出刑事判决、裁决的外国法院的信息;

(3)关于处在俄罗斯联邦境内应该没收的犯罪所得财产的信息,该财产

的所有权人、占有人的信息,包括其出生日期和出生地、国籍、职业、住所地或居留地,对于法人,则应指明法人的名称和所在地;

(4)外国主管机关关于承认外国法院刑事判决、裁决中没收在俄罗斯联邦境内的犯罪所得部分和准予依照上述刑事判决、裁决强制执行没收犯罪所得收入部分的请求。

2. 如果出于正确和及时解决案件的需要,外国主管机关的请求书中还可以指出其他信息,包括电话号码、传真号码、电子邮件地址。

3. 外国主管机关的请求书应附具俄罗斯联邦签署的国际条约所规定的文件,而如果俄罗斯联邦签署的国际条约未有此项规定,则应附具以下文件:

(1)经过外国法院认证的、规定没收俄罗斯联邦境内的犯罪所得的外国法院的刑事判决、裁决的副本;

(2)证明外国法院刑事判决、裁决已经生效的文件;

(3)如果外国法院刑事判决、裁决此前已在相应外国得到执行,则附具关于外国法院刑事裁决得到执行的文件;

(4)证明应该没收的财产处于俄罗斯联邦境内的文件;

(5)说明被作出没收在俄罗斯联邦境内犯罪所得财产缺席裁判的人没有参加庭审,虽然已经及时并以适当方式将审理案件的地点、日期和时间通知了该人等情况的文件;

(6)经过认证的本条第(1)项至第(5)项所列文件的俄文译本。

第 473-3 条　审理要求承认和强制执行外国法院刑事判决、裁决中没收在俄罗斯联邦境内的犯罪所得部分的请求的法院

依照规定程序移交的外国主管机关要求承认和强制执行外国法院刑事判决、裁决中没收在俄罗斯联邦境内的犯罪所得部分的请求书,俄罗斯联邦司法部应移交给外国法院对之作出没收其财产的刑事判决、裁决的人在俄罗斯联邦住所地或所在地的共和国最高法院、边疆区法院或州法院、联邦直辖市法院、自治州法院或自治专区法院审理,如果该人在俄罗斯联邦没有住所地或所在地或住所地或所在地不明,则由应被没收财产在俄罗斯联邦境内所在地的上述法院审理。

第 473-4 条　要求承认和强制执行外国法院刑事判决、裁决中没收在俄罗斯联邦境内的犯罪所得部分的请求的审理程序

1. 外国主管机关要求承认和强制执行外国法院刑事判决、裁决中没收在俄罗斯联邦境内的犯罪所得部分的请求,在公开的审判庭由法官独任审

理,应将审理的地点、日期和时间通知被外国法院刑事判决、裁决判处没收其犯罪所得财产的人,对应予没收财产进行所有、占有、使用或处分等的其他利害关系人和(或)他们的代理人、外国主管机关和检察长。

2. 对本条第 1 款所列人员,如果他们在俄罗斯联邦境内生活,最迟应该在开庭前 30 日将开庭的地点、日期和时间通知他们。对居住或居住在俄罗斯联邦境外的人员以及外国主管机关,则应在开庭之日前 6 个月依照本法典第 453 条第 3 款进行通知。

3. 被外国法院作出没收其财产的刑事判决、裁决的人,如果处在羁押中但提出申请希望在审理外国主管机关请求时到庭,则根据法院决定,应保障他直接到庭或通过视频系统出庭的权利,他还有权通过他所聘请的人或他委托的代理人或以书面形式将他的立场告知法院。

4. 对应予没收财产的所有权人,进行占有、使用或处分的人以及其他利害关系人和(或)他们的代理人也可以出庭。

5. 除法院认为必须到庭的人外,其他人已经及时收到开庭的地点、日期和时间的通知而不到庭的,不妨碍对外国主管机关请求的审理。

6. 对外国主管机关请求的审理开始时,应听取被外国法院作出的刑事判决、裁决没收其财产的人的解释、外国主管机关代表的解释、利害关系人的解释(在他们出庭时)、检察长的结论。法庭根据审理结果作出裁决:承认和强制执行外国法院刑事判决、裁决中没收在俄罗斯联邦境内的犯罪所得部分的请求;或者驳回该请求;或者承认或部分强制执行外国法院刑事判决、裁决。

7. 如果法庭由于缺少必要信息或必要信息不充分而产生疑问,则法官可以依照规定程序向发出相关请求的外国主管机关进行询问,或者向审理请求出庭的其他人进行询问,请他们作出解释、提供补充信息和材料。

第 473-5 条　驳回承认和强制执行外国法院刑事判决、裁决中没收在俄罗斯联邦境内的犯罪所得请求的根据

有下列情形之一的,不允许承认和强制执行外国法院刑事判决、裁决中没收在俄罗斯联邦境内犯罪所得部分的请求:

(1)执行外国法院刑事判决、裁决中没收财产的部分违背俄罗斯联邦宪法、公认的国际法原则和准则、俄罗斯联邦签署的国际条约、俄罗斯联邦的立法;

(2)执行外国法院刑事判决、裁决中没收财产的部分可能损害俄罗斯联邦的主权或安全或其他重大利益;

（3）规定没收财产的外国刑事判决、裁决没有发生法律效力；

（4）应该没收的财产在不属于俄罗斯联邦管辖的领土上；

（5）被外国法院刑事判决、裁决判处没收财产的行为在俄罗斯联邦境内实施和（或）依照俄罗斯联邦立法不构成犯罪；

（6）俄罗斯联邦立法对外国法院刑事判决、裁决判处没收财产的类似行为未规定没收财产；

（7）俄罗斯联邦法院对外国主管机关请求书中所指的人的同一行为作出了刑事判决并且判决已经生效，或已经终止刑事案件的诉讼，以及审前调查机关作出终止刑事案件或驳回提起刑事案件决定而且决定未被撤销；

（8）规定没收财产的外国法院刑事判决、裁决由于时效期已经届满或因为《俄罗斯联邦宪法》、俄罗斯联邦签署的国际条约、俄罗斯联邦立法规定的其他根据而不能执行；

（9）外国主管机关请求和所附具规定没收财产的外国法院刑事判决、裁决中没有证据能够证明应该没收的财产属于犯罪所得或者因从事犯罪活动而取得以及曾用于实施犯罪；

（10）对外国主管机关请求没收其财产的人，在俄罗斯联邦因同一行为正在受到刑事追究；

（11）外国主管机关请求没收的财产，已经依照俄罗斯联邦法院的刑事案件判决、民事案件判决、行政违法行为案件判决被追偿；

（12）外国法院刑事判决、裁决中所列财产，依照俄罗斯联邦立法不应予以没收。

第473-6条　法院根据对外国主管机关要求承认和强制执行外国法院刑事判决、裁决中没收在俄罗斯联邦境内的犯罪所得的请求的审理结果所作的裁决

1. 如果在审理外国主管机关要求承认和强制执行外国法院刑事判决、裁决中没收在俄罗斯联邦境内犯罪所得部分的请求时，法院得出结论认为存在本法典第473-5条规定的驳回承认和强制执行上述请求的根据，则法院应该作出裁决，驳回要求承认和强制执行外国法院刑事判决、裁决的请求。

2. 在所有其他情况下，法院均应作出决定，承认外国法院刑事判决、裁决中关于没收犯罪所得财产的部分并对上述犯罪所得进行完全或部分强制执行。对此法院作出裁决，并指出以下事项：

（1）外国法院的名称，外国法院刑事判决、裁决作出的地点和日期；

（2）被外国法院判刑的人在俄罗斯联邦的最后住所地、工作地点和职业；

（3）描述被判刑人所实施的犯罪行为以及犯罪人被判刑和被没收财产所依据的外国刑事法律；

（4）《俄罗斯联邦刑法典》对被判刑人所实施犯罪规定刑事责任和适用没收财产的条款；

（5）关于在俄罗斯联邦境内应该没收的财产的信息；

（6）本法典第四十五·一章、第四十七·一章和第四十八·一章规定的对裁决提出申诉的程序。

3. 如果特定的物品包括在应该没收的财产之中，而截至法院作出承认外国法院的刑事判决、裁决中没收犯罪所得财产的部分的裁决，由于财产在使用、出卖或其他原因而不可能进行完全或部分强制执行，则法院应依照《俄罗斯联邦刑法典》第104-2条在裁决中规定与应没收物品价值相当的金钱数额或与其价值可比的数额。

4. 法院应将裁决的副本在作出之日起的3日内发给外国主管机关和被外国法院刑事判决、裁决判处没收其财产的人、检察长以及应该没收财产的所有权人和进行占有、使用、处分的人。

第473-7条　执行令的发出与交付强制执行

1. 根据已经生效的承认与强制执行外国法院刑事判决、裁决中没有在俄罗斯联邦境内的犯罪所得的法院裁决，法院应发出执行令。执行令应该指出外国法院刑事判决、裁决的结论部分以及法院承认外国法院刑事判决、裁决以及完全或部分强制执行外国刑事判决、裁决的结论部分。

2. 执行令连同外国法院刑事判决、裁决的副本以及法院承认外国法院刑事判决、裁决的副本，均应送交法警执行员，以便依照俄罗斯联邦执行程序立法予以执行。

第五十六章　刑事诉讼中诉讼文书表格的使用

第 474 条　诉讼行为和作出诉讼决定时诉讼文书表格的使用

1.（失效）

（本款由 2007 年 6 月 5 日第 87 号联邦法律删除）

2. 诉讼文书可以用印刷方式、电子方式或其他方式完成。如果没有使用印刷方式、电子方式或其他方式完成的诉讼文书表格，则诉讼文书可以手写。

3.（失效）

（本款由 2007 年 6 月 5 日第 87 号联邦法律删除）

4.（失效）

（本款由 2007 年 6 月 5 日第 87 号联邦法律删除）

第 474-1 条　刑事诉讼中使用电子文件的程序

1. 申请、请求、上（申）诉、抗诉均可以依照本法典规定的程序和期限采用电子文件的形式送交法院，文件应由发出文件的人依照俄罗斯联邦立法进行电子签名，填写法院官网上的表格等方式进行。申请、请求、上（申）诉、抗诉所附材料也采用电子文件的形式提交。其他人员、机关、组织采取自由形式制作的电子文件或采用俄罗斯联邦立法对这类文件规定的格式制作的文件，应该依照俄罗斯联邦立法的要求进行电子签名。

2. 法院的裁判，除含有构成受联邦法律保护的机密的信息、涉及国家安全、未成年人权利和合法利益、性侵害犯罪和侵害性自由犯罪案件的裁判外，均可以使用电子文件的形式制作，电子文件应由法官采用可靠强化电子签名。如果法院裁判由合议庭作出，则应由所有参加审理的法官采用可靠强化电子签名。在制作电子文件形式的法院裁判时,还应额外准备纸质载体的法院裁判。

3. 具有可靠强化电子签名认证的电子文件形式的法院裁判的副本,经刑事诉讼参加人的请求或经他们同意,可以通过互联网发给他们。

第 475 条 （失效）

（本条由 2007 年 6 月 5 日第 87 号联邦法律删除）

第五十七章　诉讼文书清单（失效）

（本章由 2007 年 6 月 5 日第 87 号联邦法律删除）

俄罗斯联邦总统　　B. 普京

莫斯科　克里姆林宫

2001 年 12 月 18 日

第 174 号联邦法律

关于施行《俄罗斯联邦刑事诉讼法典》的联邦法律

国家杜马 2001 年 11 月 22 日通过
联邦委员会 2001 年 12 月 5 日批准

经过
2002 年 5 月 29 日第 59 号联邦法律
2002 年 12 月 27 日第 181 号联邦法律
2006 年 12 月 27 日第 241 号联邦法律
2007 年 7 月 24 日第 214 号联邦法律
修订

第 1 条　《俄罗斯联邦刑事诉讼法典》于 2002 年 7 月 1 日生效,但本联邦法律规定了不同生效期限和程序的除外。

第 2 条　自 2002 年 7 月 1 日起失效的有:

（1）1960 年 10 月 27 日经《关于批准〈俄罗斯苏维埃联邦社会主义共和国(下称苏俄)刑事诉讼法典〉的法律》(《苏俄最高苏维埃公报》1960 年第 40 期第 592 号)批准的《苏俄刑事诉讼法典》以及其修订和补充,但本联邦法律规定了不同失效期限的除外;

（2）苏俄最高苏维埃主席团 1961 年 1 月 20 日《关于施行〈苏俄刑法典〉和〈苏俄刑事诉讼法典〉的程序的命令》(《苏俄最高苏维埃公报》1961 年第 2 期第 7 号);

（3）苏俄最高苏维埃主席团 1961 年 1 月 20 日《关于适用〈苏俄最高苏维埃主席团 1961 年 1 月 20 日关于施行〈苏俄刑法典〉和〈苏俄刑事诉讼法典〉的程序的命令〉的决议》第(1)项至第(4)项;

（4）苏俄最高苏维埃主席团 1961 年 5 月 22 日《关于向军事法院提交根据军事法院刑事判决在苏俄剥夺自由场所服刑人员的必要材料的决议》(《苏俄最高苏维埃公报》1961 年第 20 期第 289 号);

（5）苏俄最高苏维埃主席团 1961 年 8 月 7 日《关于适用〈苏俄刑事诉讼

法典〉第 86 条第 1 款中关于认定属于利用交通工具实施犯罪的人的汽车、摩托车和其他交通工具为犯罪工具的部分的决议》(《苏俄最高苏维埃公报》1961 年第 31 期第 427 号);

(6)苏俄最高苏维埃主席团 1977 年 3 月 11 日《关于对依照〈苏俄刑法典〉第 50-1 条被免除刑事责任的人适用行政处罚的程序的命令》(《苏俄最高苏维埃公报》1977 年第 12 期第 256 号)和苏俄 1977 年 7 月 20 日《关于批准苏俄最高苏维埃主席团关于对苏俄现行立法进行某些修订和增补的命令的法律》(《苏俄最高苏维埃公报》1977 年第 30 期第 725 号)中关于批准上述命令的部分;

(7)苏俄最高苏维埃主席团 1987 年 6 月 5 日《关于修订和增补苏俄某些立法文件》的第 6226-Ⅺ号命令第四编(《苏俄最高苏维埃公报》1987 年第 24 期第 839 号);

(8)俄罗斯联邦最高苏维埃 1992 年 1 月 17 日《关于俄罗斯联邦总检察长和副总检察长延长刑事被告人羁押期的权限》的第 2204-Ⅰ号决议(《苏俄人民代表大会和苏俄最高苏维埃公报》1992 年第 5 期第 182 号);

(9)(本项由 2002 年 5 月 29 日第 59 号联邦法律删除)

第 2-1 条　自 2004 年 1 月 1 日失效的有:2000 年 1 月 2 日第 37 号联邦法律《俄罗斯联邦普通法院人民陪审员法》(《俄罗斯联邦立法汇编》2000 年第 2 期第 158 号)中涉及刑事诉讼的部分。

(本条由 2002 年 5 月 29 日第 59 号联邦法律增补)

第 3 条　自 2002 年 7 月 1 日起在俄罗斯联邦境内无效的有:

(1)1958 年 12 月 25 日《关于批准〈苏联和各加盟共和国刑事诉讼纲要〉的法律》批准的《苏联和各加盟共和国刑事诉讼纲要》(《苏联最高苏维埃公报》1959 年第 1 期第 15 号)以及以后的修订和增补;

(2)苏联最高苏维埃主席团 1959 年 2 月 14 日《关于施行〈苏联和各加盟共和国刑事诉讼纲要〉和〈国事罪与军职罪刑事责任法〉的程序的命令》(《苏联最高苏维埃公报》1959 年第 7 期第 60 号)中关于施行《苏联和各加盟共和国刑事诉讼纲要》的程序的部分;

(3)苏联最高苏维埃主席团 1961 年 5 月 11 日《关于对被军事法院判刑的人员施行各加盟共和国刑法典和刑事诉讼法典的程序的决议》(《苏联最高苏维埃公报》1961 年第 20 期第 216 号);

(4)苏联最高苏维埃主席团 1963 年 4 月 6 日《关于维护社会秩序机关享

有侦查权》的第 1237-Ⅵ 号命令（《苏联最高苏维埃公报》1963 年第 16 期第 181 号）和 1963 年 12 月 19 日《关于批准苏联最高苏维埃主席团〈关于维护社会秩序机关享有侦查权的命令〉》的第 2001-Ⅵ 号苏联法律（《苏联最高苏维埃公报》1963 年第 52 期第 552 号）；

（5）苏联最高苏维埃主席团 1965 年 9 月 3 日《关于对〈苏联和各加盟共和国刑事诉讼纲要〉第 34 条的说明》的第 3895 号决议（《苏联最高苏维埃公报》1965 年第 37 期第 533 号）；

（6）苏联最高苏维埃主席团 1966 年 7 月 26 日《关于加强流氓罪责任》的第 5362-Ⅵ 号命令第 10 条（《苏联最高苏维埃公报》1966 年第 30 期第 595 号，1981 年第 23 期第 782 号，1985 年第 4 期第 56 号）；

（7）苏联最高苏维埃主席团 1966 年 7 月 26 日《关于适用苏联最高苏维埃主席团〈关于加强流氓罪责任的命令〉的程序》的第 5363-Ⅵ 号决议第 10 条和第 12 条（《苏联最高苏维埃公报》1966 年第 30 期第 596 号，1981 年第 23 期第 783 号，1985 年第 4 期第 56 号）；

（8）苏联最高苏维埃主席团 1977 年 2 月 8 日《关于对依照〈苏联和各加盟共和国刑事诉讼纲要〉第 43 条被免除刑事责任的人员适用行政处罚的程序》的第 5200-Ⅸ 号命令（《苏联最高苏维埃公报》1977 年第 7 期第 117 号）以及以后的修订和增补和 1977 年 6 月 7 日《关于批准苏联最高苏维埃主席团对苏联现行立法进行某些修订和增补》的第 5907-Ⅺ 号苏联法律（《苏联最高苏维埃公报》1977 年第 25 期第 398 号）中批准上述命令的部分；

（9）苏联最高苏维埃主席团 1989 年 3 月 30 日《关于复杂刑事案件调查和法庭审理中适用〈苏联和各加盟共和国刑事诉讼纲要〉第 14 条和第 15 条》的第 10246-Ⅺ 号决议（《苏联最高苏维埃公报》1989 年第 14 期第 96 号）；

（10）苏联最高苏维埃主席团 1990 年 6 月 12 日《关于施行〈苏联和各加盟共和国刑事诉讼纲要〉修订和增补的苏联法律有关委托》的第 1557-Ⅰ 号决议（《苏联人民代表大会和最高苏维埃公报》1990 年第 26 期第 496 号）。

第 4 条　俄罗斯联邦境内现行的与《俄罗斯联邦刑事诉讼法典》有关的联邦法律和其他规范性文件应进行修订，使之与《俄罗斯联邦刑事诉讼法典》相一致。

在进行修订并与《俄罗斯联邦刑事诉讼法典》相一致之前，联邦法律和其他规范性文件适用不与《俄罗斯联邦刑事诉讼法典》相抵触的部分；

第 5 条　在俄罗斯联邦各主体,如《俄罗斯联邦刑事诉讼法典》生效前尚未设立和解法官职位,则依照《俄罗斯联邦刑事诉讼法典》应由和解法官审判管辖的刑事案件,由区法院的法官依照《俄罗斯联邦刑事诉讼法典》第四十一章规定的程序独任审理。在这种情况下,对刑事判决的裁决可以通过申诉程序进行上诉和抗诉。

第 6 条　卫戍区军事法院的法官依照《俄罗斯联邦刑事诉讼法典》第四十一章规定的程序审理依据《俄罗斯联邦刑事诉讼法典》归和解法官审判管辖的刑事案件。

第 7 条　《俄罗斯联邦刑事诉讼法典》第 30 条第 2 款第(3)项中涉及由 3 名联邦普通法院法官组成的审判庭审理严重犯罪和特别严重犯罪案件的部分,自 2004 年 1 月 1 日起施行。2004 年 1 月 1 日之前,涉及严重犯罪和特别严重犯罪的刑事案件由联邦普通法院法官独任审理,如果刑事被告人在决定开庭审判前提出申请,则由 1 名法官和 2 名人民陪审员组成合议庭审理。

（本项由 2002 年 5 月 29 日第 59 号联邦法律修订）

在进行审判时,人民陪审员享有《俄罗斯联邦刑事诉讼法典》规定的法官的全部权利。可以依照《俄罗斯联邦刑事诉讼法典》第 64 条和第 65 条规定的程序申请人民陪审员回避。

（本项由 2002 年 5 月 29 日第 59 号联邦法律增补）

第 8 条　《俄罗斯联邦刑事诉讼法典》第 30 条第 2 款第(2)项自 2002 年 7 月 1 日起在陪审法庭已经设立并开展工作的俄罗斯联邦各主体施行,而自 2003 年 1 月 1 日起在俄罗斯联邦全境施行。

（本条由 2002 年 12 月 27 日第 181 号联邦法律增补）

第 9 条　（2002 年 5 月 29 日第 59 号联邦法律删除）

第 10 条　《俄罗斯联邦刑事诉讼法典》第 29 条第 2 款和其他与之相关的涉及刑事案件审前程序过程中向法院移交下列权限的规范:

(1)适用羁押和监视居住作为强制处分;

(2)延长羁押期;

(3)将未被羁押的犯罪嫌疑人、刑事被告人安置到医疗住院机构或精神病住院机构进行司法医学鉴定或司法精神病学鉴定;

(4)不经住户同意对住宅进行勘验;

（5）在住宅中进行搜查和（或）提取；

（6）提取含有关于银行和（或）其他信贷机构中存款和账户信息的物品和文件；

（7）在邮政机构扣押和（或）提取邮件。

自 2004 年 1 月 1 日起施行。在 2004 年 1 月 1 日之前，关于所有这些问题的决定由检察长作出。

在解决选择羁押作为强制处分的问题时，检察长遵照《俄罗斯联邦刑事诉讼法典》对选择此项强制处分提出的要求。控辩双方在任何情况下均有权对检察长的决定是否合法和有根据向法院提出申诉。

（本条由 2002 年 5 月 29 日第 59 号联邦法律修订）

第 11 条　《俄罗斯联邦刑事诉讼法典》第四十八章《监督审程序》自 2003 年 1 月 1 日起施行，但第 405 条除外。第 405 条自《俄罗斯联邦刑事诉讼法典》生效之日起施行。《苏俄刑事诉讼法典》第三十章《监督审程序》施行到 2003 年 1 月 1 日止，但第 373 条除外，该条自《俄罗斯联邦刑事诉讼法典》生效之日起失效。

第 12 条　《俄罗斯联邦刑事诉讼法典》第五十二章《某几种人刑事案件诉讼的特别规定》自 2002 年 7 月 1 日起施行。

第 13 条　（本条由 2007 年 7 月 24 日第 214 号联邦法律删除）

第 14 条　授权俄罗斯联邦政府：

（1）在本联邦法律生效后的 3 个月期限内起草和批准《俄罗斯联邦刑事诉讼法典》第 82 条规定的关于刑事案件终结前或刑事案件中难于保存的作为物证的物品的保管和销售办法的条例；

（2）在本联邦法律生效后的 6 个月期限内保证各部和其他联邦行政机关审核和撤销与《俄罗斯联邦刑事诉讼法典》相抵触的规范性文件；

（3）在起草 2003 年联邦预算草案时划拨联邦资金保证《俄罗斯联邦刑事诉讼法典》第 29 条第 2 款的施行；

（本项由 2002 年 5 月 29 日第 59 号联邦法律增补）

（4）2002 年 6 月 1 日前向国家杜马提交关于现在尚未设立陪审法庭的所有俄罗斯联邦主体设立陪审法庭的联邦法律草案；

（本项由 2002 年 5 月 29 日第 59 号联邦法律修订）

（5）保证自 2003 年 1 月 1 日起和解法官在俄罗斯联邦全境行使审判权的经费。

（本项由 2002 年 12 月 27 日第 181 号联邦法律修订）

第 15 条　本联邦法律自正式公布之日起生效。

俄罗斯联邦总统　Ｂ. 普京

莫斯科　克里姆林宫

2001 年 12 月 18 日

第 177 号联邦法律

译后记

　　《俄罗斯联邦民法典》、《俄罗斯联邦刑法典》、《俄罗斯联邦民事诉讼法典》和《俄罗斯联邦刑事诉讼法典》的最新中译本问世了，这是令我十分高兴的事情。在此，我要特别感谢中国民主法制出版社编辑同志们的辛勤劳动。

　　这四部法典都是按照 2019 年 10 月 1 日的版本翻译的。事实上，对于翻译俄罗斯法律而言，译文版本永远是滞后的，因为俄罗斯立法者对社会关系的发展反应非常迅速，法律文件的修订极为频繁，有时同一天甚至有两、三个联邦法律对同一个法律文件进行修订，而翻译、编辑和出版是需要时日的。这几部法典自颁布以来我译过多次，但每次都觉得似乎是在翻译新的法典。如果对照一下以前的《俄罗斯联邦民法典》中译本（中国大百科出版社 1999 年版、北京大学出版社 2007 年版）和今天这个版本的《俄罗斯联邦民法典》，就会了解俄罗斯社会中民事法律关系是如何发展的，而调整它们的法律又发生了何等巨大的变化！其他部门法莫不如此。

　　我的第一专业是俄罗斯语言文学，而从事研究和翻译俄罗斯法律凡四十年，这是一个不长不短的而且艰难的学习过程。我清楚地记得，我刚来学校任教的时候，学校曾经有一门课是《苏联集体农庄法》，这说明新中国法律体系的形成和发展曾经受到过苏联法多么深刻的影响！20 世纪 80 年代，我在苏联进修法律的时候，曾经努力去探究苏联那些对中国立法影响最大的历史事件、法学理论和法律文件。我深切地感到，研究俄罗斯法，尤其是俄罗斯后苏维埃时代法律的发展对我国的法治建设具有着何等重要的意义！于是，这几十年来，在教授俄语、法律、俄语法律以及法律俄语的同时，我用全部的课余时间去翻译俄罗斯的主要立法文件和重要的法学专著。这一千多万字的译作，希望对我国的法治建设能够具有一定的借鉴意义。

　　我很幸运，我生活、工作在一个法学家云集的学校里。在这几十年研究、翻译、教授俄罗斯法律的过程中，我曾经受到很多前辈的悉心指点，他们是：

江平先生、陈光中先生、曹子丹先生，潘汉典先生、余叔通先生、朱奇武先生、汪暄先生……同时，外子沈国峰教授也经常给予我建议和指点，我还有机会和其他教授甚至和自己的学生们一起探讨和争论法学问题。在此，我要向他们表示最大的敬意和感谢。

在回顾自己学术生涯的时候，我不能不想到我的俄罗斯朋友们，他们曾经那么热爱我的国家，以满腔的热情拥抱一个来自远方的学者，使我能抵御零下 38 度的严寒。他们以渊博的知识丰富着我的头脑，使我有机会接触到各种法律文献。我们一起组织和参加了数十次学术会议，他们还周到地安排我在俄罗斯多所大学讲课。我将永远铭记这些名字：Д. И. 费尔德曼教授、Р. И. 塔尔纳波尔斯基教授、Е. А. 苏哈诺夫教授、В. С. 科米萨罗夫教授、К. Ф. 古岑科教授、А. И. 科罗别耶夫教授、В. В. 卢涅耶夫教授、Г. В. 伊格纳坚科教授、А. И. 拉罗格教授、И. В. 希什科教授、Ю. И. 斯库拉托夫教授、Ю. П. 加尔马耶夫教授……情长纸短，这个名单还可以罗列得很长很长。他们帮助我，与我合作，同时也成就了我。我的工作，我的俄罗斯法学译著，不仅是中俄两国法学家合作的成果，更成了为中俄两国人民友谊的篇章。当俄罗斯联邦总统把友谊勋章戴到我胸前的时候，我想到的是，能为中俄两国的友谊这个世界上最重要的国际关系添砖加瓦，这是我此生最大的荣耀。

译者希望，俄罗斯联邦四部主要法典的这一套中译本将成为我国的立法者、法学家、法律工作者、在俄罗斯学习法律的学生和学者、学习俄语又对法律感兴趣的人们能够使用的比较翔实可靠的参考书。诚然，这些法律会被不断地被修订，但是那些概念、术语还会长期使用。每念及此，译者便感到莫大的欣慰和快乐。

还是那句老话：翻译是一门遗憾的艺术，理想的翻译永远只是一种理想，而这种理想是译者毕生追求而永不可及的境界。

黄道秀

2020 年 8 月 10 日